小学数学名师名课·经典篇

主编：吴正宪　钟建林

编者：唐少雄　余　辉　蔡福山　吴伟华　肖炳义　王小怀　王　芳

小学数学

名师名课

经典篇 吴正宪 钟建林◎主编

教育科学出版社
·北京·

丛书序一 | 周玉仁

《小学数学名师名课》丛书（以下简称《丛书》）集上世纪 90 年代以来，小学数学教育界中青年名师的名课之大成，这些课例很多是在全国、省（市、自治区）优质课大赛中获得一等奖，并为广大教师所公认的好课。

在人们的心目中，"名师"与"名课"总是联系在一起，由于展示了几节广大教师称颂的具有特色的好课，这位教师往往成了"名师"。

一课"成名"，绝非偶然——厚积才能薄发

当今，有的青年教师总期盼着哪一天能给自己提供展示教学风采的平台，以便一课"成名"，一份教案走遍大江南北。其实平台就在平时，机会就在脚下，殊不知每一节名课的背后，名师们都经过了多少年平常课的积淀、磨练、探索和实践，经历了不知多少次的彷徨和失败，才获得了后来的成功。正如徐斌的"十年磨一课"，刘松的"十年一剑"，钱金铎主张的"以学法的要求去追求教法的科学性"，张齐华自定的律条"永远不重复别人，更不重复自己"，俞正强的感悟"改变自己，影响学生，我们改变的是一个角度，而学生改变的是一段距离"，夏青峰追求的"传统与现代的完美结合"，华应龙提倡的"道法自然"、"让学习像呼吸一样自然"，吴正宪创设的"孩子们喜欢的数学课堂"，等等。这一切充分说明了，"博观而约取，厚积而薄发"正是名师们事业成功的一个根本道理。

成名之"续"，永远在路上——跃马扬鞭自奋蹄

值得一提的是，在《丛书》"成名篇"的课例后面，名师们不仅揭示了自己的"成名之路"、"成名之实"、"成名之道"，还写出了自己的"成名之续"。他们都明确地说道：如果再上这节课，我将怎样修改，为什么要作这样的修改……"续"是什么？"续"就是回顾与反思，反思是教师

自觉自愿审视自己教学的理性行为，反思的实质是梳理、总结、升华和再思考，有效的反思必将大大有助于自己从"教书匠"上升为"学者型教师"、"专家型教师"。

我很喜欢看"成名之续"。在"续"中，贾友林提出了"在研究中求提升"，林良富总结出"不膜拜自己的优秀，才会更加优秀"，钱守旺进一步追求的课堂教学模式是"先学后教，少教多学"，张齐华还提炼出这样的警示"永远在路上"……名师们的"续"告诉人们，"行百里者半九十"，成名不是终点，而是人生道路上一个更新更高的起点；事实也是如此，他们个个跃马扬鞭自奋蹄，不断地在否定自己、挑战自己、超越自己和完善自己。

同课"异"构，精彩纷呈——有比较才有发展

教育是科学，数学教育更是科学，科学的真谛是求真；教育是艺术，数学教育胜似艺术，艺术的真谛是创新。在求真和创新的巧妙结合中，小学数学课堂教学的"同课异构"更显得光彩夺目。

《丛书》把"异构"单列成篇，这里既包括同一名师的"自我超越"，还包括不同名师的"同课赏析"。有比较才有发展，有困惑才能创新。

异构的"异"缘自何方？原因多种。有的由于不同的时期、地区和学情而"异"，有的由于名师的独特风格而"异"，还有的因教育理念的更新、数学视野的扩展而"异"，更有的缘自着力解决长期以来教学中所遇到的困惑、尴尬而"异"……一句话，推陈出新、精益求精是每一位名师的执著追求。正如蔡宏圣所总结的，"每一次教学的突破都源自对所教内容的'新'认识"；又如强震球和华应龙打破传统，从不同角度都能把技能课同样"上出浓浓的数学味来"。像这样面目一新的课例很多，值得和大家一起来品赏和分享。

读完这套《小学数学名师名课》丛书，我的心情格外舒畅，不禁从内心惊呼：真是"课如其人"，"青出于蓝而胜于蓝"！我为名师们"以学定教"的先进教育思想和精湛的教学艺术所折服，为他们对教学的独到见解和强烈的人格魅力所感动，更为他们自强不息的创新和敬业态度而敬佩。随笔写了几点感受，权作为序。

（作者系中国教育学会小学数学教学专业委员会原副理事长）

丛书序二 | 钟建林

"成功的花，人们只惊慕她现时的明艳！然而当初她的芽儿，浸透了奋斗的泪泉，洒遍了牺牲的血雨。"冰心如是说。

名师，无疑是教育教学领域璀璨的星、成功的花，他们的成功离不开曾经的奋斗历程，离不开曾经洒下的汗水。细究他们的成名之路，我们不禁由衷感叹："名声得来无侥幸。""机会从来都是留给有准备的人的。"然而，很多"追星者"关注的往往是名师们"现时的明艳"，而非奋斗的历程；关注的往往是名师们课堂的精彩，而忽略了课后的深刻解读。

综观当前小学数学"名师""名课"的图书，名师个人的专著比较多，集多位名师课例赏析的图书也不少。如此，多一套丛书不多，少一套丛书不少。然而，我们仍然执意出这样一套"跟风"的丛书——《小学数学名师名课》丛书，基于对以下现象的认识：一方面，名师个人专辑中不乏整体可读性强的专著，但精彩内容不多、凑数内容不少的专著并不少见。毕竟个人的力量是有限的，要想课课精彩、篇篇深刻，对相当多的名师而言绝非易事。另一方面，不少关于多个名师课堂解读聚萃的图书似乎有"三嫌"：取巧之嫌，从报章杂志上选编一些名师课例和解读的文章，并没有和名师本人进行沟通，因而在出书时并没有经过名师的再加工和提炼；凑数之嫌，在名师人选的选择上只求"有"名师不求"皆"名师，非广泛认可的名师占了不少的比例；趋名之嫌，在名师课例的选择上重"名师"不重"课例"。这样的图书，名师有了，课例有了，但离"名师名课"似乎尚有距离。

我们还注意到，目前众多的与名师课例有关的图书只重课例本身而不重课例解读，课例虽精彩但解读不到位，如蜻蜓点水，解读沦为点缀，更有甚者，误读了执教名师本意。

在分析、借鉴众多与名师课例有关图书编写特点的基础上，我们将

《小学数学名师名课》丛书分"成名篇"、"经典篇"、"异构篇"和"珍珠篇"四册出版。

《小学数学名师名课·成名篇》收录名师的成名课。所有名师的自我解读——"名师面对面",都包含了四个部分的内容:"成名之路",再现磨成名课的"经历"、"感受"或名师成长历程等,重过程性内容;"成名之实",分析课例本身的精彩之处,如与以往的课比、与同类课比,有什么突破、创新等,即主要结合当时的教育教学现状,谈成名课例的精彩所在;"成名之道",重在总结提升,推而广之,侧重于成名课例本身或磨成名课例过程中可资借鉴的带有普适性的策略、方法、经验;"成名之续",重在回望与反思,侧重于执教成名课后自己的再思考,如哪些地方可以改进、如何调整会更好等。

《小学数学名师名课·经典篇》收录名师扛鼎之作,全书共分为"概念之完美建构"、"图形之丰富意蕴"、"计算之精彩演绎"、"综合之实践指向"四部分。名师的精品课很多,但真正能广为流传,被自己称为经典、被同行奉为经典的则未必很多。锁定经典,解读经典,虽不能全面了解某位名师,但往往能达到"一叶知秋"的效果。

《小学数学名师名课·异构篇》收录名师"同课异构"课例,共分为两部分。第一部分为"名师自我超越",呈现的是同一位名师多次执教同一内容的不同教学思路,内容主要由首次执教的课例及分析、首次执教后的思考及调整、再次执教的课例及分析共三方面组成。第二部分为"名师同课赏析",收录了不同名师执教同课题的课例,并配上了名师的自我解读和专家的"异构比较"类赏析文章。

《小学数学名师名课·珍珠篇》收录的是在全国影响力较大的名师未选入"成名篇"、"经典篇"、"异构篇"的精彩课例赏析,以及大型赛课中的优质课、中青年教学精英执教的精彩课例等。全书共分"名师精品课"、"比武优质课"和"自荐精彩课"三部分。这本书顾名思义,以发现、串掇课例中的"珍珠",遴选、推介教师队伍中的"珍珠"为主要目的。

这套书立足于教学实践,以课例为载体,以解读为抓手,旨在让读者全面、深入地学习名师的成功经验,体现了以下特点。

阵容强大。丛书收录了全国小学数学界具有较高名气的名师和多届全国小数会赛课第一名获奖者的精彩课例,并邀请了众多重量级教育专家参与"解读"精彩课例。

选课严格。丛书所有入选课例都经过了严格遴选，基本上只选名师精品课中的精品。每位名师入选"成名篇"、"经典篇"的课例总和一般不超过两篇。"异构篇"、"珍珠篇"同样严格把关。

解读权威。丛书所选课例都由执教名师亲自重新加工、自我解读，且配上由执教名师自己推荐的专家解读类文章。与解读成为点缀的做法不同，本丛书的解读部分占了相当大的篇幅以及更重的分量。

注重实践。丛书以课例为载体，以解读为突破，所选课例皆为广大教师喜欢的，所有解读皆紧扣课标理念、教学行为、教师困惑，体现了较强的针对性和指导性。

我们相信，这套丛书——

将指引您分享名师驾驭课堂的精湛技巧，真正破译名师成功的密码；

将指引您超越简单模仿名师的学习方式，领略数学教学智慧的奥妙；

将指引您深刻把握学生学习数学的心理，合理预设学生学习的进程；

将指引您及时关照学生情感发展的需要，促进学生人格的健全发展；

将指引您深入思考传统融入现代的可能，形成理性思辨的教学视角；

将指引您深度剖析自我教学面临的现状，寻找专业成长的可能途径。

目　录

序 ｜ 博众家之彩　创自己特色 / 1

概念之完美建构

▶ 钱金锋 ｜ 面积意义和面积单位

经 典 课 例 ◎ 因势利导　顺藤摸瓜 / 5
经 典 解 读 ◎ 以问题激活思维　让学生乐于思考 / 16
名师面对面 ◎ 以学法的要求去追求教法的科学性 / 19

▶ 张齐华 ｜ 平均数

经 典 课 例 ◎ 深入而浅出 / 25
经 典 解 读 ◎ 概念为本的教学 / 38
名师面对面 ◎ 我为什么重上《平均数》/ 44

▶ 夏青峰 ｜ 分数的意义

经 典 课 例 ◎ 探寻起点　直面本质 / 51
经 典 解 读 ◎ 打破平衡　促进发展 / 61
名师面对面 ◎ 追问本质　探索深度 / 63

▶ 朱国荣 ｜ 平行四边形的面积

经 典 课 例 ◎ 追寻基于学生的理想课堂 / 67
经 典 解 读 ◎ 丰富的实践智慧是教师专业成长的必由之路 / 75
名师面对面 ◎ 传承与超越 / 77

▶ **钱守旺** ｜ **百分数的认识**

经 典 课 例 ◎ 反复感知　突破难点　对比建构 / 85

经 典 解 读 ◎ 丰富的课程资源　扎实的教学过程 / 94

名师面对面 ◎ 让学生在解读百分数中理解百分数 / 96

图形之丰富意蕴

▶ **朱乐平** ｜ **角的大小比较**

经 典 课 例 ◎ 以感为导　启思导学 / 103

经 典 解 读 ◎ 从《角的大小比较》看几何度量教学 / 110

名师面对面 ◎ 以学定教　提升思维 / 113

▶ **丁杭缨** ｜ **三角形的三边关系**

经 典 课 例 ◎ 数形结合万般好 / 119

经 典 解 读 ◎ 教学是一种建构的旅程 / 125

名师面对面 ◎ 建构—解构—重构 / 128

▶ **华应龙** ｜ **角的度量**

经 典 课 例 ◎ 让学习像呼吸一样自然 / 135

经 典 解 读 ◎ 技能的学习不是简单模仿与训练 / 145

◎ 让技能教学成为探索与发现的沃土 / 150

名师面对面 ◎ 道法自然 / 154

▶ **张齐华** ｜ **圆的认识（朴素版）**

经 典 课 例 ◎ 朴素而深刻 / 159

经 典 解 读 ◎ 向着数学文化的一次华丽转身 / 173

◎ 我们需要怎样的教学思维 / 176

名师面对面 ◎ 永远在路上 / 180

▶ **唐彩斌** ｜ **圆与正多边形**

经 典 课 例 ◎ 数学原来可以那么美 / 185

经 典 解 读 ◎ 让数学好看好玩起来 / 190

名师面对面 ◎ 技术改变的不仅仅是手段 / 192

计算之精彩演绎

▶ **徐　斌**｜**认识乘法**

经 典 课 例　◎　返璞归真　有意但不刻意／199
经 典 解 读　◎　静中也风流／203
　　　　　　　◎　精彩，源于细节／206
名师面对面　◎　让学生在数学活动中建立乘法概念／210

▶ **贲友林**｜**7 的乘法口诀**

经 典 课 例　◎　原来数学如此丰富／215
经 典 解 读　◎　享受创造的快乐／221
名师面对面　◎　少些"追风"　多些思辨／223

▶ **蔡宏圣**｜**24 时记时法**

经 典 课 例　◎　造"尺"　用"尺"　弃"尺"／229
经 典 解 读　◎　在"解构"与"建构"中实现有效学习／236
名师面对面　◎　在"坚守"和"润泽"间演绎和谐／241

▶ **吴正宪**｜**估算**

经 典 课 例　◎　注重意识　渗透策略／247
经 典 课 例　◎　"尴尬"的估算并不尴尬／256
名师面对面　◎　发展学生的估算意识和策略／259

综合之实践指向

▶ **刘延革**｜**简单推理**

经 典 课 例　◎　生活中的推理／267
经 典 解 读　◎　所有行为的背后都是推理／275
名师面对面　◎　为什么上《简单推理》／279

▶ **周卫东**｜**找规律**

经 典 课 例　◎　在生活中找寻数学的本味／283
经 典 解 读　◎　"三找"，找到了什么？／289

◎ "找规律"教学要处理好的两个关系 / 291

名师面对面 ◎ 三思而后行 / 293

▶ 周卫东 | 折线统计图

经典课例 ◎ 简单统计图 催生智慧源 / 297
经典解读 ◎ 对一节数学好课的几点评价 / 304
◎ 小小统计图 蕴涵大智慧 / 306
名师面对面 ◎ 边教边悟 不断成长 / 308

▶ 刘 松 | 游戏中的数学（必胜的策略）

经典课例 ◎ 让学生在游戏中愉快地学习 / 313
经典解读 ◎ 推开数学学习的三重门 / 325
名师面对面 ◎ 轻松参与 快乐思考 / 329

▶ 刘 松 | 找次品

经典课例 ◎ 让学生在探究中感悟数学 / 335
经典解读 ◎ 从目标的"可能性"到实践的"可行性" / 345
名师面对面 ◎ 让学生在"找次品"中学会用数学思考 / 350

▶ 朱乐平 | 用了多少钱

经典课例 ◎ 综合运用教学新视野 / 355
经典解读 ◎ 课如其人 / 361
名师面对面 ◎ 走点"弯路" 拾就"深刻" / 365

附录一 | 本书编者简介 / 369
附录二 | 丛书课例索引 / 371

序　博众家之彩　创自己特色 ｜吴正宪

多年的课堂经历，让我有了更多的感悟和思考。我不止一次地想过：为什么同样的教材、同样的学生、同样的 40 分钟，由于不同教师的执教，学生的学习情感、态度及效果就迥然不同呢？我走进过许多优秀教师的课堂，深深地被他们课堂教学艺术的魅力感染着、打动着。走进这样的课堂，如同进入一个师生真诚交流的驿站，它会带给你激动、兴奋和智慧；置身于这样的氛围中，会让你时常感到生命的涌动和成长。学生学得积极、学得主动，这正是经典课堂的艺术所在！

我以为：经典课堂首先能唤起学生心灵深处那种学习探究的情感需要和认知需求，能让学生深深地喜欢学习；经典课堂能在教学过程中按教学规律、学生的心理发展规律，娴熟地运用教学技能技巧，以艺术化的手法引导学生学习；经典课堂是在愉悦和谐的氛围中开发学生潜能，使之积极主动创造性地进行学习。经典课堂的重心在于促进学生全面、和谐、可持续的发展；经典课堂关注的不仅仅是知识的传授，还关注智慧的启迪与人格的完善。经典课堂是师生之间真诚的交流与生命的对话。

我们常常看到有些教师模仿优秀教师的一招一式实施教学，但时常事与愿违，"表面上看似同样的招数，怎么教学效果就不同呢？"殊不知这"招"的背后却蕴藏着深刻的"道"啊！"如何在这一招一式的背后去挖掘深刻的道理，完成从学习教学技术到感悟教学规律的升华，真正提高执教能力？""如何让每位学生获得高质量的数学学习？"是我们要好好思考并研究的问题。我们要认真感悟课堂现象背后的东西，深刻体会优秀教师所具有的儿童数学教育价值观和优秀教师对教育理想的追求。好课不是靠说出来的，不是靠模仿出来的，不是靠教出来的，而是在长期的教学实践中摸爬滚打历练出来的！我们要在这一招一式的背后去拨动深刻的道理，自觉完成从"学术"到"悟道"的蜕变，真正提高执教能力，让每位学生获得良好的数学教育。

博众家之彩，创自己特色。每位教师都有自己的实际情况、自己的风格特色、自己走向成功之路的实践经验。学习名师的经验，不可生搬硬套，不可踩着前人的脚印，不越雷池一步，误以为这就是对名师的尊崇。每个人的情况不同，要根据自己的实际情况，对别人的方法和经验，有所取舍，有所发挥，有所创新。就像蜜蜂采百花酿蜜一样，要善于汲取百家之所长形成自己独特的风格。

愿教师们走进我们的课堂，且有所思，有所悟，有所得。

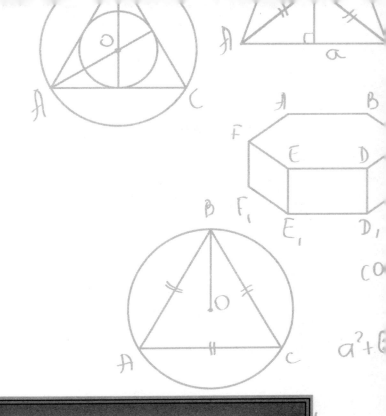

▶ 概念之完美建构

　　作为反映对象特有属性的思维形式，概念无处不在，它标志着人的认识由感性提升至理性。而作为反映某类数学现象、性质、关系的本质属性的数学概念，因其在小学数学学习中具有"奠基"身份而备受教师们关注。遵循"材料归纳—辨析比较—提炼抽象"的概念学习过程，结合小学生概念认知的心理特点，各路专家名师倾情演绎，或联系旧知轻松切入，或借助生活原型建构，或追溯本源探寻概念真谛……专家名师们以其自身努力精彩地诠释着"概念教学"内涵之丰富，外延之厚重。细细品读，如涓涓细流流淌心间，一路芬芳，一路惬意。

钱金铎 —— 面积意义和面积单位

数学教师应该用富有情趣的数学语言去拨动学生的心弦，用包含矛盾的学习材料去引发学生的思维和创造。

钱金铎

钱金铎，中学高级教师、浙江省数学特级教师。现任浙江省舟山市教育教学研究中心数学教研员，浙江省教育学会小学数学研究分会会长，浙江省特级教师协会理事。他曾荣获教育部颁发的"全国优秀教师"称号，并被浙江省人民政府授予"浙江省功勋教师"和"浙江省优秀党员"荣誉称号。

　　钱老师的课具有磁性、高效和理想的特点。他注重内涵式的教学改革，强调知识结构的内在联系和创新能力的培养，并善于创设简约、有效的教学情境和民主和谐的学习氛围。他创立和实践的小学数学"愉快活动、学法指导、增智促能"教学法，让学生在简约的情境和轻松的氛围中爱上数学。

因势利导　顺藤摸瓜

——钱金铎教《面积意义和面积单位》

　　《面积意义和面积单位》是第一学段"空间与图形"领域"测量"的内容，学生是在初步认识线段、掌握长方形和正方形的特征、学会计算长方形和正方形周长的基础上进行学习的。从学习长度到学习面积，是学生空间形式认识发展上的一次飞跃。学好这部分知识，不仅有利于发展学生的空间观念，提高解决有关几何形体的简单实际问题的能力，而且还能为以后进一步学习长方形、正方形及其他平面图形的面积提供思维基础。本课，钱老师围绕面积的本质属性进行分层建构，并对面积单位的实际大小进行深入体验，通过多次创设问题情境，使学生的思维不断处于冲突状态，在"平衡—失衡—再平衡"的过程中完成概念的认知。课中，学生的思维被充分地调动，课堂精彩不断生成，朴实无华、浑然天成中展现了他非凡的课堂智慧。

一、谈话导入新知

师：老师从舟山出发，经过宁波到你们江苏徐州，路很远，你们说这么长的路程该用哪个长度单位来表示？

生：千米。

师：那么，比"千米"小一点的长度单位是什么呢？

生：米。

师：比"米"再小一点的长度单位又是什么呢？

生：分米。

师：对。比"分米"更小一点的长度单位还有吗？

生：厘米、毫米。

师：是的。用来表示物体的长短，可以用长度单位"千米"、"米"、

"分米"、"厘米"等表示。

二、教学面积意义

师：（边说边出示两条线段，如右图）现在请同学们观察这两条线段，你觉得有什么不一样？

生：这两条线段长短不一样，上面一条长，下面一条短。

师：是的。（出示两片叶子，如右图）这两片叶子又有什么地方不一样呢？

生：这两片叶子的大小不一样。

师：是的，通过观察我们知道，物体既有长短之分，又有大小之分。黑板、课桌、书本、树叶、银幕、文具盒等都可以叫做物体（板书"物体"）。

师：（出示文具盒）这也是一个物体，一眼看去，你们先看到的是什么？

生：外面。

生：表面。

师：是的。许多物体都有它们的表面，如黑板面、叶子的表面、书本的表面……你们能再举出一些物体的表面吗？

生：电视机有表面。

生：足球有表面。

生：老师的讲台有表面。

……

师：大家都说得很好。现在老师请大家闭上眼睛，把数学书和课桌的表面摸一摸，说一说有什么感觉？

生：桌子的表面光光的。

生：桌子的表面大，课本的表面小。

师：大家的感觉不错。课桌表面比较大，我们就说课桌表面的面积比较大；课本的表面比较小，我们就说课本表面的面积比较小。（板书"面积"）那么，文具盒的表面比较小，可以怎么说呢？

生：文具盒表面的面积比较小。

师：黑板面比桌子面大，又可以怎么说呢？

生：黑板面积比桌子面积大。

师：你还能想到什么呢？

生：还可以说桌子面积比黑板面积小。

师：说得真好。我们把物体表面的大小叫做它们的面积。(形成板书。)

师：刚才我们已经研究了物体表面的大小，接着来观察下面的这些图形（出示图形，如右图）。这些图形中哪一个与众不同？

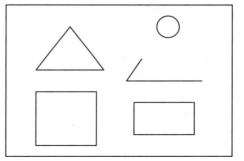

生：是一个角。这个角与其他图形不一样，它的面的大小很难说。

师：说明这个角与其他图形有区别，那么有什么不一样的地方呢？

生：其他四个图形的大小都是固定的，它的面的大小不固定。

师：说得很好！用数学语言来说，其他四个都是封闭图形，而它是不封闭的图形，所以很难确定它的面的大小。

师：那么，这四个图形的大小有什么关系呢？

生：圆比三角形小。

生：正方形比三角形大。

师：对。我们可以清楚地观察到，圆的面积比三角形的面积小，正方形的面积比三角形的面积大。再仔细观察一下，你们还可以比较哪些图形之间的面积大小呢？（学生交流。）

师：我们说，围成的平面图形的大小也叫面积。你们能把这两方面概括起来说说什么叫面积吗？

生：物体表面的大小和围成的平面图形的大小叫做面积。

师：物体表面的大小叫面积，围成的平面图形的大小也叫面积，所以说物体表面或封闭图形的大小叫做面积。（板书"物体表面或封闭图形的大小叫做面积"。）

三、理解面积单位

师：通过刚才的观察，我们知道黑板的面积与桌面的面积大小差别很明显，我们通过观察能很容易知道它们的大小。这种比较的方法应该叫什么法？

生：观察法。（教师板书"观察法"。）

师：（实物呈现：一红一白两块面积大小相差无几的长方形硬纸片，红纸片面积略大一点，但学生更容易看成与白的一样大）这两块硬纸片的面积谁大谁小呢？

生：红纸片的面积大一点。

生：我认为白纸片的面积大一点。

生：我认为两块纸片的面积一样大。

师：现在有三种意见，问题还不能解决。那么你们还有什么更好的办法吗？

生：把两块硬纸片的长和宽量一量。

师：你们说可以吗？

生：可以。

师：这个办法行。（板书"测量法"，师生测量长和宽）还有其他更简单的办法吗？

生：可以把它们叠在一起比一比。（教师把硬纸叠在一起。）

师：你们发现了什么？

生：红颜色的纸片面积大。

师：说得对，我们给这个方法取个名。

生：重叠法。

生：叠比法。

师：都很好。我们就叫它重叠法吧。

生：好。

师：（电脑呈现：两个颜色不同的正方形和长方形，正方形面积略大一点）你们能比较出它们的大小吗？

生：观察法不行，用重叠法试一试。（电脑演示重叠过程，结果学生发现还是很难说出谁的面积大。）

师：怎么办呢？

生：重叠后再剪开比较大小。

生：也可以用尺量一量再比较它们的大小。

师：我倒有个方法，你们看行不行？（在原图形上覆盖线条，把两个图形分别分解成面积一样的小方格）现在你们知道它们的面积大小了吗？

生：正方形的面积大。

师：为什么？

生：正方形有 9 个小格，长方形只有 8 个小格。

师：这个方法又可取个什么名字呢？

生：格子法。

生：数格法。

师：对，我们就叫它为数格法吧！（板书"数格法"）现在请大家用这个数格法来比较几个图形面积的大小。（学生比较下面几幅图的大小。）

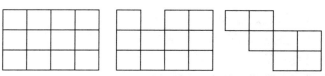

师：从刚才的例子中，我们发现了一些规律。现在请你们完成下面的表格。（学生填图形。）

格数	9 格	6 格	15 格
图形	?	?	?

师：你能根据数出的 9 格、6 格、15 格知道哪个平面图形的面积最大或最小吗？

生：有 15 格的图形面积最大。

生：只有 6 格的图形面积最小。

师：你们都认为是这样吗？

生：是的。

师：（出示如下图形）现在你们发现了什么？

生：我们上当了，应该是 6 个格子的长方形面积最大。

生：是的。因为格子大小不一样。

生：说明单单数格子多少还不能确定哪个图形的面积大。

师：那怎么办呢？

生：要用一样大的格子去量。

师：说得好！要准确地知道面积的大小，就要学会测量和计算。格子的大小不同，无法比较面积的大小，说明统一方格的大小很有必要。我们以前在测量物体长度时要用到什么单位？

生：长度单位。

师：是的，计算长度要用到长度单位，那么计算面积就要用面积单位，国际上规定一定标准的正方形大小叫做面积单位。

师：（出示 1 平方厘米大的正方形红色硬纸）请大家猜一猜，这个正方形的边长有多少厘米？

生：我猜边长有 1 厘米。

生：我猜边长有 2 厘米。

生：我猜边长有 8 毫米。

师：有什么办法来证明哪位小朋友猜得正确呢？

生：用尺量一量。

师：说得好，谁愿意帮大家解决这个问题？

生：我！（学生测量）边长刚好是 1 厘米。

师：对。边长是 1 厘米的正方形，它的面积是 1 平方厘米。

师：拿出你们学具中的一个最小正方形，量一量它的边长是多少。看仔细后，闭眼回想一下 1 平方厘米有多大。你能举出一些面积大约是 1 平方厘米的物体吗？

生：信封上的邮政号码的小格子大约有 1 平方厘米。

生：我们写作文的小格子大约有 1 平方厘米大。

生：修正纸的小方块可能有 1 平方厘米。

师：大家说的基本上是正确的。

师：现在请你们用 1 平方厘米的面积单位去度量课本上的两个平面图形，它们的面积各是多少？在测量前我们先来估计一下，这两个图形的面积大约有多少平方厘米？

生：我估计长方形有 4 平方厘米，正方形有 5 平方厘米。

生：我估计长方形有 6 平方厘米，正方形有 8 平方厘米。

生：我估计长方形有 6 平方厘米，正方形有 9 平方厘米。

师：那么到底是谁估计得最准确呢？我们就来认真地量一量。（学生在书上用 1 平方厘米的小正方形进行测量。）

生：长方形的面积是 8 平方厘米，正方形的面积是 9 平方厘米。

师：别的同学有什么不同的意见？

生：老师，我也是这个答案，但是我在量的时候没有全部摆满它。

师：你有什么好方法？上来，说说你的妙法。

生：我先横着摆了一排 4 个，又竖着摆了一排 2 个，二四得八，我就知道一共能摆 8 个，是 8 平方厘米。

师：这位同学不但学到了数学知识，还学到了数学的思考方法，了不起！

师：知道了 1 平方厘米有这么大（举硬纸片再次示意），现在请大家用 1 平方厘米的硬纸片去测量一下我们上课用的桌面面积，开始。（学生先边量边思考，后出现骚动。）

师：怎么啦？

生：平方厘米这个面积单位太小了。

生：是的，太小了，要换一个大的。

师：那怎么办呢？

生：我想，有没有大一点的面积单位？

师：你们认为呢？

生：肯定有的。

师：让你们猜对了！确实有比平方厘米大一点的面积单位，那应该是什么呢？

生：平方分米。

师：为什么？

生：因为长度单位里比厘米大一点的是分米，我想面积单位里比平方厘米大一点的应该是平方分米。

师：说得太好了！这位同学在学习新知识时能联想到已经学过的知识！是的，比平方厘米大一点的面积单位确实是平方分米。大家在学具里找一个1平方分米大的正方形（每个学生的学具里分别有一个边长10厘米和6厘米的正方形硬纸片），再四人小组讨论，决定选出一个正方形，并要说出为什么要选这个正方形？（学生四人小组研讨。）

师：好，每个同学先把找到的正方形举起来（大多数学生举得正确），谁先来进行交流。

生：刚才已经说了，边长是1厘米的正方形面积是1平方厘米。那么，边长是1分米的正方形面积就是1平方分米。

生：我也认为这个是对的，因为10厘米等于1分米。另一个正方形的边长只有6厘米。

师：大家说得都很好，边长是1分米的正方形的面积确实是1平方分米（板书）。

师：（出示一张6平方分米大的长方形硬纸片）估一估，老师手中这张纸的面积大约有多少平方分米？

生：我想有4平方分米。

生：我想有6平方分米。

生：我猜有5平方分米。

师：你们有想的或猜的理由吗？你们有没有办法可以来证明？

生：（举着1平方分米的正方形）这是1平方分米大，它可能有4个这么大，所以是4平方分米。

生：我用1平方分米正方形来测量这个长方形的大小时，一排能摆3个，2排就能摆6个，就是6平方分米。

师：大家说，他讲得有道理吗？

生：有。

师：怎么来证明？

生：用 1 平方分米的正方形来量一量。（教师与一名学生一起示范量的过程。）

师：正确的结果应该是多少平方分米？

生：6 平方分米。

师：是的。现在就请你们用 1 平方分米的硬纸片来测量桌面的面积，要求同桌合作完成。（多数学生能做到有方法地进行测量。）

师：谁愿意把结果告诉大家？

生：这个桌面面积有 40 平方厘米。

生：错了，应该是 40 平方分米。

师：你们说说是谁不小心说错了呢？

生：是×××。

师：为什么？还是请×××自己说吧！

生：是 40 平方分米，因为——

师：因为你是用什么来测量的？

生：用 1 平方分米来测量的。

师：是的，请坐。你们是怎么测量的呢？

生：我先横着摆一排，能摆 10 个，排了 4 排，一共有 40 个，是 40 平方分米。

师：你们说谁正确呢？

生：我觉得不止 40 平方分米，因为我一排虽然摆了 10 个，但还有空的，一共摆了 4 排。

生：我是 40 平方分米。

生：我也是 40 平方分米。我认为都可以算对，因为在测量时有误差。

师：是的，因为同学们这样的测量还是第一次，测量时有误差，所以这个结果是个大概的面积。当然，老师相信你们经过认真操作训练，测量的结果会越来越准确。对了，你们用平方分米测量一下教室地面的面积怎么样？（学生先进入思考状态，后纷纷举手。）

生：平方分米这个面积单位又太小了！

生：要用一个再大一点的面积单位。

生：米。

生：不对，是平方米。

师：是吗？（学生讨论后，一致认为是平方米。）

师：你们看，大家学习数学知识多主动呀！我们又创造出了一个更大的面积单位——平方米。那么，什么样的正方形面积是 1 平方米呢？

生：我想边长是 1 厘米的正方形面积是 1 平方厘米，边长是 1 分米的正方形面积是 1 平方分米，那么边长是 1 米的正方形面积就是 1 平方米。

师：你真会想问题！说得又是那么好。其他同学不妨也来学一学。（同桌互相说。）

师：边长是 1 米的正方形，面积是 1 平方米。现在请大家闭上眼睛，仔细想一想，1 平方米究竟有多大。老师在黑板上要画 1 平方米，等会儿请大家找一找 1 平方米究竟在什么地方。（教师在黑板右上角的地方分别画出两条 1 米长又相互垂直的线段，与黑板的两条邻边围成一个 1 平方米大的正方形）好，睁开你们明亮的眼睛。谁愿意上来指一指，说一说。（大多数学生举着手。）

师：这样吧，每组派一位同学代表自己小组上来指认，看哪组正确？

生：（指着正方形的一条边）这里。

生：（指着正方形的一周）在这里。

生：（指着正方形的里面）在这里。

生：（指着正方形的周长）在这里。

师：那么，到底是哪组代表说得正确呢？

师：（指着一条边）这是 1 平方米吗？

生：不是，这是 1 米。

生：边长是 1 米的正方形面积就是 1 平方米。

生：那你指的是边长，1 平方米应该是面积，就是这里（用手比画着正方形的面积）。

师：（指着正方形的周长）是这里吗？

生：也不是，这是周长。

师：那么应该在哪里？

生：应该在里面。

师：是的，应该在这里。（用手面在面积是 1 平方米的地方比画着）现在我们清楚了，1 平方米是指边长是 1 米的正方形的面积的大小，不是指边的长短，也不是指一周的长度。你们说是吗？

生：是。

师：好。如果我们沿着教室地面的长测量教室，约有 8 个 1 平方米的正方形可放，沿着宽大约有 6 个可放（边说边示意），那么这个教室的面积大约有多少平方米?

生：48平方米。

师：为什么?

生：每排放8个，放了6排，一共放了48个1平方米，就是48平方米。

师：说得很好。我们学习了平方厘米、平方分米、平方米这三个面积单位。下面，我们就运用这个知识来解决一个简单的实际问题。

四、简单应用知识

师：在下面的括号里填上合适的单位。（学生填空。）

火柴盒上面的面积有20（   ），老师办公室的地面面积有20（   ），一张《小学生报》的面积约有20（   ）。

师：你们的学习很有方法，不但会判断，而且会证明自己的判断是否正确。那么今天我们学习的平方米、平方分米、平方厘米与以前学过的米、分米、厘米有什么不同呢?

生：米、分米、厘米是表示物体长短的，是长度单位；平方米、平方分米、平方厘米是表示物体面积大小的，是面积单位。

师：（举着1平方分米的正方形硬纸片）谁能说说1平方分米与1分米的区别在哪里?

生：（指着边长）这是1分米的长度，（摸着正方形的面）这是1平方分米的面积。

师：这是两种不同的计量单位，今后使用时要注意区别清楚。你们还有什么问题吗?

生：面积单位还有吗?

师：你们说呢?

生：还有。还有平方毫米、平方微米。

生：还有，因为长度单位还有很多。

师：看！学得多有水平，不但能讲出结果，还能说明原因。面积单位确实还有很多，今天学的是三个常用的面积单位。

生：用1平方米的正方形去量大的地面面积不方便。

师：很好，以后我们就要学到更简单的测量和计算方法。（板书"计算法"。）

生：面积单位为什么要用"平方"呢?

师：哦！我也一下子很难说清楚，这可能与面积的意义有关。

生：因为物体表面或封闭图形的大小叫面积，面积是平的又是用正方形去量的，所以要用"平方"。

师：想得多有意思！好，由于时间关系，我们先研究到这里。回想一下今天我们学到了一些什么知识？

生：我们今天学习了什么叫面积。物体表面或围成的平面图形的大小叫做面积。还学习了面积的常用单位有：平方厘米、平方分米和平方米。

生：我们还学习了比较面积大小的方法，有：观察法、重叠法、数格法。

生：还有计算法。

师：是的，大家都学得很主动、很认真，很好！其实有关面积的知识还有很多，老师相信同学们在以后的学习中，一定会学到更多的面积知识和计算面积的方法。谢谢大家！下课。

钱金铎——面积意义和面积单位

以问题激活思维　让学生乐于思考

潘旭东[①]

　　《全日制义务教育数学课程标准（实验稿)》指出，有效的数学学习活动不能单纯地依赖模仿与记忆，动手实践、自主探索与合作交流是学生学习的重要方式。著名特级教师钱金铎在《面积意义和面积单位》的教学中，联系学生生活中的大量直观、形象的事例，通过观察、对比、联想等方法，启发、引导学生逐步概括出面积意义，并让学生在实践操作活动中通过手、眼、耳等多种感官的协同活动，参与了"面积单位"产生的简单过程，亲身感受和体验了"面积单位"这个数学知识的发生、发展和形成过程，从而认识和理解了常用的面积单位"平方厘米、平方分米和平方米"，并用对比教学的手段帮助学生正确区分长度与面积的不同含义。在这个过程中，学生学会的不只是一种数学知识，更重要的是学会了以愉悦的心情去进行自主探索、合作交流的学习习惯和学习方法。在《面积意义和面积单位》的教学过程中，数学思想方法的自然渗透、数与形的有机结合、师生的有效互动、精湛的语言艺术和灵活的生成调控方法以及对生活知识数学化的有序思考等，无不体现钱老师对新课程理念的准确把握和崭新诠释。下面对其四个方面的特色作一简单介绍。

一、合理强化感知，引导学生主动参与

　　小学生是以形象思维为主，由感性认识逐步上升到理性认识。而"空间与图形"知识涉及现实世界中的物体、几何体和平面图形的形状、大小、位置关系及其变换，与现实生活有着密切的联系。因此，在《面积意义和面积单位》教学中，钱老师通过创设有效的问题情境，激发、鼓励学生主动参与，动手实践，让学生在看一看、比一比、量一量、摆一摆、数

小学数学名师名课・经典篇

---

　　① 潘旭东，浙江省数学特级教师，浙江省小学数学教学研究分会学术委员，浙江省舟山市小学数学研究会会长，舟山市小学数学学科带头人，现任浙江省舟山市普陀区教研室主任。

一数等一系列的操作活动中，调动多种感官积极参与学习活动。合理的感知强化，有效地解决了数学知识的抽象性与小学生思维形象性之间的矛盾，使学生的思维在不断的"问题解决"中得到充分发展。

二、问题激活思维，培养学生探索意识

学习心理学告诉我们，学生的学习是一个认知的过程，又是一个探索的过程。有效的学习，应该是学生认知活动和情感活动相统一的过程。如果没有认知行为的参与，其学习知识的任务就不能很好地完成；没有情感活动的参与，其学习活动也就不能得到很好的维持。钱老师在引导学生学习"面积单位"时，通过"猜卡片面积大小后如何验证？""为什么格数多而面积小？""用 1 平方厘米的小正方形如何测量桌子面的大小？"以及"1 平方米究竟在什么地方？"等一系列问题的出现，一次次引发学生内部的矛盾冲突，使学生在疑中生趣，主动探求解决问题的办法，再通过具体活动过程使认识得到统一。这样做，既培养了学生自觉探索的意识和能力，又能使学生在数学活动中体验到成功的快乐！

三、语言引导过程，启发学生数学思考

众所周知，教学情境的创设不一定只是靠生活的直观和画面的美丽，教师生动而富有艺术的语言也是一种不可轻视的力量。在《面积意义和面积单位》的教学中，钱老师不但能够运用简洁而丰富的生活情境，而且善于通过各种具有激励功能的提问，如"你们又发现了什么？""不能直接比较怎么办？""格子多的图形为什么面积反而小？"等，启发学生用数学的知识和方法去分析生活现象，自主解决生活中的实际问题，并在自己"打渔"的过程中通过对比、交流等方式获取"打渔"的方法和经验，而不再是老师手把手地教给学生"打渔"的方法，从而提高学生的数学思考能力。

四、操作引发"冲突"，鼓励学生创新

要促进学生有效地学习，教师在课堂上一个十分重要的任务就是将学生的无意注意转变为有意注意，努力将学生学习的兴奋点与学习的知识点、生长点进行有效的重合。教学实践证明，有针对性地设计一些易使学生进入思维惯性的陷阱，提出一些数学的"极端问题"和运用夸张的教学语言，都能唤起学生的有意注意，引发学生在认知上的冲突，使学生产生渴望解决问题的强烈愿望，迸发创新思维的火花。如钱老师的按"数格子"的方法判断图形面积的大小就是一个典型的例子。当学生的猜想与实际的面积大小产生强烈的反差时，学生就会急于去主动研究和得到"统一

格子大小"的方法，使"面积单位"的"再创造"水到渠成。另外，在教学面积单位"平方米"时，让学生寻找"1平方米"的过程，也是巧妙地引发学生思维，让学生在自我体验、自主探究和自我否定中找到最佳的学习时机。学习中，学生兴趣盎然，课堂气氛异常活跃，使得探索过程精彩不断。这节课真正达到了"教学无痕"、"精彩有痕"。

以学法的要求去追求教法的科学性

钱金铎

《面积意义和面积单位》是在学生初步认识线段，掌握长方形和正方形的特征，并会计算长方形和正方形周长的基础上进行学习的。小学生从学习长度到学习面积，是空间形式认识发展上的一次飞跃。学好这部分知识，不仅有利于发展学生的空间观念，提高解决有关几何形体的简单实际问题的能力，而且还能为以后进一步学习长方形、正方形及其他平面图形的面积提供思维基础，具有十分重要的意义。在教学过程中，主要体现了如下三个特点。

一、重视教学情境的有效创设，激发学生的探索欲望

本节课的教学过程立足于充分发挥学生的主体作用，重视学生主动参与的质量，注重"面积意义和面积单位"概念的学习与学生的日常生活和已有的学习经验、知识基础相联系，引导学生积极主动探索几何概念的特征，理解其数学意义。因此，在导入"面积"概念前，通过迁移的方法，让学生在比较"两条线段"有长有短后，紧接着出示"两片叶子"，引导学生直观感受到这两片叶子有大有小。接着问学生"文具盒的表面比较小，又可以怎么说呢?"从而引出"面积"的概念，然后再结合图形的观察，回忆生活中有关物体表面和平面图形的大小区别，来完整地得到"面积的意义"。在教学过程中，既有让学生比较两个有着明显区别的图形大小，也有比较两个面积差别不大或形状不同的图形，"逼"着学生展开想象的翅膀，求得解决问题的方法。尤其是在"面积单位"引入阶段，创设的教学情境是先通过看不同格子数、想图形面积的大小，到证实猜想结果错误的原因，学生体验到探索数学知识奥妙的乐趣。同样的，在学生已经初步了解 1 平方厘米的大小后，教师紧接着抛出问题，要求学生用 1 平方厘米的小正方形去测量桌子面的大小，促使学生通过联想、迁移的方法，"创造"出另一个面积单位"平方分米"，并且让学生在两个正方形（边长分别为 1 分米和 6 厘米）中选出一个面积为 1 平方分米的正方形，学生

在与同桌合作、交流中理解概念。在这些活动中，教学情境的创设充分发挥了作用。

二、重视学法的有效指导，提高学生的学习能力

教学经验告诉我们，学生对空间图形表象的形成不是一蹴而就的，需要通过一系列的训练才能达成。如果我们在教学中一味地提倡"让学生自由地想象，个性化地思考问题"，在如今班级授课制情况下，就会使一部分学生的思维停留在原来的水平上。所以，不管是学生在通过直接观察的方法，还是重叠的方法比较面积大小后，我都及时引导学生进行概括并板书。而当学生无法比较出两个图形面积大小时，我用商量的语气与学生交流，得到"数格"的方法，使学生的学习经历了"平衡—不平衡—再平衡"的认知过程，学习方法上得到同步提高。让学生先估算，再测量（如：估一估正方形边长的长度，估一估一张硬纸片的面积，估一估一个长方形和一个正方形的面积谁更大，有多少平方厘米），为培养学生良好的习惯和方法提供了有利的条件。而当学生估出大约有 6 平方分米时，我不是急于公布答案，而是引导学生先思考有什么理由、有什么方法可以证明，指导学生进行有序思维，说出"用 1 平方分米正方形来测量这个长方形的大小时，一排能摆 3 个，两排就能摆 6 个，就是 6 平方分米"，有效地培养了学生有序思维的品质。

三、重视学生空间表象的建立，促进学生几何概念的形成

"面积意义和面积单位"内容是学生学习平面几何的最基础知识。教学时，我主要采用比较的方法让学生逐步建立空间表象，促进学生几何概念的有效形成。比如：学习了"面积"概念以后，再让学生闭眼想象一下 1 平方米究竟有多大的同时，我故意在黑板右上角分别画出两条 1 米长又相互垂直的线段，与黑板的两条邻边围成一个 1 平方米大的正方形。这时，为学生学习呈现的强信号是两条互相垂直的线段而不是 1 平方米的大小。通过不同的学生进行辩解说明，学生既能对 1 平方米表象的正确建立和概念的有效形成，又能与 1 米长度的线段进行区别。另外，在学习 1 平方分米时也是通过比较的方法，让学生先测量，再思考，最后选出面积是 1 平方分米的正方形；在综合练习中，将面积单位"平方厘米"、"平方分米"、"平方米"同时出现在不同的情境中，让学生根据不同的事件要求，通过对比进行合理的选择，以进一步巩固学生对"面积单位"概念的理解。

通过教学，我深深地体会到，联系学生的生活实际进行"空间与图形"的知识教学，不仅符合"空间与图形"知识的特点，而且能满足学生的认知需要，同时也体现新课程教学改革的基本理念，对于培养学生学习

数学的兴趣，发展学生的实践能力和创新能力都具有十分重要的意义。当然，在联系生活进行教学时要注意把握时机和时间，切忌不顾学生特点和教学目标、内容需要而随意选择生活实例和只停留在生活层面上的学习，降低数学化的要求。另外，在"空间与图形"概念教学中要十分关注学生的"几何直觉"、"几何猜想"和"几何操作"能力的培养，从而逐步提高学生的空间想象能力。

钱金锋 —— 面积意义和面积单位

张齐华 —— 平均数

永远不重复别人，更不重复自己。

张齐华

张齐华，小学高级教师，南京市北京东路小学副校长。曾被评为南京市学科带头人，南京市优秀青年教师，南京市新长征突击手。曾代表江苏省参加全国第七届教学观摩大赛荣获一等奖，《人民教育》《小学教学》先后对其在数学文化领域的探索给予专题报道，2007 年《中国教育报》专题报道了其数学课堂系列教学艺术。参与苏教版小学数学教材的编写，有100 多篇教育教学论文在省级以上刊物发表，专著《张齐华与小学数学文化》由北京师范大学出版社出版。

张老师致力于数学课堂文化的探索与实践，努力从"数学是人类的一种文化"的视角挖掘数学内在的、独特的文化意义与价值，并借助数学的文化价值，改变学生对数学的看法，提升学生的数学意识、数学能力与思维水平，初步形成了"融文化厚重与课堂灵性于一体"的独特教学风格。

深入而浅出

——张齐华教《平均数》

　　《平均数》是第一学段"统计与概率"领域的内容，是在学生初步认识统计后进行教学的，它包含两部分，即理解平均数的含义和求平均数的方法。《全日制义务教育数学课程标准（实验稿）》将平均数作为统计学中的一个重要概念，强调发展学生的统计观念。本课，张老师从统计学的角度来设计教学，从"为什么学习平均数"、"平均数这个概念的本质是什么"、"现实生活是怎样运用平均数的"这三方面实现对平均数概念的建构，从而让学生深刻体验平均数代表的是一组数据的一般水平。张老师既拥有高超的、隐而不露的教学技巧，又拥有对教学内容的深刻挖掘，因而锤炼出了一节节精彩的、历久弥新的经典课。欣赏他的课，如同一次又一次地与数学哲人对话，不断地与数学本质无隙拥抱。

一、建立意义

师：喜欢体育运动吗？

生：喜欢！

生：我最喜欢乒乓球。

生：我最喜欢足球。

师：想不想了解张老师最喜欢的体育运动？

生：想！

师：如果张老师告诉大家，我最喜欢，并且最拿手的体育运动项目是篮球，你会相信吗？

生：不相信。

生：我也不信。篮球运动员通常都很强壮，就像姚明或乔丹那样。张老师，您也太瘦了点儿。

师：真是哪壶不开提哪壶啊！不过还别说，和你们一样，我们班上的小强、小林、小刚对我的投篮技术也深表怀疑。就在上星期，他们三人还约我进行了一场"1分钟投篮挑战赛"。怎么样，想不想了解现场的比赛情况？

生：想！

师：首先出场的是小强。他1分钟投中了几个球呢？让我们一起来看看。(呈现小强1分钟投中的个数。)

生：他投中了5个。

师：没错。可是，小强对这一成绩似乎不太满意，觉得好像没有发挥出自己的真正水平，想再投两次。如果你是张老师，你会同意他的要求吗？

生：我不同意。万一他后面两次投多了，那我不就危险啦！

生：我会同意的。做老师的应该大气一点。就让小强多投几次，估计也不是老师的对手。

师：呵呵，还真和我想到一块儿去了。不过，小强后两次的投篮成绩很有趣。想看看吗？

生：想。(教师出示小强的后两次投篮成绩：5个、5个。学生会心地笑了。)

师：还真巧，小强三次都投中了5个。现在看来，要表示小强1分钟投中的个数，用哪个数比较合适？

生：5。

师：为什么？

生：他每次都投中5个，用5来表示他1分钟投中的个数，最合适了。

师：说得有理！接着该小林出场了。小林1分钟又会投中几个呢？我们也一起来看看。(出示小林第一次投中的个数"3个"。)

师：如果你是小林，就这样结束了？

生：不会！我也会要求再投两次。

师：为什么？

生：这也太少了，肯定是发挥失常。

生：如果只投这1分钟，就连小强都比不过，更不要说和张老师比了。

师：真是心有灵犀一点通！正如你们所说的，小林果然也要求再投两次。不过，麻烦来了。(教师出示小林的后两次成绩：4个、5个) 三次投篮，结果怎么样？

生：不同。

师：是呀，三次成绩各不相同。这一回，又该用哪个数来表示小林 1 分钟投篮的一般水平呢？

生：我觉得可以用 5 来表示。因为他最多一次投中了 5 个。如果用 4 或 3 表示，那他肯定不是张老师的对手。

生：我不同意！小强每次都投中 5 个，所以用 5 来表示他的成绩。但小林另外两次只投中 4 个和 3 个，怎么能用 5 来表示呢？

师：也就是说，如果也用 5 来表示，对小强来说——

生：不公平！

师：那该用哪个数来表示呢？

生：我觉得可以用 4 来表示。因为 3、4、5 三个数，4 正好在当中，最能代表他的成绩。

师：不过，小林一定会想，我毕竟还有一次投中 5 个，比 4 个多 1 呀？

生：那他还有一次只投中 3 个，比 4 个少 1 呀？

师：哦，一次比 4 多 1，一次比 4 少 1——

生：把 5 里面多的 1 个送给 3，这样不就都是 4 个了吗？（教师结合学生的交流，呈现移多补少的过程，如图 1。）

师：数学上，像这样从多的里面移一些补给少的，使得每个数都一样多。这一过程就叫"移多补少"。移完后，小林每分钟看起来都投中了几个？

生：4 个。

师：能代表小林 1 分钟投篮的一般水平吗？

生：能！

师：该轮到小刚出场了。（出示图 2）小刚也投了三次，成绩同样各不相同。这一回，又该用几个来代表他一分钟投篮的一般水平呢？同学们先独立思考，然后再在小组内交流自己的想法。

生：我觉得可以用 4 来代表他一分钟的投篮水平。他第二次投中 7 个，最多，可以移 1 个给第一次，再移 2 个给第三次，这样看起来每一

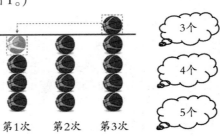

图 1　小林同学一分钟投篮成绩统计图

第1次　　第2次　　第3次

3个
4个
5个

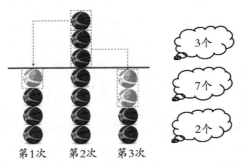

图 2　小刚同学一分钟投篮成绩统计图

第1次　　第2次　　第3次

3个
7个
2个

次好像都投中了 4 个。所以用 4 来代表比较适合。（教师结合学生交流，再次呈现"移多补少"的过程，如图 2。）

师：还有别的方法吗？

生：我们先把小刚三次投中的个数相加，得到 12 个，再用 12 除以 3 等于 4 个。所以，我们也觉得用 4 来表示小刚 1 分钟投篮的水平比较合适。

师：别急，老师把你的算式写下来。（板书"$3+7+2=12$ 次，$12÷3=4$ 次"）像这样先把每次投中的个数合起来，然后再平均分给这三次，能使每一次看起来一样多吗？

生：能！都是 4 个。

师：能不能代表小刚一分钟投篮的一般水平？

生：能！

师：其实，无论是刚才的"移多补少"，还是这回的先合并再平均分，目的只有一个，那就是——

生：使原来几个不相同的数变得同样多。（板书"同样多"。）

师：数学上，我们把通过"移多补少"后得到的同样多的这个数，就叫做原来这几个数的平均数。（板书课题"平均数"）比如，在这里（出示图 1），我们就说 4 是 3、4、5 这三个数的平均数。那么，在这里（出示图 2），哪个数又是哪几个数的平均数呢？在小组里说说你的想法。

生：在这里，4 是 3、7、2 这三个数的平均数。

师：不过，这里的平均数 4 能代表小刚第一次投中的个数吗？

生：不能！

师：能代表小刚第二次、第三次投中的个数吗？

生：也不能！

师：奇怪，这里的平均数 4 既不能代表小刚第一次投中的个数，也不能代表他第二次、第三次投中的个数，那究竟代表的是哪一次的个数呢？

生：这里的 4 代表的是小刚三次投中的平均水平。

生：是小刚 1 分钟投篮的一般水平。（板书"一般水平"。）

师：最后，该谁出场了？

生：张老师。

师：知道自己投篮水平不咋地，所以正式比赛前，我主动提出想投四次的要求。没想到，他们竟一口答应了。前三次投篮已经结束，怎么样，想不想看看我每一次的投篮情况？

生：想！（教师呈现前三次投篮成绩：4 个、6 个、5 个。如图 3。）

师：猜猜看，三位同学看到我前三次的投篮成绩，可能会怎么想？

生：他们可能会想，完了完了，肯定输了。

师：从哪儿看出来？

生：你们看，光前三次，张老师平均一分钟就投中了 5 个，和小强并列第一。更何况，张老师还有一次没投呢。

生：我觉得不一定。万一张老师最后一次发挥失常，1 个都没投中，或只投中一两个，张老师也可能会输。

生：万一张老师最后一次发挥超常，投中 10 个或更多，那岂不赢定了！

师：情况究竟会怎么样呢？还是让我们赶紧看看第四次投篮的成绩吧。（课件出示图 4。）

师：凭直觉，张老师最终赢了还是输了？

生：输了。因为你最后一次只投中了 1 个，也太少了。

师：不计算，你能大概估计一下，张老师最后的平均成绩可能是几个？

生：大约是 4 个。

生：我也觉得是 4 个。

师：英雄所见略同呀。不过，第二次我明明投中了 6 个，为什么你们不估计我最后的平均成绩是 6 个。

生：不可能，因为只有一次投中 6 个，又不是次次投中 6 个。

生：前三次的平均成绩只有 5 个，而最后一次只投中 1 个，平均成绩只会比 5 更小，不可能是 6 个。

生：再说，6 个是最多的一次，它还要移一些补给少的，所以不可能是 6 个。

师：那你们为什么不估计平均成绩是 1 个呢？最后一次只投中 1 个呀。

生：也不可能。最后一次尽管只投中 1 个，但其他几次都比 1 个多，移一些补给它后，就不止 1 个了。

师：这样看来，尽管还没得出结果，但我们至少可以肯定，最后的平均成绩应该比这里最大的数——

图 3　张老师一分钟投篮前三次
成绩统计图

图 4　张老师一分钟投篮成绩统计图

29

生：小一些。

生：还要比最小的数大一些。

生：应该在最大数和最小数之间。

师：是不是这样呢？赶紧想办法算算看吧。（学生列式计算，并交流计算过程，如下。）

$$4 + 6 + 5 + 1 = 16 \text{（个）}$$
$$16 \div 4 = 4 \text{（个）}$$

师：和刚才估计的结果比较一下，怎么样？

生：的确在最大数和最小数之间。

师：现在看来，这场投篮比赛……

生：张老师输了。

师：你们觉得，问题主要出在哪儿？

生：最后一次投得太少了。

生：如果最后一次多投几个，或许你就会赢了。

师：试想一下，如果张老师最后一次投中 5 个，甚至更多些，比如 9 个，比赛结果又会如何呢？同学们可以先通过观察估一估，也可以动笔算一算。然后在小组里交流你的想法。（课件出示图 5。学生估计或计算，随后交流结果。）

图 5　张老师一分钟投篮成绩统计图（假设 1）

生：如果最后一次投中 5 个，那么只要把第二次多投的 1 个移给第一次，很容易看出，张老师 1 分钟平均能投中 5 个。

师：你是通过"移多补少"得出结论的。有不同的方法吗？

生：我是列式计算的。$4 + 6 + 5 + 5 = 20$（个），$20 \div 4 = 5$（个）。结果也是 5 个。

生：我还有补充！其实不用算也能知道是 5 个。大家想呀，原来第四次只投中 1 个，现在投中了 5 个，多出 4 个。平均分到每一次上，正好多出来 1 个。结果自然也就是 5 个了。

师：既然这样，那么，最后一次如果从原来的 1 个变成 9 个，平均数又会增加多少呢？（课件出示图 6。）

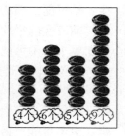

图 6　张老师一分钟投篮成绩统计图（假设 2）

生：应该增加 2。因为 9 比 1 多 8，多出的 8 个再平均分到四次上，每次只增加了 2 个。所以平均数应增加2个。

生：我是列式计算的，$4+6+5+9=24$（个），$24÷4=6$（个）。结果也是6个。

二、深化理解

师：现在，请大家观察下面的三幅图，你有什么发现？把你的想法在小组里说一说。（教师相机出示图7。学生独立思考后，先组内交流想法，再全班交流。）

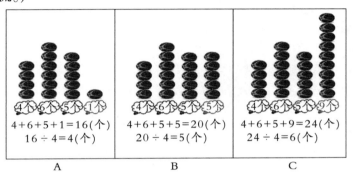

$$4+6+5+1=16（个）$$
$$16÷4=4（个）$$
A

$$4+6+5+5=20（个）$$
$$20÷4=5（个）$$
B

$$4+6+5+9=24（个）$$
$$24÷4=6（个）$$
C

图7　张老师一分钟投篮成绩分析图

生：我发现，每一幅图中，前三次成绩不变，而最后一次成绩各不相同。

师：最后的平均数——

生：也不同。

师：看来，要使平均数发生变化，只需要改变其中的几个数？

生：一个数。

师：瞧，前三个数始终不变，但最后一个数从1变到5再变到9，平均数——

生：也跟着发生了变化。

师：难怪有人说，平均数这东西很敏感，任何一个数据的"风吹草动"，都会使平均数发生变化。现在看来，这话有道理吗？

生：有！

师：其实呀，善于随着每一个数据的变化而变化，这正是平均数的一个重要特点。未来的数学学习中，我们将就此作更进一步的研究。现在还有别的发现吗？

生：我发现平均数总是比最大的数小，比最小的数大。

师：能解释一下为什么吗？

生：很简单。多的要移一些补给少的，最后的平均数当然要比最大的小，比最小的大了。

师：其实，这是平均数的又一个重要特点。利用这一特点，我们还可以大概地估计出一组数据的平均数呢。

　　生：我还发现，总数每增加 4，平均数并不增加 4，而是只增加 1。

　　师：那么，要是这里的每一个数都增加 4，平均数又会增加多少呢？还会是 1 吗？

　　生：不会，应该增加 4。

　　师：真是这样吗？课后，同学们可以继续展开研究。或许，你们还会有更多的新发现！不过，关于平均数，还有一个非常重要的特点，就隐藏在这几幅图中。想不想了解？

　　生：想！

　　师：以第一幅图（图 7 - A）为例。仔细观察这幅图，有没有发现，这里有些数超过了平均数，而有些数还不到平均数。（学生点头示意）比较一下超过平均数的部分与不到平均数的部分，你发现了什么？

　　生：超过的部分和不到的部分都是 3 个，一样多。

　　师：会不会只是一种巧合呢？让我们赶紧再来看看另两幅图（图 7 - B、图 7 - C）吧？

　　生：（观察片刻）也是这样的。

　　师：这儿还有几幅图（出示小刚、小林一分钟投篮成绩统计图），情况又怎么样呢？

　　生：超出部分和不到的部分还是同样多。

　　师：奇怪，为什么每一幅图中，超出平均数的部分和不到平均数的部分都会一样多呢？

　　生：如果不一样多，超出部分移下来后，就不可能把不到的部分正好填满。这样就得不到平均数了。

　　生：就像山峰和山谷一样。把山峰切下来，填到山谷里，正好可以填平。如果山峰比山谷大，或者山峰比山谷小，都不可能正好填平。

　　师：多生动的比方呀！其实，像这样，超出平均数的部分和不到平均数的部分一样多，这是平均数的又一个重要特点。把握了这一特点，我们还可以巧妙地解决相关的实际问题呢。（课件出示如下三张纸条。）

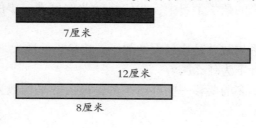

7厘米

12厘米

8厘米

师：张老师大概估计了一下，觉得这三张纸条的平均长度大约是10厘米。（呈现下图）不计算，你能根据平均数的特点，大概地判断一下，张老师的这一估计对吗？

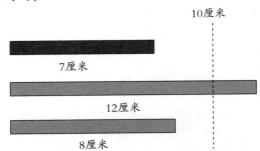

生：我觉得不对。因为第二张纸条比10厘米只长了2厘米，而另两张纸条比10厘米一共短了5厘米，不相等。所以，它们的平均长度不可能是10厘米。

师：照你看来，它们的平均长度会比10厘米长，还是短？

生：应该要短一些。

生：大约是9厘米。

生：我觉得是8厘米。

生：不可能是8厘米。因为7比8小了1，而12比8大了4。

师：它们的平均长度到底是多少，还是赶紧口算一下吧。（学生口算，得出三张纸条的平均长度是9厘米。教师移动表示平均数的线条至9厘米处，如下图。）

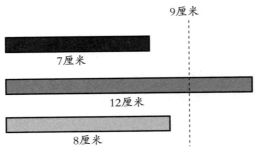

三、拓展提升

师：下面的这些问题，同样需要我们借助平均数的特点来解决。瞧，学校篮球队的几位同学正在进行篮球比赛呢。老师了解到这么一则资料，说李强所在的快乐篮球队，队员的平均身高是160厘米。那么，李强的身高可能是155厘米吗？

生：有可能。

师：不对呀！不是说队员的平均身高是160厘米吗？

张齐华——平均数

生：平均身高 160 厘米，并不表示每个人的身高都是 160 厘米。万一李强是队里最矮的一个，当然有可能是 155 厘米了。

生：平均身高 160 厘米，表示的是篮球队员身高的一般水平，并不代表队里每个人的身高。李强有可能比平均身高矮，比如 155 厘米，当然也可能比平均身高高，比如 170 厘米。

师：说得好！为了使同学们对这一问题有更深刻的了解，老师这儿还给大家带来了一幅图。画面中的人，相信大家一定不陌生。（出示下图，摘自新华网。）

生：姚明！

师：没错，这是以姚明为首的中国男子篮球队队员。老师从网上查到这么一则数据，中国男子篮球队的平均身高为 200 厘米。这是不是说，篮球队每个队员的身高都是 200 厘米呢？

生：不可能。

生：姚明的身高就不止 2 米。

生：听我爸爸说，姚明的身高有 240 厘米呢。

师：啥时姚明长这么高啦？

生：姚明的身高是 226 厘米。

师：看来，还真有超出平均身高的人。不过，既然队员中有人身高超过了平均数——

生：那就一定有人身高不到平均数。

师：没错。瞧，据老师所查资料显示，有位队员的身高只有 178 厘米，远远低于平均身高。看来，平均数只反映一组数据的一般水平，并不代表其中的每一个数据。好了，探讨完身高问题，我们再来看看池塘的平均水深。（出示右图。）

师：冬冬来到一个池塘边。低头一看，发现了什么？

生：平均水深 110 厘米。

师：冬冬心想，这也太浅了，我的身高 130 厘米，下水游泳一定没危险。你们觉得，冬冬的想法对吗？

生：不对！

师：怎么不对？冬冬的身高不是已经超过平均水深了吗？

生：平均水深 110 厘米，并不是说池塘里每一处水深都是 110 厘米。可能有的地方比较浅，只有几十厘米，而有些地方比较深，比如 150 厘米。所以，冬冬下水游泳，可能会有危险。

师：说得真好！想看看这个池塘水底下真实的情形吗？

生：想！（教师利用课件，呈现池塘水底的剖面图，如下图。）

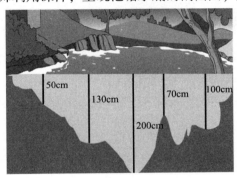

生：原来是这样，真的有危险！

师：看来，认识了平均数，对于我们解决生活中的问题还真有不少帮助呢。当然，如果不了解平均数，闹起笑话来，那也很麻烦。这不，前两天，老师从最新的《健康报》上查到这么一则资料。（课件出示：《2007 年世界卫生报告》显示，目前中国男性的平均寿命大约是 71 岁。）

师：可别小看这一数据哦！30 年前，也就是张老师出生那会儿，中国男性的平均寿命大约只有 68 岁。比较一下，发现了什么？

生：中国男性的平均寿命比原来长了。

师：这是好事，还是坏事？

生：是好事。

师：值得高兴，还是难过？

生：当然值得高兴！

师：是呀，平均寿命变长了，当然值得高兴喽。可是，一位 70 岁的老伯伯看了这则资料后，不但高兴不起来，反而还有点难过。这又是为什么呢？

生：我想，老伯伯可能以为，平均寿命是 71 岁，而自己已经 70 岁了，看来只能再活一年了。

师：老伯伯之所以这么想，你们觉得他懂不懂平均数？

生：不懂！

师：你们懂不懂？

生：懂。

师：既然这样，那好，假如我就是那位 70 岁的老伯伯，你打算怎么劝劝我？

生：老伯伯，别难过。平均寿命 71 岁，并不是说每个人都只能活到 71 岁。如果有人只活到六十几岁，那么，你不就可以活到七十几岁了吗？

师：原来，你是把我的幸福建立在别人的痛苦之上呀！不过，还是要感谢你的劝告。别的同学又是怎么想的呢？

生：老伯伯，我觉得平均寿命 71 岁反映的只是中国男性寿命的一般水平，这些人中，一定会有人超过平均寿命的。如果你能坚持锻炼身体，每天都开开心心的，你还会长命百岁呢！

师：谢谢你的祝福！不过，光这么说，好像还不足以让我彻底放心。有没有谁家的爷爷或是老太爷，已经超过 71 岁的？如果有，那我可就更放心了。

生：我爷爷已经 78 岁了。

生：我奶奶已经 81 岁了。

师：奶奶不管用，我们说的是男性平均寿命。

生：我爷爷已经 85 岁了。

生：我老太爷都已经 94 岁了。

师：真有超过 71 岁的呀！这一回，猜猜看，老伯伯还会再难过吗？

生：不会了。

师：探讨完男性的平均寿命，想不想了解女性的平均寿命？

生：想！

师：有谁愿意大胆地猜猜看？

生：我觉得，中国女性的平均寿命大约有 65 岁。

生：我觉得大约有 73 岁。（教师呈现相关资料：中国女性的平均寿命大约是 74 岁。）

师：发现了什么？

生：女性的平均寿命要比男性长。

师：既然这样，那么，如果有一对 60 多岁的老夫妻，是不是意味着，老奶奶的寿命一定会比老爷爷寿命长？

　　生：不一定！

　　生：虽然女性的平均寿命比男性长，但并不是说每个女性的寿命都会比男性长。万一这位老爷爷特别长寿，那么，他完全有可能比老奶奶活得更长些。

　　师：说得真好！走出课堂，愿大家能带上今天所学的内容，更好地认识生活中与平均数有关的各种问题。下课！

概念为本的教学

刘加霞①

学生如何学习平均数这一重要概念呢？传统教学侧重于对所给数据（有时甚至是没有任何统计意义的抽象数）计算其平均数，即侧重于从算法的水平理解平均数，容易将平均数的学习演变为一种简单的技能学习，忽略平均数的统计学意义。因此，新课程标准特别强调从统计学的角度来理解平均数。然而什么是"从统计学的角度"理解平均数？在教学中如何落实？如何将算法水平的理解与统计学水平的理解整合起来？如何将平均数作为一个概念来教？下面以张齐华老师执教的《平均数》为例研究教学实践中如何解决上述问题。

将平均数作为一个重要概念来教，重点是要解决三个问题：为什么学习平均数？平均数这个概念的本质以及性质是什么？现实生活、科学等方面是怎样运用平均数的？张齐华老师执教的《平均数》正是从这三方面，并依据学生的认知特点和生活经验，实现从概念的角度理解平均数。

一、"概念为本"教学的核心：为什么学习平均数

1. 凭直觉体验平均数的"代表性"

平均数的统计学意义是它能刻画、代表一组数据的整体水平。平均数不同于原始数据中的每一个数据（虽然碰巧可能等于某个原始数据），但又与每一个原始数据相关，代表这组数据的平均水平。要对两组数据的总体水平进行比较，就可以比较这两组数据的平均数，因为平均数具有良好的代表性，不仅便于比较，而且公平。

在张老师的课上，导入部分的问题"1 分钟投篮挑战赛"虽然简单，

———————————

①　刘加霞，教育心理学博士，北京教育学院数学系教授，北京教育学院教师教育人文学院副院长，提出数学教师专业素养的两个基本要素——"把握学科本质"与"研究学生"，在此思想指导下从事数学教育研究和教师培训工作，取得了良好的培训效果，同时也收获了比较丰富的研究成果。

但易于引发学生对平均数的"代表性"的理解：是用一次投篮的个数来代表整体水平还是用几次投篮中的某一次来代表整体水平，抑或是用几次投篮的总数来代表整体水平？

由于教师所选择的几组数据经过精心设计，同时各组数据的呈现方式伴随着教师的追问，使学生很好地理解平均数的统计学意义。这些数据并不是一组一组地同时呈现，然后让学生分别计算其平均数，而是动态呈现，并伴随教师的追问，以落实研究每一组数据的教学目标。例如，先呈现小强第一次投中 5 个，然后追问"小强对这一成绩似乎不太满意，觉得好像没有发挥出自己的真实水平，想再投两次。如果你是张老师，你同意他的要求吗？"，使学生直觉体验到由于随机误差的原因仅用一次的数据很难代表整体的水平，因此再给他两次投篮机会。而小强的投篮水平非常稳定，三次都是 5 个。三次数据都是"5"是教师精心设计的，核心是让学生凭直觉体验平均数的代表性，避免了学生不会计算平均数的尴尬。同样道理，第二组数据的呈现方式仍然先呈现一个，伴随教师的追问"如果你是小林，就这样结束了？"，仍是让学生体验一次数据很难代表整体水平，但"又该用哪个数来表示小林 1 分钟投篮的一般水平呢？"，教师设计的这些活动的核心是让学生体验平均数的代表性。

2. 两种计算方法的背后仍强化概念理解

虽然会计算一组数据的平均数是重要的技能，但过多的、单纯的练习容易变成纯粹的技能训练，妨碍学生体会平均数在数据处理过程中的价值。计算平均数有两种方法，每种方法的教育价值各有侧重点，其核心都是强化对平均数意义的理解，而非仅仅计算出结果。

在张老师的课上，利用直观形象的象形统计图（条形统计图也可以），通过动态的"割补"来呈现"移多补少"的过程，为理解平均数所表示的均匀水平提供感性支撑。首先，两次在直观水平上通过"移多补少"求得平均数，而不是先通过计算求平均数，这样做，强化平均数"匀乎、匀乎"的产生过程，是对平均数能刻画一组数据的整体水平的进一步直观理解，避免学生原有思维定势的影响，即淡化学生对"平均分"的认识，强化对平均数意义而非算法的理解。

如何让学生理解平均数代表的是一组数据的整体水平，而不是平均分后某个体所获得的结果呢？平均数与平均分既有联系更有区别，虽然二者的计算过程相同，但不同于前面所学的"平均分"，二者计算过程相同但各自的意义不同。从问题解决角度看，"平均分"有两层含义：一是已知总数和份数，求每份数是多少；二是已知总数和每份数，求有这样的多少份。强调的是除法运算的意义，解决的是"单位量"与"单位个数"的问题。而平均数则反映全部数据的整体水平，目的是比较两组数据的整体水平，强化统计学意义，数据的"个数"不同于前面所说的"份数"，是根据需要所选择的"样本"的个数。因此，张老师的教学中没有单纯地求平均数的练习，而是将学习平均数放在完整的统计活动中，在描述数据、进行整体水平对比的过程中深化"平均数是一种统计量"的本质，实现从统计学的角度学习平均数。例如，张老师在通过两种方法求出平均数之后，一再追问"哪个数又是哪几个数的平均数呢？""这里的平均数4能代表小刚第一次投中的个数吗？能代表第二次、第三次投中的个数吗？""奇怪，这里的平均数4既不能代表小刚第一次投中的个数，也不能代表他第二次、第三次投中的个数，那究竟代表的是哪一次投中的个数？"，通过这样的追问，强化平均数的统计学意义。当然，在此现实问题中，如果出现平均数是小数的情形，将更有助于学生理解平均数只刻画整体水平而不是真正的投球个数。但是，学生对此理解需要比较长的"过程"，不是一节课就能达成的。

二、"概念为本"教学的深化：进一步理解平均数的本质及性质

初步认识了平均数的统计学意义后，张老师仍然进一步设计活动让学生借助于具体问题、具体数据初步理解平均数的性质，丰富学生对平均数的理解，也为学生灵活解决有关平均数的问题提供知识和方法上的支持。算术平均数有如下性质：一组数据的平均数易受这组数据中每一个数据的影响，"稍有'风吹草动'就能带来平均数的变化"，即敏感性；一组数据的平均数介于这组数据的最小值与最大值之间；一组数据中每一个数与平均数之差（称为离均差）的总和等于0；给一组数据中的每一个数加上一个常数C，则所得到的新数组的平均数为原来数组的平均数加上常数C；一组数据中的每一个数乘上一个常数C，则所得到的新数组的平均数为原来数组的平均数乘常数C。这些抽象的性质如何让小学生理解呢？张老师仍然是在巧妙的数据设计以及适时、把握本质的追问中让学生进一步深化对平均数性质的认识。数据设计的巧妙主要体现在以下几个方面。

首先，在统计张老师自己的投球水平时，张老师"搞特殊"，可以投四次。基于前面学生对平均数的初步感知，学生认可用老师四次投球的平均数来代表老师的整体水平，但张老师在第四次投中多少个球上"大做文章"：前三次的平均数是5，那么老师肯定是并列第一了？一组数据中前3个数据大小不变，只是第4个数据发生变化，会导致平均数产生什么样的变化呢？在疑问与困惑（当然有很多学生是"清醒"的）中教师首先出示

了"极端数据"（1个球），进一步深化学生对平均数代表性的理解，初步体验平均数的敏感性。

其次，假设张老师第四次投中5个、9个，张老师1分钟投球的平均数分别是多少？根据统计图直观估计，或者计算，或者根据平均数的意义进行推理都能求出平均数，多种方法求解发挥了学生的聪明才智，使学生的潜能得以发挥，体验成功感进而体验创造学习的乐趣。

最后，将三幅张老师1分钟投球的统计图同时呈现，让学生对比分析、独立思考、再小组讨论。由于三幅统计图中前三个数据相同，只有第四个数据不同，学生能够进一步理解平均数的敏感性：任何一个数据的"风吹草动"，都会使平均数发生变化。学生发现平均数总是介于最小的数与最大的数之间：多的要移一些补给少的，最后平均数当然要比最大的小比最小的大了。学生还发现："总数每增加4，平均数并不增加4，而是只增加1"。教师适时追问："要是这里的每一个数都增加4，平均数又会增加多少呢？还会是1吗？"再进一步观察三幅统计图中的第一幅图，教师追问"比较一下超过平均数的部分与不到平均数的部分，你发现了什么？"，学生发现"超过的部分和不到的部分都是3个，一样多"。接着，教师通过"会不会只是一种巧合呢？"，引导学生进一步观察其他几幅统计图，让学生真正理解并用自己形象生动的语言描述出："就像山峰与山谷一样。把山峰切下来，填到山谷里，正好可以填平，如果山峰比山谷大，或者山峰比山谷小，都不可能正好填平。"

在上述问题的情境中，以"问题"为导向，借助于直观的统计图以及学生的估计或者计算，让学生在思维、情感上经历一筹莫展、若有所思、茅塞顿开、悠然心会的过程，对平均数的意义以及性质都有了深切的体会。

三、"概念为本"教学的拓展：利用概念解释现实问题

有前述对平均数意义以及性质的了解，学生是否真正理解了平均数的概念呢？能叙述出概念的定义或者真正理解并会计算某个概念，还要看能否在不同情境中运用概念。由于平均数这个概念对小学生而言是非常抽象的（如前所说，它是"虚幻的数"，学生不能具体看到），平均数的背景也很复杂，如果学生能在稍复杂的背景下运用平均数的概念解决问题，说明学生初步理解了平均数。

因此，张老师设计了四个不同复杂程度的问题，即"纸带平均长短"、"球员平均身高"、"平均水深"、"平均寿命"，这四个问题中的平均数的复杂程度不同。

前两个问题中的平均数比较简单，数据的个数都是有限个，而且又有直观图形作理解上的支撑，因此前两个问题是简单应用平均数的性质离差之和为零，即有比平均数大的数据就一定有比平均数小的数据。学生可以借助直观图形和计算求出这两个问题中的平均数。在"纸带"问题中数据的呈现方式不同于前面，是横向呈现，但平均数的意义不变，淡化呈现形式，强化意义理解，为学生理解平均数提供另一个视角。"球员平均身高"问题不是让学生计算球员的平均身高而是让学生借助平均数的性质进行推理判断，并通过学生熟悉的中国男篮队员的平均身高以及姚明的特殊身高，深化对平均数的理解。

最后两个情境的平均数是比较复杂的，是以样本的平均数代替总体的平均数。例如，平均水深到底是什么意思呢？可以是随机选取有限个点，测量这些点到水底的距离，再求这些距离的平均数作为池塘平均水深的代表值。同理，2007 年中国男性的平均寿命也是通过计算样本的平均年龄来表示全体中国男性的平均年龄。

真正理解这些平均数的意义对小学生而言有难度。因此，张老师在教学中呈现了池塘的截面图，并标注出 5 个距离，将复杂的问题简单化，使学生仍能借助于平均数的性质理解冬冬下水游泳有危险。通过平均数意义的强化，使学生能从数学的角度解释是否有危险，避免学生从其他角度解释。在解释男性平均寿命问题中，借助于学生亲人的岁数这样特殊而具体的数据，来理解男性平均寿命是 71 岁不等于每个男人就活到 71 岁。但不是所有的学生都能借助于前面所学平均数的意义和性质来解释这些问题，学生很难真正理解这两个情境下的平均数的意义。

四、引发的话题：培养学生的"统计观念"还是"数据分析观念"

《全日制义务教育数学课程标准（实验稿）》中明确提出，学生学习统计与概率内容的重要目标是培养学生的统计观念。那么，统计观念的内涵是什么？是否能够培养小学生的统计观念？我们培养学生的应该是"统计观念"还是"数据分析观念"？

克莱因在其著作《西方文化中的数学》一书中谈道："宇宙是有规律、有秩序的，还是其行为仅仅是偶然的、杂乱无章的呢……人们对这些端倪（问题）却有种种不同的解释，其中主要有两类答案：其一是 18 世纪形成的决定论观，认为这个世界是一个有序的世界，数学定律能明白无误地揭示这个世界的规律。"直至目前，这种决定论的哲学观仍然统治着很多人的思想，支配着他们的信仰并指导其行动。但是这种哲学观受到了 19 世纪以来概率论、统计学的猛烈冲击，形成了一种新的世界观，即概率论观或统计论观，它认为自然界是混乱的、不可预测的，自然界的定律不过是对无序事件的平均效应所进行的方便的、暂时的描述。这就是众所周知的用统计观点看世界。陈希孺先生说："统计规律的教育意义是看问题不可绝对化。习惯于从统计规律看问题的人在思想上不会偏执一端，他既认识到一种事物从总的方面看有其一定的规律性，也承认存在例外的个案，二者看似矛盾，其实并行不悖，反映了世界的多样性和复杂性。如果世界上的一切都被铁板钉钉的规律所支配，那么我们的生活将变得何等的单调乏味。"

统计观念实际上是人的一种世界观，是对人、生存空间甚至宇宙特点的看法，大多数成人仍坚守着决定论的观点，形成统计观点非常难。因此，有研究者提出培养学生的"数据分析观点"比较切合学生的认知现实和教育现实，即认为数据分析观念包括：了解在现实生活中有许多问题应当先作调查研究，收集数据，通过分析作出判断，体会数据中是蕴涵着信息的；了解对于同样的数据可以有多种分析的方法，需要根据问题的背景选择合适的方法；通过数据分析体验随机性，一方面对于同样的事情每次收集到的数据可能会是不同的，另一方面只要有足够的数据就可能从中发现规律。

数据分析观念应该是"态度"目标的重要组成部分，"态度"目标的落实是在基本知识、基本技能的教学过程中完成的，一定要有学生的质疑、讨论分析、探究交流等过程，否则就是"说教"，很难使学生产生积极的情绪、情感，态度的养成也就流于形式。张老师这一课，以平均数的概念为本，让学生充分经历了前面所分析的"过程"，才能真正有态度地培养。数据分析观念的培养，或者说对"态度"目标内涵的分析以及如何培养学生积极的态度，都是值得深入研究的课题。

张齐华 | 平均数

我为什么重上《平均数》

张齐华

对很多人而言，超越别人容易，超越自己难。而对于我，情况似乎略有不同。事实上，在很多情形下，要想判断是否能够或者已经超越别人，很难有一个既定的标准。既无标准，又何谈对别人的超越？倒是自我超越，似乎显得稍容易一些。毕竟，每一天的学习、思索、实践，必然会使今天的你超越昨天的你，进而又被明天的你再次超越。人总是在这样一次又一次的自我超越中进步的。而对于我，这样的体验尤为鲜明与深刻。

如果说，从 2003 年的《走进圆的世界》（课题名为"圆的认识"）到 2007 年的《圆的认识》，向数学本身回归的这一次自觉转身，是我从教以来教学实践层面的第一次自觉跨越的话，那么，从 2000 年第一次执教《平均数》，到事隔八年后再度磨砺同课题，多少也算是实践之路上的"梅开二度"吧。成败与否先搁下不论，怎么着也得为自己再次拿自己开刀的勇气和精神喝个彩。

2000 年，时值《全日制义务教育数学课程标准（实验稿）》（以下简称《标准》）即将颁布，对于即将到来的新一轮数学课程改革，正是"山雨欲来风满楼"的关键时刻。清晰地记得，师父张兴华不知从何处为我们觅得《义务教育阶段国家数学课程标准·征求意见稿》。急急读来，其间的种种观念、建议、变革，对于正在数学教学改革路途中左冲右突的我们而言，无疑是一次莫大的精神洗礼和引领。尤其印象深刻的是，《义务教育阶段国家数学课程标准·征求意见稿》中对于统计与概率部分的全新阐释，让我们大开眼界，更是萌生出一种"试一试"的实践冲动。

于是，趁着一次教研活动的契机，在认真通读《义务教育阶段国家数学课程标准·征求意见稿》中关于《平均数》这一内容的相关课程目标与实施建议后，《平均数》一课以其别具一格的课题（注：以往，这一课通常都叫《求平均数》，是作为应用题的一类予以教学的）及其"作为一种统计量"这一全新的视角，在实践层面上赢得了广泛的认同与好评。时隔八年，至今，我仍清晰地记得，为了使学生认识到"平均数"是一个统计量，我撇开了教材中具有应用题意味的相关题材，而是选择从学生的平均身高、平均体重、家庭的平均收入等内容入手，进而在如何恰当估计平均数、如何强化"移多补少"、如何根据求出的平均数预测未来数据等问题上作出了初步的尝试。想来效果还不错。

八年弹指一挥间。《标准》很快正式颁布，对于"平均数"这一内容的理论认识也随之渐入人心，相关的教学实践更是风起云涌、层出不穷。而真正促使我重备这一课的契机，现在想来，恐怕还得追溯到前年的那次南通教研活动。

活动中，北京市第二实验小学施银燕老师执教《众数和中位数》一课，而其呈现的课题却是《数据的代表》，课题一出示，当即引起台下一片热议。现在想来，当时热议的话题与内容或许早已烟消云散，但正是那一次的深入思考与交流，使我越来越清晰地认识到，平均数也好，众数与中位数也罢，其实都是一组数据的代表。不同的是，同样作为数据的代表，平均数受所有数据的制约，更能反映一组数据的全貌，因而也就更加显得敏感、易变。而众数与中位数则相对不易受极端数据的干扰而显得比较稳定。带着这样的认识，再重新翻看多年前的《平均数》教案，总觉得作为一种"反映一组数据集中趋势的统计量"，其统计的意味并不明显。或者说，从教学的设计线索上看，似乎已经关注到其统计的内涵，但在真正的实践层面上，其作为一种统计量，尤其是作为数据代表的意义并没有得到真正的深挖。从而，"形似"而"神异"的意味，便不可避免地成为那一堂《平均数》的鲜明烙印。重备《平均数》便显得日渐迫切起来。

之后也听过几节《平均数》的研究课。较为典型的思路是：通过组织两组人数不等的比赛，在学生初步体会到"比总数"不公平的前提下，自然过渡到"通过求出平均每人的数量，再作比较"的思路上来。"平均数"由此自然生成。作为一种较为成熟的版本，此一种教学思路的优点无疑是十分明显的。尤其是，从"比总数不公平"到"比平均数公平"的自然转折，将平均数的来龙去脉刻画得极为生动、细腻。但一直困扰我的问题是，当学生面对"比总数不公平"的情境，纷纷给出"先求出平均每人投中的个数再比较"的建议时，我始终不太明白：为什么求出"平均每人投中的个数"再比较就公平了？（笔者曾就此问题询问过不少教师与学生，均未获得十分清晰的回答。）此为其一。再者，就算学生真正理解了个中的意义，那么，"平均每人投中的个数"是否就可以直接与"每人投中个数的平均数"画上等号？细微的文字表述差异的背后，又表征着学生怎样

微妙的思维差异呢？

事实上，"求出平均每人投中的个数"，对于一个三年级学生而言，其心理活动的表征往往是"先求总和，再除以人数"。而这一心理运算对学生而言，其直观背景十分模糊。至于其最终运算后得出的结果又是如何成为这组数据的代表的，其意义的"联结点"对学生而言更是很难直接建立。由此可见，仅仅从"比较的维度"揭示平均数的意义，看似顺畅的教学实践背后，实则潜藏着学生难以跨越、且教师也很难察觉的认知障碍与思维断点。

于是，备课的思维焦点再次落到《数据的代表》上来。能不能从《数据的代表》的角度，重新为平均数寻找一条诞生的新途径？于是，便有了这一版本的新尝试。

真正尝试备课时，其实还遇到了不少新的障碍。比如，最初选择的情境是：三（1）班仅小明一人参加年级组投篮比赛，一分钟投中 5 个。如果你是裁判，在三（1）班的记分牌上，该用哪个数表示他们班的整体水平？三（2）班小刚、小强二人参加比赛，一分钟分别投中 3 个、5 个。三（2）班的记分牌上，又该用哪个数代表他们班的整体水平？结果，《数据的代表》的表面意义呈现了出来，但"公平与不公平"、"求出平均每人投中几个再比"的观点再度泛出。"老酒"实质上只是换上了"新瓶"而已，无本质差别，此为其一。其二，又一更现实的问题摆在我面前：作为数据的代表，平均数既可以代表"不同对象呈现的一组数据"（比如小明、小刚、小亮平均每人一分钟投中的个数），以反映这一组对象的整体水平，也可代表"同一对象某几次呈现的数据"（比如小明三次量得某木棒的长度各若干厘米，该木棒长度究竟多长），以反映这一个对象在参差变换的随机数据背后所潜伏着的一般水平。究竟哪种情形更有利于学生顺利建立"平均数"的意义？思辨的最终结果让我把天平倾向后者。毕竟，前者在某种情形下，完全可以用总数去表征他们的整体水平，而对于后者，求总数似乎就显得有些"不合情理"，然而找出这组数据的代表值，进而用代表值去刻画这组数据的一般水平，似乎更合情合理些。

于是，例题教学中，我有意设计了"小强三次均投中 5 个"的特殊数据组，以此促进学生自然建立起"用 5 代表他的一般水平最合适"的心理倾向，进而为随后的学习活动中学生主动避开"求总数"的"窠臼"，而直接通过"移多补少"或"先求和再均分"的思维活动，努力寻找几个数据的代表值，为平均数意义的建立奠定坚实的基础。"平均数"作为"数据的代表"的真实含义，在这一过程中得到了自然而然的呈现。

当然，仅仅从正面角度凸显平均数作为"数据的代表"的意义，显然还不够充分、丰富、饱满。于是，在随后的深化板块中，我借助学生的观察、比较、交流，从平均数的"敏感与易变性"（任何数据的变化都会带来平均数的相应变化）、平均数的"齐次性"（每一数据的相同变化，如都加2，会带来平均数的同样变化，也加2）以及平均数的"离均差之和为0"的特性（即一组数据中各个数据与平均数的差之和为0），帮助学生从各个不同侧面进一步丰富了对平均数这一"反映一组数据集中趋势的统计量"的意义的构建，深化了学生对平均数内涵的理解与把握。

随着备课及思考的不断深入，我越来越强烈地感受到，自身数学素养的肤浅对《平均数》课堂的深度挖掘构成了致命的制约。"教什么比怎么教更重要"的命题再一次得到验证。期待能够得到专家与同行的深入批评。

张齐华——平均数

47

夏青峰 —— 分数的意义

和儿童一起享受数学！

夏青峰，中学高级教师，江苏省特级教师，南京师范大学教育硕士，华东师范大学教育博士生，曾任江苏省江阴市华士实验学校校长、江阴市英桥国际学校校长，现任北京市朝阳区管庄学区党总支书记、管庄中心小学校长。曾兼任中国苏霍姆林斯基教育思想研究中心常务副秘书长，江苏省陶行知研究会常务理事、小学教育专业委员会副理事长，江苏省教育管理专业委员会常务理事，江苏省教育科学院基础教育研究所兼职研究员。1997 年，分别获江苏省、无锡市小学数学教学比赛一等奖第一名，并代表江苏省参加全国第三届小学数学优化课堂教学观摩交流会，荣获一等奖第一名。应邀到全国各地上课讲学近两百场次，课堂教学实录多次在中国教育电视台播放。

　　夏老师参与了苏教版小学数学教材的编写工作，并于 2003 年在《江苏教育》杂志上连续发表了 10 篇《全国义务教育数学课程标准学习辅导讲座》的进修文章，引起了很大的反响。《江苏教育》《小学青年教师》等多家杂志开辟专栏进行过其教育思想及先进事迹的报道。他的课堂朴实无华，简单却有价值。他的教法能准确地把握学生的认知起点，能很好地激发学生的创造性学习，学生学得轻松而又高效。

探寻起点　直面本质

——夏青峰教《分数的意义》

夏青峰｜分数的意义

　　《分数的意义》是第二学段"数与代数"领域的内容。"分数"是这一学段教学中的重要内容，"分数的意义"是学生学习与"分数"有关的所有内容的核心概念，同时也是比较抽象的数学概念。对于重要的数学概念，教材一般是采用逐级递进、螺旋上升的安排方式，分多次完成对分数的认识："分数的初步认识"一般安排在第一学段，"分数的意义"一般安排在第二学段。《分数的意义》是让学生在对分数有了初步认识的基础上，进一步系统地认识分数，其重点是把第一次的初步认识进一步扩展，其特点是：（1）单位"1"由"一个"拓展到"一些"；（2）给出分数初步的定义性概念。夏老师在充分唤醒学生"已经知道了什么"的基础上，围绕分数的本质，抓住学生认知的难点，组织学生进行深度体验。其经典之处，体现为他对课堂教学结构的重新思考，以及从多种角度认识单位"1"意义的扩展，通过理解部分与整体的关系以及具体与相对的关系，实现了分数与整数的交融，并且对分数意义作了"无痕"的概括。

一、课前交流

师：同学们，今天夏老师将和大家一起度过 40 分钟，你们欢迎吗？

生：欢迎！

师：是真欢迎还是假欢迎？

生：真欢迎！

师：是真欢迎的话，老师建议，同桌之间互相笑一笑，好吗？（学生都不由自主地笑起来，台下部分教师也发出了笑声。）

师：今天，还有来自全国四面八方的近千名老师，来到了我们的学校，和同学们一起学习。作为学校的小主人，我们想对客人们说些什么吗？

生：欢迎老师们来到我们学校。我们的大门永远敞开，欢迎您——（台下教师自发鼓掌。）

师：夏老师也代表全体老师感谢同学们的热情欢迎。课前，你们的数学老师跟我说，今天在座的各位，个个都是头脑聪明、思维积极、发言大胆，你们是这样的吗？（学生含笑点头。）

师：好！耳听为虚，眼见为实。老师要考考大家。（屏幕出示一张青蛙素描图。）

师：你看见了什么？

生：蟾蜍。

师：是青蛙啊。（众笑。）哦，我画的是青蛙，你说的是蟾蜍啊。

师：不反悔吗？（转动图片，青蛙图变成了马头图。）

师：你又看到了什么？

生：我看到了一个马头。

师：看来，从不同的角度看，可以看到不同的事物。（再出示一张图。）

师：看见了什么？

生：一个人在吹喇叭。

生：一个大鼻子的人在抽烟。

师：有没有看到一张漂亮女孩的脸？

生：没有。

生：我看到了。

师：不同的角度可以看到不同的东西。

师：我再问大家一个非常简单而又非常难的问题。不用举手，直接抢答。1 加 1 等于几？

生：等于 2。

师：等于 2？错了。你看（左右手各拿一块橡皮泥），这是一块橡皮泥，这也是一块橡皮泥，合在一起——看，还是一块橡皮泥。所以说，1 加 1 等于 1。你们老师教错了。（众笑。）

师：不仅 1 加 1 等于 1，2 加 3、7 加 5 等都等于 1，你们相信吗？

生：相信。

师：相信？那你说说 3 + 5，怎么会等于 1 的？（学生回答。）

师：从不同的视角看 1，它也有不同的含义。

师：今天我们学习的内容是五年级学生学习的，可是你们才三年级刚结束，你们有信心学好今天的内容吗？

生：有！

师：真好！有信心，还要有好方法。老师在面对一个新知识的时候，通常会这样想：哎，这个知识我已经知道些什么？我还想知道些什么？再看看书，它上面又能告诉我些什么？我还有哪些地方不明白。老师觉得这种方法还是蛮管用的，不妨我们这节课也来试试，好吗？

二、整体感知

师：咱们今天要学"分数的意义"。分数，大家原来学过吗？

生：学过。

师：那好，把你所知道的分数知识说出来，让我们大家分享分享，好吗？（屏幕打出："关于分数，我已经知道了什么？"）

生：分数有分子、分母和分数线。

师：好的，你能举个例子吗？（学生举例。）

生：把一个苹果分成 2 份，取 1 份就是 $\frac{1}{2}$。（学生纷纷举手。）

师：大家都想说？你能再说一遍吗？

生：把一个苹果分成 2 份，取其中的 1 份就是 $\frac{1}{2}$。（学生纷纷反对。）

师：呵呵，你再说一遍。

生：把一个苹果平均分成 2 份，取其中的 1 份才是 $\frac{1}{2}$。

师：对，平均分，非常好，请坐。关于分数，你还知道什么？

生：我还知道了分数的大小。比如：$\frac{4}{5} > \frac{2}{5}$。

生：我还知道分母表示平均分的份数，分子表示取的份数。

师：大家知道的可真不少。我也想说说我所知道的一些知识。（投影依次出示下面 4 幅图。）

师：同学们认识这些数吗？（学生有些点头并说 $\frac{1}{4}$，有些摇头。）

师：同学们，其实这四个数都表示 $\frac{1}{4}$ 这个分数。早在 3000 多年前，古埃及人就用像嘴巴形状的图形来表示分数，早在 2000 多年前，咱们中国人用算筹来表示数，这样就是 $\frac{1}{4}$，后来古印度人发明了数字，再后来阿拉伯人发明了分数线。分数就成了现在这个样子。

师：好啦！咱们说出了自己知道的知识。今天开始，我们又要学习分数，关于分数，我还想知道什么呢？（屏幕打出："关于分数，我还想知道什么？"）

生：我想知道最大的分数是什么？

生：分数能乘除吗？

生：分数可以做应用题吗？

生：为什么会有分数？

师：真好！同学们的求知欲很强。有的问题，待会儿咱们通过讨论交流，可以在本节课解决；有些问题，我们可以在课外通过自学课本、阅读课外书、上网查资料等方法自己去探索解决，好吗？不管怎样，咱们带着问题去学习，就非常的好。

师：请大家阅读一下课本，看看上面的内容，哪些我已经明白，哪些我还不太明白；通过看书，我又学会了哪些新的知识？（屏幕打出："自学课本后，我又学会了哪些新的知识？"学生看书。）

师：通过看书，我们又获得了哪些新的知识呢？

生：我知道了分数的产生。就是当人们在测量和计算的时候，往往得不到整数的结果，因为需要，就产生了分数！

师：Very good！其他同学也懂得了这个道理了吗？

生：懂了！

生：我还知道了分数的意义！

师：噢？那什么是分数的意义呢？

生：把单位"1"平均分成若干份，表示这样的一份或者几份的数。

师：真不错！还有吗？

生：我知道了，不仅可以把一个东西平均分，还可以把一些东西平均分，可以把它们看成一个整体。

师：8 只苹果可以看成一个——

生：一个整体。

师：20 只苹果呢？

生：也可以看成是一个整体。

师：还有吗？

生：分数线下面的是分母，上面的是分子。

师：同学们的自学能力真的很强，把今天的知识都掌握了。那你们还有什么不太明白的地方，提出来大伙儿讨论讨论，好吗？（屏幕打出："我还有哪些问题不明白?")

生：什么叫单位"1"?

师：是啊！什么叫单位"1"? 谁来解答这个问题。

生：单位"1"就是把所有东西都可以看成是一个单位。

生：单位"1"就是把要分的东西都用"1"来表示。

师：大家同意他们的回答吗?

生：同意。

生：分数线下面的数为什么叫分母?

师：对呀！干吗叫分母呢?

生：就像你的名字叫×××一样，它只不过是一个名称，随便取的！

师：但是有一点，先有分母才有分子，有了分母才会有分子！

……

三、深入体验

师：同学们对分数的知识已经有了一定的了解。为了检测自己究竟掌握得怎样，老师这里带来了一个"闯三关"的练习，我们试试好吗?

第一关：猜一猜

1. 屏幕出示图1

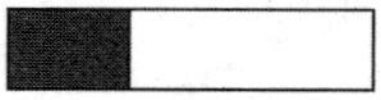

师：阴影部分可用什么分数表示?

生：$\frac{1}{3}$。

生：$\frac{1}{3}$。

师：怎么都认为是$\frac{1}{3}$呢?

生：我把这个长方形平均分成3份，阴影部分是这样的1份，就是$\frac{1}{3}$。（屏幕显示三等分线，如图2。）

师：那也就是说，这里的$\frac{1}{3}$是表示?（学生说，教师完成下面板书"把一个长方形平均分成3份，表示这样1份的数。"）

图1

图2

2. 屏幕出示图3

师：阴影部分又可用什么分数表示?

生：$\frac{1}{3}$。

图3

师：这次不是 $\frac{1}{3}$，但已经很接近正确答案了。

生：$\frac{2}{5}$。

生：$\frac{3}{8}$。（屏幕显示八等分的虚线，如图4。）

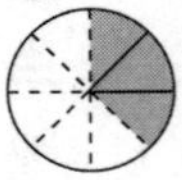

图4

师：这次能说出是几分之几了吧？

生：我认为是 $\frac{3}{8}$，因为它把这个圆平均分成8份，阴影部分占了其中的3份。

师：好的。那反过来说，这里的 $\frac{3}{8}$ 就是表示？（师生共同完成板书"把一个圆平均分成8份，表示这样3份的数"。）

3. 屏幕出示图5

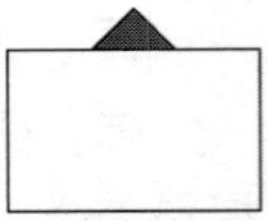

师：露出的部分是一个整体的 $\frac{1}{4}$，这个整体该是个什么样子呢？你能大概地把它画出来吗？（学生画。）

图5

师：谁愿意把你的作品与大家分享？（展示学生作品如右下图）可以这样画吗？

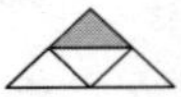

生：可以。因为这里一共有4个小三角形，露出来的是1个，就是它的 $\frac{1}{4}$。

师：还有不同的画法吗？（学生纷纷展示自己的作品，如下图。）

师：判断这些图形是否符合要求，关键看什么？

生：关键看是否一共画了四个三角形。

师：怎样的四个三角形？

生：和露出来一样的四个三角形。

师：好。看大家是否猜中了。这个整体究竟是什么呢？（屏幕出示右图。）

生：老师，不对。这四个三角形不连在一起，不是一个整体。

生：我觉得是对的。虽然它们不连在一起，但是我们可以把它看成是一个整体。

生：我觉得它不能看成一个整体，因为一个三角形就是一个整体，而这是四个三角形。

生：我认为它是一个整体。比如，一个人，我们可以看成是一个整体；一组人，我们也可以看成是一个整体；一个班，也可以看成是一个整体。(学生经过交流与辩论，最后大家基本统一了意见。)

师：正如大家交流的结果那样，四个三角形也可以看成一个整体。(屏幕出示如右图。)

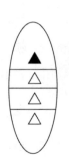

第二关：想一想

师：把6支铅笔平均分给两位同学，每位同学得到的铅笔数是?

生：3支。

师：把8支铅笔平均分给两位同学，每位同学得到的铅笔数是?

生：4支。

师：把一盒铅笔平均分给两位同学，每位同学得到铅笔数是?

生：$\frac{1}{2}$。

师：为什么不说几支了呢?

生：因为不知道有几支铅笔。

生：我们可以把它看做一个整体。

师：每位同学得到的铅笔数就是这个整体的?

生：2份中的1份。

师：平均分成2份后的1份，就可以用?

生：$\frac{1}{2}$来表示。

师：真好! 如果把它平均分给5位同学呢? 10位呢? 50位呢? (学生回答。)

师：可是这个文具盒里只有6支铅笔。(拿出6支铅笔。) 现在把它平均分给两位同学，每位同学得到的铅笔数还能用$\frac{1}{2}$表示吗?

生：能!

师：为什么还能呢? 这不是3支了吗?

生：因为这也是2份中的1份。

师：那还能用3支表示了吗?

生：能。

师：它既能用$\frac{1}{2}$表示，又能用3支表示。那这$\frac{1}{2}$和3支是什么关系呢?

生：$\frac{1}{2}$也就表示这里的3支。

生：也就是说，3 支铅笔占 6 支铅笔这个整体的 $\frac{1}{2}$。

师：如果把 8 支铅笔平均分给两位同学，每位同学得到的铅笔数还能用 $\frac{1}{2}$ 表示吗？

生：也能用 $\frac{1}{2}$ 表示。

师：3 支可以用 $\frac{1}{2}$ 表示，4 支也可以用 $\frac{1}{2}$ 表示，为什么？

生：因为 3 支是 6 支的 $\frac{1}{2}$，而 4 支是 8 支的 $\frac{1}{2}$。

师：真好，整体不同，$\frac{1}{2}$ 所代表的铅笔支数也就不同。如果是 100 支铅笔呢？1000 支铅笔呢？5 吨苹果呢？

师：怎样拿出这些铅笔（6 支）的 $\frac{2}{3}$ 呢？（学生回答略，教师引导时，突出分子 2 是表示 2 份而不是 2 支。）

师：这里有三个粉笔盒，里面放了一些粉笔。老师从第一盒中拿出 1 支，就拿出了整盒的 $\frac{1}{5}$，这盒粉笔一共有几支？老师从第二盒中拿出 2 支，就拿出了这盒的 $\frac{1}{5}$，这盒粉笔一共有几支？老师从第三盒中拿出 3 支，也拿出了这盒的 $\frac{1}{5}$，这盒粉笔一共有几支？请你想一想，画一画。

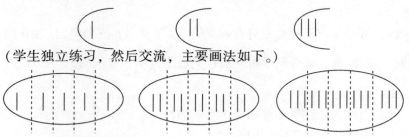

（学生独立练习，然后交流，主要画法如下。）

师：为什么第一盒是 1 支 1 支地画，第二盒是 2 支 2 支地画，第三盒是 3 支 3 支地画呢？

生：因为它的每份数分别是 1 支、2 支、3 支。

师：这三个 $\frac{1}{5}$，有什么相同点和不同点呢？

生：它们都表示平均分成 5 份，而拿出了其中的 1 份。

生：它们粉笔的总数不同，所以每份数也不同。

……

第三关：分一分

师：同学们手头上都有 12 根小棒。根据老师提供的分数，能拿出它的一部分吗？

屏幕上显示：拿出 12 根小棒的 $\dfrac{(\quad)}{(\quad)}$

首先出示：$\dfrac{(\ 1\ )}{(\quad)}$

有些学生马上举起了 1 根小棒。

师：大家想想看，举起 1 根小棒，对吗？

生：不一定对。如果是分母是 2，它应该就是 6 根小棒。

师：很好！这里的 1，是表示 1 份，还是表示 1 支？

生：1 份。

屏幕相继显示：$\dfrac{1}{2}$、$\dfrac{1}{3}$、$\dfrac{1}{4}$、$\dfrac{1}{6}$、$\dfrac{1}{12}$。学生拿出相应的小棒支数。

屏幕再显示：$\dfrac{(\quad)}{(\ 16\ )}$

师：现在能拿吗？

生：不能。

师：虽然不能拿，但是我们可以做一件事。什么事？

生：把 12 根小棒平均分成 6 份。

生：每份是 2 支。（屏幕相继显示：$\dfrac{1}{6}$、$\dfrac{2}{6}$、$\dfrac{3}{6}$、$\dfrac{6}{6}$、$\dfrac{2}{3}$、$\dfrac{3}{4}$。学生拿出相应的小棒支数。）

师：同桌同学试试看，一个说分数，一个拿小棒，看谁反应快。

四、抽象概括

师：在刚才的学习过程中，出现了好多分数。咱们再来说说它们所代表的意思。（指黑板上的 $\dfrac{1}{3}$、$\dfrac{3}{8}$、$\dfrac{1}{4}$、$\dfrac{2}{3}$ 等，让学生分别说说它们代表的意义，教师在黑板上写出"$\dfrac{5}{7}$"。）

生：把一个物体平均分成 7 份，表示这样的 5 份的数。

生：把一盒铅笔平均分成 7 份，表示这样的 5 份的数。

生：把一个整体平均分成 7 份，表示这样的 5 份的数。

师：到底把一个什么平均分呢？我们能不能用一个词概括一下？

生：用一个单位。

生：用一个整体。

师：反正都是一个什么！就用"1"吧！书上称为——

生：单位 1（教师在相应位置板书单位"1"）。

师：$\frac{7}{8}$。$\left(\text{学生说出意义。教师再出示"}\frac{3}{\square}\text{"。}\right)$

生：把单位"1"平均分成……（这里有几种不同的声音出现）表示这样的 3 份的数。

师：平均分成的份数不确定，用什么词来概括？

生：若干份。（教师板书，学生完整说一遍意义。）

师：$\left(\text{出示"}\frac{\square}{9}\text{"}\right)$谁又能说说它所表示的意义呢？

生：把单位 1 平均分成 9 份，表示这样若干份的数。

师：真好！用若干份来代替这不确定的份数。可是好像与前面有重复的感觉。能换一个词吗？

生：几份。

师：好的，就用这个词。（教师板书，学生齐读。）

师：$\left(\text{再出示"}\frac{\square}{\square}\text{"}\right)$怎么样，再说说！

生：把单位"1"平均分成若干份，表示这样的 1 份或者几份的数。

师：这就是分数的意义！齐读一遍。

师：自己随意写两个分数，同桌互相说说它们所表示的意义。（学生说。）

师：大家顺利闯过了三关。最后，咱们再来一次比赛，看谁说得又多又好。（师生交流。）

夏青峰——分数的意义

打破平衡　促进发展

张亚松①

夏青峰老师的这节数学课，打破了概念教学传承了多年的模式，从一个全新的视角演绎了一堂生动的、充满着人文气息的数学课，引发了我许多的感慨与思考。

一、课前交流——看似无心，实则有意

是青蛙，还是马头？是一个人在吹喇叭还是一张漂亮女孩的脸？1 + 1 = 1吗？两张奇妙的图画，几块柔软的橡皮泥，几个让大家笑了又笑的问题……在不知不觉间，夏老师就为学生的学习营造了一个温和且宽松的氛围，孩子们紧张的情绪得到了舒缓，师生间的情感达到了共融……这段导入的价值仅限于此？不，聪明的夏老师是借着图和橡皮泥，向学生传递一个重要信息："横看成岭侧成峰"——不同的角度可以看出不同的问题，获得不同的结论。一块橡皮泥是"1"——这是整数"1"；两块橡皮泥是"1"，更多的橡皮泥仍可以是"1"——这是整体"1"。寥寥数语，不多修饰，却很好地区分了两种意义上的"1"。

分数的产生源于整数，但对其意义的理解却远远难于整数，其中最难把握的就是单位"1"。对单位"1"的视角不同，即便是面对同一个图形，所得到的分数亦可不同。夏老师对单位"1"教与学上匠心独运的处理，无疑是高人一筹，让人叹服。

二、整体感知——渗透学法，彰显思想

丢掉约定俗成的复习，丢掉一成不变的呈现，遵循着知识形成的一般规律，夏老师提出了："关于分数，我已经知道了什么？""关于分数，我还想知道什么？""自学课本后，我又学会了哪些新的知识？""我还有哪些

---

① 张亚松，教育硕士，徐州市名教师，江苏省课改先进个人，现任徐州市鼓楼区教研室副主任。

问题不明白?"简单四问，却是对"复习—新授—练习"这一传统教学模式的深度省思，同时让一种全新的教学思路贯穿在课堂中；简单四问，更让学生的思维经历着"与旧知建构—对新知畅想—从课本中求知—在交流中思索"的过程，渗透的是学法。

这一环节的教学，彰显着浓浓的人本思想："请大家阅读一下课本，看看上面的内容，哪些我已经明白，哪些我还不太明白；通过看书，我又获得了哪些新的知识?"几个"我"字，体现了"以学生为本"。基于这种人本精神的熏陶，学生才会有"我想知道最大的分数是什么? 分数能乘除吗? 分数可以做应用题吗? 为什么会有分数?"的畅想；才敢对"什么叫单位1?""分数线下面的数为什么叫分母?"大胆地提出自己想了解的问题。

这一环节的教学，荡漾着缤纷的文化气息：古埃及的象形图、中国的算筹、古印度人发明的数字、阿拉伯人发明的分数线——分数的发展史，向学生传递着人类的智慧，更让他们领略到现代数学的简约。

三、深入体验——分整交融，相辅相成

夏老师设计的"闯三关"可以用"精"、"妙"两字来形容。学生对分数意义的理解，成于整数，亦败于整数。夏老师所提的一个个看似简单的问题，恰是老师们在平时的教学中想尽量回避的——怕扰乱学生的思路，因而对均分的结果只局限于用分数来表达。夏老师却逆流而入——把6支铅笔平均分给两个人，能用$\frac{1}{2}$表示吗? 把8支铅笔平均分给两个人，能用$\frac{1}{2}$表示吗? ……似乎是不经意的提问，却行云流水般地让学生的思维经历着"量—率—量"的变化，在愤悱和思辨中实现了分数与整数的交融。惊叹于夏老师深厚的数学素养及对数学所具有的敏锐洞察力，更佩服他把"新授"与"巩固"融为一体的执教勇气。

四、抽象概括——流畅自然，水到渠成

夏老师引导学生对分数的意义进行总结，更令我眼前一亮。在一种开放的思维空间中，夏老师鼓励学生用自己的语言说出对概念实质的领悟，让学生主动地产生数学语言表达的需要，从而使分数意义的概括流畅自然、水到渠成。在概念应如何揭示问题依然困扰着广大教师的今天，这种"藏于问题，随需产生"的呈现方式，是多么的与众不同啊!

追问本质　探索深度

夏青峰

　　《分数的意义》一课是在学生学习了"分数的初步认识"的基础上展开的。教材的编排思路是，在"分数的初步认识"教学中，让学生具体感知把一个物体平均分，初步体会"平均分"、"每一份"和"谁的几分之一"等这些关键词语的意思，进行简单的分数大小比较和分数加减运算。在"分数的意义"教学中，要让学生认识到：不仅可以把一个物体平均分，还可以把许多物体所组成的一个整体平均分，用分数表示相应的几份，这是教学的重点所在。教学中，同时要在"单位1"的理解上花大力气，因为要让学生理解"单位1"这个抽象的名词，学生还是有些困难的。很多公开课都在如何突破这个重点和难点上作了有效的探索。但是，最近的教学与思考让我慢慢感悟到，我们给孩子定下来的重难点往往和孩子的认知实际并不完全一致。把许多物体看成一个整体，孩子对此并不感觉到费解；如果说"单位1"其实就是指一个整体，孩子也会心领神会。孩子认知的困难在哪里？在于理解部分与整体的关系以及具体与相对的关系，而这恰恰就是分数的本质所在。

　　在本节课的教学中，我主要想探索以下三个问题。

一、课堂教学结构能适应并引导学生的学习吗

　　我们的课堂教学结构，很多时候还是"复习—新授—巩固练习"。在每节课前，老师都要精心设计复习题，帮助学生找准知识的生长点与连接点，促进学生顺利地实行知识的迁移。可是，孩子们长大以后，在面对一个新的问题时，谁再去帮他做这件事呢？还不是需要他自己去主动调动已有的认知，找到新知与旧知的连接点。与其让他长大以后再去做这件事，那还不如现在就让他去做呢。所以，我在课堂上，没有帮助学生设计什么复习题，也没有创设多少情境，就直接引导学生思考："关于分数，我已经知道了什么？""我还想知道什么？""自学课本后，我又学会了哪些新的知识？""我还有哪些问题不明白？"，这样促进学生主动地回忆、交流、阅

读与思考，同时也感悟一点学习的方法。试想，我们成人的学习，是否在很多时候不自觉地也运用过此方法呢？至少，我认为它是一种比较有效的学习方法，所以我把它推荐给孩子们。

二、学生的学习能更具有创造性吗

怎样的学习方式才是更有效的？多年的思考与探索，使我深深地相信：只有让孩子在体验中学习、在创造中学习，学生才会真正地理解知识，同时自身的创造力也才能得到真正的培养。我们既要让孩子传承文明，又要让孩子不断创新，但是，孩子们往往却由于传承的重压而失去了创造。我们能否改"在传承后创造"为"在创造中传承"呢？我在设计这节课时，基本上是把所谓的"新授"与"巩固"融为一体，想办法让孩子们在各种想象、交流、画图与操作中去体验并创造分数的意义。新知，就是在孩子们不断的"闯关"中，慢慢地、不知不觉地内化到孩子们的认知结构中，同时，孩子们的学习具有了鲜明的个性与创造性……

三、作为数学本身的学习，应该关注什么呢

很多时候，我们过于关注了数学的定义，而淡化了概念本身所代表的实际意义。在以往分数意义的教学中，我花了很大的精力去帮助学生理解"单位1"、"若干份"、"一份或几份"等抽象的名词，可是这些真的就是孩子们学习的重点与难点吗？不是，真正的重难点应该是帮助学生建立起分数的数感，并引导他们理解分数的本质：部分与整体的关系。所以，我在这节课里加进了想象画，加进了估计，加强了沟通部分与整体关系的练习。淡化定义，强化心象，是我在数学课上想努力探索的一个课题。

朱国荣 —— 平行四边形的面积

教师的智慧在于倾听与引导。教师要学会等待，更要提升倾听与引导的能力！

朱国荣

朱国荣，中学高级教师，浙江省特级教师。1990 年参加工作，先后被评为浙江省教坛新秀、浙江省"5522"计划名师培养人选、嘉兴市首批中小学名教师、嘉兴市学科带头人，浙江省教育学院教师教育研究所兼职研究员，并任嘉兴教育学院课程改革研究处副处长、嘉兴市特级教师协会副会长、嘉兴市数学学会副会长。他在《小学数学教育》《小学数学教学》等省级以上刊物公开发表论文（案例）56 篇，应邀在全国各省（市、自治区）做教学示范课、学术报告 100 余节（次）。他被国家课程教材研究所聘请为教材培训团专家，远赴新疆、福建、河北、海南、贵州、云南、江苏、安徽等地开展教材推广与使用培训工作，做专题讲座近 100 课时。

朱老师一直以先进的理念和丰富的实践引领嘉兴小学数学教学改革的方向，在新课程实验推进过程中做了大量而富有成效的工作，使嘉兴市小学数学教师团队建设在浙江省具有较高知名度。他逐渐形成了"简约、真实、富有数学味"的鲜明教学特色，课堂教学富有挑战性，善于以具有较大思维空间的核心问题激发学生的探究欲望，并在生成性学习材料的选择与使用上积累了较为丰富的经验，善于把不同水平层次学生生成的材料转化为最为鲜活的教学资源，使课堂富有生命活力。

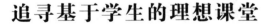

追寻基于学生的理想课堂

——朱国荣教《平行四边形的面积》

　　《平行四边形的面积》是第二学段"空间与图形"领域的内容，是在学生学习了长方形、正方形面积计算、面积概念和面积单位，认识平行四边形及清楚其特征的基础上来进行教学的，为学习其他图形面积的计算提供了重要的知识基础和数学思想来源。本课经典之处体现在，朱老师以"儿童视角"准确地把握了学生学习平行四边形的"脉搏"；体现在朱老师为学生提供了充分的"无诱导"的独立探求平行四边形面积的机会，引发了学生展示自己真实思维过程的迫切需求，提供了充分展现学生"原生态"思维过程的空间；体现在对所呈现的代表性资源的剖析、辨别、澄清上，让学生自觉地产生了转化、割补意识及方法，这是最难能可贵的。在真实的生成引导中，学生的认识从茫然逐步走向"恍然大悟"，从模糊走向清晰，从表面走向深刻。

一、明确任务

　　师：这节课朱老师和大家一起探索平行四边形面积的计算方法。

　　师：黑板上已经画了一个平行四边形，哪位同学能上来指一指，平行四边形的面积是指哪一部分？（学生指平行四边形的周长。）

　　师：他指的是平行四边形四条边的总长度，这是平行四边形的周长。谁能再上来指一指？（学生指平行四边形的面积。）

　　师：对！平行四边形面的大小，就是平行四边形的面积。

二、尝试探索

　　师：（课件呈现）你能求出下面平行四边形的面积吗？请自己量出所需要的数据，想办法计算平行四边形的面积。（需要说明，这个平行四边形曾经过两次改进，一是去掉了画在平行四边形内的那条高；二是原来平行四边形两条边分别长 7 厘米和 5 厘米，高是 4 厘米，现在把高缩短为 3 厘米。）

（学生独立探究，教师巡视指导，收集掌握学生的探索情况。在巡视过程中，教师发现有学生用 "7×5" 的方法，有学生用 "7×3"，也有用 "(7+5)×2"。用第三种方法的人数很少，只有几位学生。用第一种方法和第二种方法做的学生人数比较接近。指名三位学生在黑板上板书。）

生 1：(7+5)×2 = 24（平方厘米）

生 2：7×5 = 35（平方厘米）

生 3：7×3 = 21（平方厘米）

师：（指学生 1 的方法）你们认为他的算法对吗？

生：他求的是平行四边形的周长，不是面积。

师：确实如此，如果要求这个平行四边形的周长，就可以用这样的方法算，但计量单位应该是厘米。（教师擦去学生 1 的方法。）

师：黑板上还剩下两种不同的算法，你认为哪种方法是正确的？（学生举手。）

生：我赞同第一种方法（指 "7×5"）。

生：我赞同第二种方法（指 "7×3"）。

师：看来大家的意见不一致啊！我们先来看第一种方法，哪些同学赞同这种方法？说说你的想法。

生：平行四边形易变形，可以把它变成一个长方形。那么，长方形的面积是长乘宽，所以我感觉是对的。

生：我也是把平行四边形变形，变成一个长方形，长方形就是长乘宽。

师：这两位同学都表达了两层意思。第一层意思，如果把这个平行四边形一拉，就变成了一个长方形。（用手势表示拉成长方形的过程。）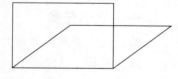

师：（指黑板上画着的一个平行四边形）这个拉得动吗？

生：拉不动。

师：朱老师做了一个（拿出木制的平行四边形活动框架），这个拉得动。（教师把平行四边形框架附在黑板上的平行四边形上，正好重合。然后指名一位学生和教师一起把平行四边形框架拉成一个长方形，如上图。）

师：这位同学一拉，我们明白了刚才两位同学的第二层意思。这个长方形长 7 厘米，就是原来平行四边形的底，宽 5 厘米，就是原来的邻边。

长方形的面积等于长乘宽，所以，平行四边形的面积等于底乘邻边。（完成板书，如右图。）

拉

长方形的面积 ＝ 长 × 宽
↓ ↓ ↓
平行四边形的面积 ＝ 底 × 邻边

师：朱老师觉得他们讲得很有道理。哪些同学也是这么想的？（这时，举手的学生并不多。）

师：有反对的吗？（举手的学生不少。）反对要有理由的，谁来说？

生：我觉得应该是不对的。他把它拉成长方形的话，他拉的边就是平行四边形的高，但是如果把邻边拉成长方形的话，它的高就变短了。那个邻边变短了，所以我觉得他不对。

师：（停顿数秒）我没听懂！这条边原来是 5，我拉一下，还是 5，哪里变了？

生：第一幅图的平行四边形和上面的长方形面积是不同的，所以底乘邻边等于 35 是不对的。

师：她说了什么？谁明白她说的意思？同桌听明白了，同桌再来说说！（关键时候的复述是十分重要的。）

生：她的意思是说，如果把平行四边形拉成长方形，面积就不一样了！

师：我们这样一拉，形状发生了变化，这两位同学说，它们的面积也发生变化了。（面向全体学生）你们认为变了没有？我看不出来，哪里看出它变了？（教师依然在"装糊涂"。）

生：我能上来画一下吗？（教师期待的时刻终于来临了！）

师：掌声请她上来！

生：它原来的底在这里（指原来平行四边形底的位置），拉成长方形后，它的底到达这里（指现在长方形长的位置）。那么大一块都是它扩大的了（指平行四边形和长方形之间的部分）。

师：能听明白吗？好像还有同学想上来，请这位男同学。

生：最简单的方法就是把这块多出来的移到这里去，补到这块上面去，就变成一个小长方形了，这块就是多出来的。（在两个学生的共同努力下，平行四边形割补成一个长方形的过程第一

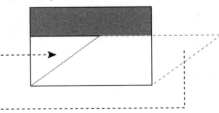

次呈现于全体学生的眼前，如上图。学生的割补欲望源于对澄清错误的需

69

要，源于图形的直观刺激。这时，课堂因学生的创造和激情而充满生命活力！）

师：现在你们得出了什么结论？

生：如果把平行四边形拉成长方形，面积就会变大。

师：面积变大了！所以，平行四边形的面积就不能用"底×邻边"来算。

师：那么怎样算才是正确的？还有第二种方法——7×3，这种方法可以吗？为什么？（教师指名最后一排的一位男生，这位男生也不急于表达。）

生：我可以上去画一下为什么可以列出这个算式吗？（快步来到了黑板前。）我可以把这一块截去（指高左侧的这个三角形），然后把

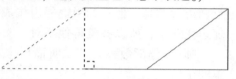

截去的一块切到这个地方来（指右侧空着的部分），高就是 3 厘米。（师生共同完成右图。平行四边形割补成一个长方形的过程再一次清晰地呈现在全体学生眼前。）

师：看看这个同学的成果。我们把平行四边形剪拼成了一个长方形。长方形的长是原来平行四边形的底，宽是平行四边形的高。长方形的面积等于长乘宽，所以平行四边形的面积就等于底乘高。（完成板书，如右图。）

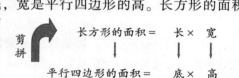

师：刚才我们把平行四边形拉成长方形，但底乘邻边是不对的。现在也是变成长方形，底乘高对吗？为什么？

生：刚才是把平行四边形扩大了，现在是剪掉了再拼上去。

生：等于没变！

师：通过刚才的讨论，我们都认同了平行四边形面积的计算方法是——

生：底乘高！

师：我们在探索平行四边形面积计算方法时，采用了割补的办法把平行四边形转化成了和它面积相等的长方形。转化后长方形的长相当于原来平行四边形的——

生：底。

师：宽相当于——

生：高。

师：所以"底×高"算出了转化后的长方形的面积，也就是原来平行四边形的面积。如果平行四边形的面积用字母 s 表示，底用 a 表示，高用 h 表示，平行四边形的面积计算公式的字母式可以写成？

生：$s = a \times h$。（教师板书。）

三、巩固应用

师：计算下面两个平行四边形的面积（课件呈现，如下图），请先画一画，将平行四边形转化为我们已经学过的图形，再列式计算。（学生在练习纸上独立解答，教师投影呈现学生的解答结果。）

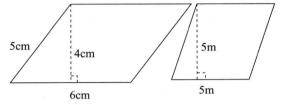

师：谁能说一说，6×4 算的是哪个图形的面积？

生：6×4 算的是平行四边形的面积。

师：还有不同想法吗？

生：6×4 算的是由平行四边形转化成的长方形的面积。

师：说得好！6×4 算的是由平行四边形转化成的长方形的面积，也就是原来平行四边形的面积。

师：5×5 算的是哪个图形的面积？

生：5×5 算的是由平行四边形转化成的长方形的面积。

生：是转化成的正方形的面积。

生：也就是原来平行四边形的面积。

师：下面让我们来轻松一下，解决一个十分简单的问题。（课件呈现：一个平行四边形的底是 4 厘米，高是 3 厘米。它的面积是多少平方厘米？）

生：$4 \times 3 = 12$（平方厘米）。

师：$4 \times 3 = 12$（平方厘米），你算的是哪一个图形的面积？

生：我算的是一个长 4 厘米、宽 3 厘米的长方形的面积。

生：也就是原来平行四边形的面积。

师：同学们看到一个底 4 厘米、高 3 厘米的平行四边形，脑子里已经迅速把它割补转化成为了一个长方形。（通过课件在格子图上呈现一个长 4 厘米、宽 3 厘米的长方形。）

师：原来平行四边形的形状是这样的吗？

生：不是！

师：那么原来平行四边形的形状可能是怎样的呢？你能在格子图上画一画吗？（学生独立在格子图上画。）

师：除了你刚才画的这种形状的，还有不同形状吗？（学生继续画。教师投影出学生画的作品）请大家检查一下，他画得对吗？

生：对！

师：还有不同形状的吗？（继续投影出学生的作品）他画得对吗？

生：也对的！

师：看来底是 4 厘米、高是 3 厘米的平行四边形可以有不同的形状，老师也画了两个，形状和刚才两位同学画得都不一样。（借助多媒体呈现图形，如右图。）

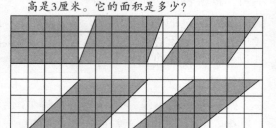

一个平行四边形的底是4厘米，高是3厘米。它的面积是多少？

师：观察这四个不同形状的平行四边形，找一找它们有什么共同的地方？

生：它们的底都是 4 厘米，高都是 3 厘米。

等底等高的平行四边形面积都相等。

师：说得好！这些平行四边形的底相等，高也相等，我们把这样的平行四边形称为等底等高的平行四边形。（借助多媒体呈现"等底等高的平行四边形"。）

生：它们的面积相等，都是 12 平方厘米。

师：是的，这些平行四边形都可以割补转化为长 4 厘米、宽 3 厘米的长方形，它们的面积都是 12 平方厘米。（借助多媒体呈现"等底等高的平行四边形面积都相等"。）

师：请大家把这个结论大声读一读。（学生齐读。）

师：如果这句话反过来可以怎么说？

生：面积相等的平行四边形都等底等高。

师：请大家小声读一读这句话。（学生齐读。）

师：你认为这句话说得对吗？

生：对！

师：真的对吗？

生：不对！

生：不对！

师：请同桌互相交流一下，这句话说得到底对不对？

师：像刚才这样，面积是 12 平方厘米的平行四边形，它们的底可能不是 4 厘米，高不是 3 厘米吗？（学生纷纷点头。）你能在方格纸上画出一个这样的平行四边形吗？（学生再次画。）

师：说一说，你画了一个怎样的平行四边形？

生：我画了一个底是 2 厘米、高是 6 厘米的平行四边形。

师：（投影呈现）这位同学画的平行四边形是豆芽菜形的！

生：我画了一个底是 6 厘米、高是 2 厘米的平行四边形。

师：（投影呈现）这位同学画的是矮胖型的！

师：老师画的还有更矮胖的。（课件呈现底是 12 厘米、高是 1 厘米的平行四边形。）

师：看来，在数学上，有的话正着说是对的，反过来说就不对啦！

四、课堂总结

师：这节课，朱老师和大家一起研究了平行四边形面积的计算方法，说一说哪个知识点给你留下的印象最深刻？

生：给我印象最深刻的是，我一开始以为平行四边形的面积是用"底×邻边"来算的，现在知道了这是不对的！

生：我知道了把平行四边形拉成长方形面积会变大的，把平行四边形割补成长方形面积不会变。

师：把平行四边形拉成长方形面积会变大的，有不变的地方吗？

生：周长是不变的！

师：把平行四边形割补成长方形面积不变，有变化的地方吗？

生：周长变了！

师：变长了还是变短了？

生：变短了！

生：我还知道了在数学上，有的话正着说是对的，反过来说就不对啦！

师：生活也是如此啊！这位同学你叫什么名字？

生：王××。

师：我们说"王××是女生"，这句话是对的，反过来怎么说？

生：女生是王××。

师：那其他的女生都得改名字啦！（学生笑。）

五、拓展延伸

师：最后请大家再来思考一个问题。现在要你求一个平行四边形的面积，你想测量哪些数据？

生：底和高。

师：如果告诉你它的底是 8 厘米，高是 6 厘米，面积是多少？

生：$8 \times 6 = 48$（平方厘米）。

师：如果老师把它分成两个同样大小的三角形，一个三角形的面积是多少？

生：24 平方厘米。

师：是平行四边形面积的一半。

师：如果把它分成两个完全相同的梯形，每个梯形的面积呢？

生：也是这个平行四边形面积的一半，就是 24 平方厘米。

丰富的实践智慧是教师专业成长的必由之路

邱正平①

课堂是教学的主阵地，如何创造富有生命活力的数学教学？如何在教与学的碰撞中激扬出智慧的火花？如何在课堂实践中锤炼教师的教学艺术？特级教师朱国荣通过对《平行四边形的面积》一课的长期实践、思考，再实践、再思考……努力追寻基于学生的理想课堂，创造了鲜活的教学实践经验，为广大一线教师作了很好的示范，给了我们极大的启示。

1. 研究、探索之路就在自己脚下

课例研究是教师专业成长的最佳途径。课例研究以实践与反思为基本特征，教师应把课例研究融于日常教学实践之中，但又不能把它简单等同于日常教学。如果缺少深入的思考，即使上了一辈子课，对教学重、难点的认识和把握依然是肤浅的。朱老师对《平行四边形的面积》一课的长期关注与实践研究给我们这样的启示：教师要打造属于自己的经典课，要对一节课、一类课的反复实践与反思中积累经验，提高认识；教师要善于聆听窗外的声音，既要借鉴已有经验，更要突破固有的框架，不断丰富自我的实践智慧，创造属于自己的精彩。

2. 扎根于教学实践的教育理论才是最有价值的

理论来自于实践，实践需要理论的指导。作为一线教师，在不断实践中准确理解最前沿的教育理论，才能真正做到"知其然，更知其所以然"。朱老师善于联系教学实践反思自己的教学，并经常能静下心来，梳理自己的实践感悟。在选择研究课例时，朱老师一般都会从问题出发：哪节课教师普遍感觉难上，学生感觉难学？哪节课新旧教材发生了显著的变化？哪类课教师关注较少，缺乏成功经验？在设计教学时，朱老师善于另辟蹊

---

① 邱正平，嘉兴市教育局教研室原副主任，浙江省小学数学教学分会副理事长。担任嘉兴市小学数学教研员三十余年，为嘉兴小学数学学科培养了七位浙江省特级教师，长期引领着嘉兴市乃至浙江省的小学数学教学研究。

径，他的教学设计往往既出人意料，又在情理之中，注重创新但不追求标新。在教学实践时，朱老师十分注重对学生学习思维过程的研究，注重用富有挑战性的问题去激发学生的积极性和创造性，因势利导，对生成性学习资源的捕捉和使用有独到的研究和把握。多次实践后，朱老师都会把研究感悟物化为文字，用最朴实的语言告诉大家研究过程中的点点滴滴，这是有别于理论专家的鲜活经验，每次读他撰写的教学案例，我都能听到和触摸到那种心动的感觉。

3. 基于学生的教学研究是最具生命活力的

教育之所以是灵动的，具有生命力的，是因为教学的对象是活生生的富有个性的人。基于学生的教学研究，是常研常新，富有生命活力的。也正因如此，朱老师对一节课的研究往往会有多个不同版本的教学设计，他会告诉我们如果学生认知起点低会怎样导入，认知水平高又将如何展开。在他的教学案例中，你会清晰地读出他对学生的关注和研究。显然，相比那些一篇教案上遍大江南北的教师，朱老师的课让我们更多地看到了学生之间的差异，研究学生，以学定教，这是最基本的教学规律，但很多时候它会在我们所谓的教学研究与展示中消失殆尽。

传承与超越

朱国荣

对《平行四边形的面积》一课的教学，我充满了感情。这节课的研究可以追溯至 2002 年，它是我走上教研员工作岗位时指导的第一节公开展示课。而这几年，对它的关注、研究也是我的教学思想和教学艺术不断嬗变、提升的过程。

人教版五年级上册教材给我们呈现了平行四边形面积计算方法的探究过程（如右图）：

"不数方格，能不能计算平行四边形的面积呢?"

"可以把平行四边形变成一个长方形。"

"先剪开，再拼成……"

在磨课时，我一直有这样的疑惑：

"面对计算平行四边形面积

这个新问题，学生的思维是否都直接指向于把平行四边形割补成长方形?"

"学生割补转化的意识是怎样产生的?"

在与我的教研团队交流、实践的过程中，我们认识到，在学生已有的知识及生活经验中，缺乏支撑"把平行四边形变成一个长方形"的活动经验。换句话说，"可以把平行四边形变成一个长方形"更多地表达了编者和教师的想法，而不是多数学生原生态的认识。

由此，我们把教学研究重点聚焦在"怎样让学生自觉产生割补意识"这个关键问题上。

实践中，有的教师做得很直接。如有一位教师先请学生思考：怎样求下面这两个图形的面积?

当学生经历两次剪拼割补后，教师再让学生尝试求平行四边形面积时，几乎所有学生都不约而同拿起了教师课前就要求他们准备好的小剪刀……

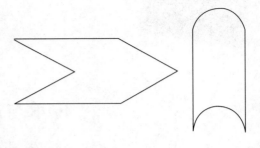

如果单纯从获取知识角度而言，这样教学十分高效！但在新课程改革实践过程中，选择这样教学方式的教师在慢慢减少，因为多数教师已经清晰地认识到，这样的铺垫为学生思维设置了狭窄的通道，在高效传授知识的过程中，丧失了学生探索的自主性，不利于学生创新思维和学习能力的培养。

研究人教版实验教材，可以发现教材给我们提供了解决这个关键问题的两条线索：

（1）数方格（如右图）。可以这样解读教材的编写意图：学生割补转化的意识源于直观的数方格，教学中应让学生经历数方格时的方格割补凑整过程，进而产生割补转化的意识。值得注意的

在方格纸上数一数，然后填写下表。（一个方格代表1m²,不满一格的都按半格计算。）

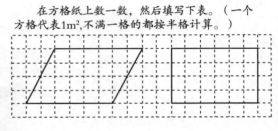

是，站在学习者的角度，教材中"不满一格的都按半格计算"的提示是难以被接受的。

（2）学习材料的暗示。教材编者提示教师，要给学生提供一个画有一条高的平行四边形纸片，而且这条高一定都是从对边的一个端点开始画起的。学生还要准备一把小剪刀，这些都为学生产生割补转化的意识提供了触发点。

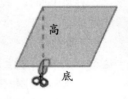

通过数方格的准备和学习材料的暗示，确实能促使部分学生在面对计算平行四边形面积这个新问题时产生割补转化的意识，从而使教材呈现的探究过程成为可能。

我认为，这是一种基于教材和教师的教学价值取向。之所以要有数方格的准备和学习材料的暗示，都源于"引导学生按教材和教师预设路径学习"的教学观。而这种教学观表面上也强调引导学生经历探究过程，但它却从源头上扼杀了学生独立思考的需求。

我认为，理想中的教学是基于学生真实思维的教学。具体地讲，在学生独立探索开始时，教师不应以太多的铺垫去诱导学生，应鼓励学生独立地、不受干扰地按照自己的理解去解决新问题。因此，在本节课的教学实践中，我将"你会求下面这个平行四边形的面积吗？"这个富有挑战性的问题直接呈现在全体学生面前，而且要求学生自己测量有关数据，这样做可以给学生更多的思维空间，每一位学生都可以根据自己的认知经验寻找到不同的解决问题的办法。当然，学生的理解或正确，或错误，或清晰，或模糊，这些都是教师展开教学的基础和生成材料。在真实、常态的课堂中，学生都会产生到底是"底×邻边"，还是"底×高"的疑惑与争议。不同学生的不同思维成果的呈现、交流与辨析，是最具有挑战性和创造性的教学活动，在这一过程中，差异成为了最重要、最生动的教学资源，错误得以纠正，模糊得以澄清，创新思维和学习能力得以培养。

我认为，这才是最具生命活力的课堂！因为，在这样的课堂上，每一个学习个体其独特的思维方式和成果都得以尊重。我认为，这才是最具挑战性的课堂！因为，在这样的课堂上，需要彰显教师基于学生的生成资源展开教学的能力。

在本节课教学实践中，还有两点值得思考：

其一，要不要学生准备剪刀，在课堂上动手去剪拼？在借班上课时，经常有任课教师问"要不要学生准备剪刀？"，在与广大一线教师交流过程中，不少教师也有这样的困惑，因为在绝大多数教师的教学经验中，教学平行四边形的面积，不让学生动手剪一剪怎么可能？这就是教师经验给教学戴上的枷锁！我以为，教师应更深刻地认识新课程所倡导的"动手实践"的学习方式，就本节课而言，鼓励学生动手操作，并不意味着一定要用剪刀去剪，更好的方法是引导学生动笔去画。一方面，画比剪更方便，更重要的是，画能把学生的数学思考过程更好地物化下来，说得更清楚些，一旦动手去剪、拼，最后留下的只有转化后的结果（即长方形），而画能把整个转化的过程都留下来。所以，我和老师强调：并不是没有剪刀，因为学生的脑海里本身就带着剪刀，这种借助表象的操作是一种更高水平的操作，是更符合五年级学生的思维特征的操作。

其二，练习的设计要关注开放性和延展性。让学生画底是 4 厘米、高是 3 厘米的平行四边形的环节是本节课教学的高潮之一。这一练习的设计具有极大的开放性，不同的学生可以画出不同形状的平行四边形，不但深刻地揭示了"等底等高的平行四边形面积都相等"这一知识点，更重要的是，通过数形结合，有效培养和发展了学生的空间观念。而在对"反过来说是否正确"的辨析过程中，学生的空间观念和数理逻辑能力得到了进一步的发展。在拓展延伸环节，教师呈现了把平行四边形分成两个完全相同的三角形和梯形的过程，让学生思考每个三角形和梯形的面积，为学生继续探索三角形和梯形面积的计算方法作了渗透和铺垫，进一步帮助学生积累了数学活动经验。

通过对本节课的反复实践与深入思考，我对小学数学教学也有了更清晰的认识。

1. 对平行四边形面积教学的研究，让我更好地理解了建构主义对学习本质的阐述

建构主义认为，知识不是通过教师传授得到，而是学习者在一定的情境即社会文化背景下，借助其他人（包括教师和学习伙伴）的帮助，利用必要的学习资料，通过意义建构的方式而获得。上述教学很好地阐释了建构主义关于学习环境中的四大要素，即"情境"、"协作"、"会话"和"意义建构"。

我们不要把"情境"简单地等同于生活问题。在我看来，教材所提供的比较两个花坛大小的问题（如右图），不能理解为建构主义所阐述的"情境"。我认为，"情境"应该是一种认知

冲突，如上述案例中，把学生不同的算法呈现出来，才是创设情境的真正内涵。

教师与学生之间、学生与学生之间的对话、争议、交流，每个学习个体都主动地、平等地提出想法、表达意见，通过共同研究达成共识，这才是"协作"与"会话"的过程。也只有这种自主、平等的协作对话才能彰显师生的智慧，才能培养学生的创新思维和学习能力，才能让课堂充满生命活力。

也只有在"情境"、"协作"、"会话"的过程中，学生才能真正理解与内化数学知识，达成"意义建构"的最终目标。也只有这样，我们才能真正体会到：获得知识的多少取决于学习者根据自身经验去建构有关知识的意义的能力，而不取决于学习者记忆和背诵教师讲授内容的能力。

2. 反思平行四边形面积的教学，让我更深入地认识到"以学论教"的重要性

小学数学课堂教学设计的原则、方法和策略的制定，都离不开教师对

学生数学思维过程的认识与把握。这一方面凸显了在新课程实施过程中"以学论教"的重要性，也提示教师在重教材研读、重教学过程设计的同时，更要加强对学生数学学习心理和思维过程的研究。另一方面，也反映出当前教学设计与实践中的一个普遍问题，即很多教师的教学设计是建立在"应然"之上。具体地说，很多教师在教学设计时，往往仅以教材和经验，甚至主观臆断来推测与揣摩学生数学学习心理和思维过程。对本节课的反复实践让我认识到，离开了对学生数学学习心理的研究，教学设计就会成为无本之木，无源之水。在新课程实践过程中，对教学生成的讨论一直是个焦点，究其实质，不少生成问题的背后都显示了教师对学生学习心理和思维过程缺乏必要、有效的了解和研究。因此，我认为，教学设计与实践应建立在"实然"的基础上，即要建立在对学生学习心理和思维过程的研究基础上。面对新的问题，学生到底是怎样进行意义建构的？达成意义建构的内因和外因是什么？在学生意义建构过程中会碰到哪些困难？教师和同伴应该提供怎样的帮助？……如果教师不能清晰地回答这些问题，那么，所谓的建构主义也只能是空洞的教条。显然，加强对学生数学学习心理和思维过程的研究有助于我们正确回答这些问题。这也是我当前关注和研究的主要课题。

朱国荣 —— 平行四边形的面积

钱守旺——百分数的认识

教育的终极目标是让学生的未来生活更有价值，更幸福。

钱守旺，中学高级教师，全国著名数学特级教师，全国优秀教师，国家级骨干教师，中国教育学会小学数学教学专业委员会理事，北师大版小学数学课标教材编写组成员、分册主编，首都师范大学特级教师工作中心兼职硕士生指导教师，现任中国人民大学附属小学副校长。他先后荣获唐山市、河北省和全国教学大赛一等奖。足迹遍布全国各地，他精彩的示范课和理论联系实际的报告深受教师喜欢。在全国多家教育刊物上发表论文180多篇。主编和参与编写各种教学辅导用书二十几本，出版个人专著《走近钱守旺——感受数学课堂的魅力》《教好小学数学其实并不难》，录制了"中国名师"系列光盘《钱守旺小学数学教学专辑》。《小学青年教师》2006年第一期"钱守旺专辑"，推介了他的教育教学成果。

　　钱老师长期致力于"深度课堂"的研究，提出深度课堂应该"有内涵、有冲突、有味道、有活力、有实效、有后劲"。在长期的教学实践中，他逐渐形成了自己"稳中求活，活中求实，实中求新，和谐自然"的教学风格，被老师们亲切地称为"有水平，没架子"的特级教师。

经典课例

反复感知　突破难点　对比建构

——钱守旺教《百分数的认识》

《百分数的认识》是第二学段"数与代数"领域的内容，是在学生学习分数的意义和应用的基础上进行教学的，主要教学内容包括百分数的意义和读法、写法。百分数的意义是学生今后学习百分数应用问题的重要基础，是小学数学中重要的基础知识之一。钱老师提供了丰富的课程资源，从"为什么要学习百分数""学生学习百分数的已有经验是什么""百分数的本质属性是什么"三个方面，充分感知，反复体验，引领学生触摸百分数的本质属性，完成对百分数的意义建构。钱老师强烈的资源意识、充实的教学内容、朴实的教学语言、平实的教学风格、扎实的教学功底造就了厚实的数学课堂。

一、别具匠心的课前谈话

教师播放南非世界杯精彩进球集锦，并出示从网上找到的图片，如下图。

章鱼保罗世界杯八猜全中

2010年07月12日 10：56：33 来源：新华网【字号 大小】【留言】【打印】【关闭】

章鱼保罗再一次青睐西班牙队

师：2010 年世界杯，章鱼保罗测比赛结果，8 次全中，预测成功率为

100%。（课件呈现比赛结果，如下。）

小组赛首战预测德国胜澳大利亚，结果：德国4-0胜

小组赛次战预测德国负塞尔维亚，结果：德国0-1负

小组赛末战预测德国胜加纳，结果：德国1-0胜

$\frac{1}{8}$决赛预测德国胜英格兰，结果：德国4-1胜

$\frac{1}{4}$决赛预测德国胜阿根廷，结果：德国4-0胜

半决赛预测德国负西班牙，结果：德国0-1负

三四名决赛预测德国胜乌拉圭，结果：德国3-2胜

决赛预测西班牙胜荷兰，结果：西班牙1-0胜

师：章鱼保罗不仅2010年预测准确率极高，2008年欧洲杯预测输赢的结果也令人惊叹。2008年欧洲杯，它预测6次5次准确，预测成功率为83%。（课件呈现比赛结果，如下。）

小组赛首战预测德国胜波兰，结果：德国2-0胜

小组赛次战预测德国负克罗地亚，结果：德国1-2负

小组赛末战预测德国胜奥地利，结果：德国1-0胜

$\frac{1}{4}$决赛预测德国胜葡萄牙，结果：德国3-2胜

半决赛预测德国胜土耳其，结果：德国3-2胜

决赛预测德国胜西班牙，结果：德国0-1负

师：请看大屏幕上（如右图）。随着这两个数的出现，我们今天的数学课也就此开始了。

章鱼保罗世界杯八猜全中

2010年07月12日 10：56：33 来源：新华网【字号 大小】【留言】【打印】【关闭】

百分数

100%　　83%

二、感受生活中的百分数

师：大屏幕上的这两个数（指100%和83%），你们认识吗？

生：认识，这些数是百分数。

师：对！这些数就是我们今天要认识的百分数。

师：这两个数你们会读吗？

生：第一个读做"百分之一百"，第二个读做"百分之八十三"。

师：百分数怎么写呢？看老师给你们写一遍。（教师示范如何写83%，并介绍百分号及书写百分号时应注意的问题。）

师：谁能说一说，在生活中你在哪儿见过百分数？

生：我在喝汇源果汁时见过百分数。

生：我在喝牛奶时见过百分数。

生：我在衣服的标签上见过百分数。

生：老师在期末考试计算及格率和优秀率时用过百分数。

生：老师，我在安装电脑游戏时用过百分数。

钱守旺——百分数的认识

师：看来，生活中的百分数还真不少。老师课前也收集了一些百分数，我们一起来看一看。（教师展示自己课前收集的百分数，有的是网页中的信息，有的是报纸中的信息，有的是电视中的信息，有的是商品标签中的信息，有的是为移动硬盘杀毒的信息。）

千龙网：高考报名人数减少，今年高考录取率将逼近80%。

新京报：北京新房价上涨17.8%。

深圳晚报：深圳房价下降10.8%，创全国最大跌幅。

新浪财经：上海房价7月下降24%，创三年最大跌幅。

中国教育报：5年来全国教育投入平均增长16.1%。

新京报：第二套房贷款首付不得低于40%。

中国新闻网：受金融危机冲击，全球银行业总薪酬平均缩水55%。

羊毛衫标签上的信息：100%纯羊毛。

播放电视中关于物价上涨的信息（略）。

瑞星杀毒软件为移动硬盘杀毒的视频：由0%到100%的杀毒过程。

师：百分数又叫做百分比或百分率。看了这么多的百分数，你们想说点什么？

生：我觉得百分数在生活中应用非常普遍。

生：百分数随处可见，说明人们的生活离不开百分数。

生：百分数交流起来非常方便。

三、在解读百分数中理解百分数

师：关于百分数，你们还想知道什么？

生：我想知道学了百分数有什么用？

生：我想知道百分数是怎么算出来的？

生：我想知道百分数和以前学过的分数有什么联系和区别？

师：好，接下来，我们就来研究同学们的这些问题。现在上海正在举办世博会，你们谁去过上海看过世博会？（有三个学生举手。）

师：没有去过的也没有关系，马上就要放国庆节长假了。老师在我们班搞了一次调查。（教师出示调查问卷及结果，如下。）

"十一"长假期间是否去上海参观世博会?

A　一定去　　　B　没想好　　　C　不去

年级	调查人数	一定去	没想好	不去
三年级	20	13	2	5
五年级	25	12	4	9
六年级	50	30	12	8

师:你们能不能也用百分数来说明三年级"一定去"的人数所占的百分数?(没有学生举手。)

师:这样吧,我们换一种问法,三年级"一定去"的人数占被调查人数的几分之几?

生:三年级"一定去"的人数占被调查人数的$\frac{13}{20}$。

师:知道了占几分之几,那么占百分之几能想出来吗?

生:只要把$\frac{13}{20}$的分子和分母同时扩大 5 倍,就可以变成$\frac{65}{100}$,$\frac{65}{100}$就是 65%。

师:非常好的想法,由分数直接推出百分数。

师:请同学们仿照上面的方法自己想一想,五、六年级"一定去"的人数占被调查人数的百分之几。(学生仿照前面的方法得出:五年级,$\frac{12}{25}=\frac{48}{100}=48\%$;六年级,$\frac{30}{50}=\frac{60}{100}=60\%$。)

师:同学们再看一个关于足球比赛中的数学问题。(播放课件后描述:在一场足球比赛中,猛虎队获得了一次罚点球的机会。小明、小军、小强都想去罚点球。小明说:"我曾经罚中 18 次。"小军说:"我曾经罚中 7 次。"小强说:"我曾经罚中 21 次。"如果你是教练,你想派谁去?)

生:我想派小强去,因为小强罚中的最多。

生:老师,我反对。小强罚中的最多但命中率可能不是最高。(有学生点头表示赞同。)

生:老师,我觉得这道题还缺少一个条件,您应该告诉我们他们每个人各罚了多少次。

师:你真会思考,确实缺少一个条件。老师把这个条件给你们补充完整。(出示课件,如下图。)请同学们用百分数描述每个队员罚球的命中率。(学生思考后汇报:小明罚球的命中率是 90%,小军罚球的命中率是 70%,小强罚球的命中率是 84%。)

队员	投篮次数	投中次数	命中率
小军	20	18	
小刚	10	7	
小强	25	21	

比一比

(1)在一场足球比赛中，猛虎队获得了一次罚点球的机会，他们准备派下列三名队员中的一名去罚点球。

我曾经罚球20次，罚中18次。　小明

我曾经罚球10次，罚中7次。　小军

我曾经罚球25次，罚中21次。　小强

师：现在你们知道应该派谁罚点球了吗?

生：应该派小明去罚点球，因为小明罚球的命中率最高，这样获胜的机会就大一些。

师：说得非常好!

师：学到这，淘气和笑笑也给大家提出一个问题。（出示课件：笑笑问"人们为什么喜欢使用百分数?"，淘气问"使用百分数有什么好处?"。）

生：我觉得百分数最大的好处就是非常好比较。

生：百分数一眼就可以看出谁多谁少。

师：百分数的优越性非常明显，确实像刚才两位同学所说的那样，百分数因为分母固定为100，所以比较起来非常方便。为了说明这一点，我们看个例子。（教师出示中国教育报上《2006年中小学生安全形势分析报告》一文，正文中有44处用到了百分数，使学生真切感受到百分数应用之广泛。）

师：为什么人们这么喜欢使用百分数呢？使用百分数有什么好处呢？下面我们通过两个具体的例子来看一看。（教师出示《2006年中小学生安全形势分析报告》一文中的一段。）

<table>
<tr>
<td>

2006 年，全国各省、自治区、直辖市上报的各类安全事故中，<u>事故灾难</u>（溺水、交通、踩踏、一氧化碳中毒、房屋倒塌、意外事故）<u>占 59%</u>；社会安全事故（斗殴、校园伤害、自杀、住宅火灾）<u>占 31%</u>；自然灾害（洪水、龙卷风、地震、冰雹、暴雨、塌方）<u>占 10%</u>。其中，<u>溺水占 31.25%，交通事故占 19.64%，斗殴占 10.71%，校园伤害占 14.29%，中毒占 2.68%，学生踩踏事故占 1.79%，自杀占 5.36%，房屋倒塌占 0.89%，自然灾害占 9.82%，其他意外事故占 3.57%</u>。

</td>
<td>

2006 年，全国各省、自治区、直辖市上报的各类安全事故中，事故灾难（溺水、交通、踩踏、一氧化碳中毒、房屋倒塌、意外事故）占 $\frac{59}{100}$；社会安全事故（斗殴、校园伤害、自杀、住宅火灾）占 $\frac{31}{100}$；自然灾害（洪水、龙卷风、地震、冰雹、暴雨、塌方）占 $\frac{1}{10}$。其中，溺水占 $\frac{5}{16}$，交通事故占 $\frac{491}{2500}$，斗殴占 $\frac{1071}{10000}$，校园伤害占 $\frac{1429}{10000}$，中毒占 $\frac{67}{2500}$，学生踩踏事故占 $\frac{179}{10000}$，自杀占 $\frac{536}{10000}$，房屋倒塌占 $\frac{89}{10000}$，自然灾害占 $\frac{491}{5000}$，其他意外事故占 $\frac{357}{10000}$。

</td>
</tr>
</table>

师：如果我们将里面的百分数换成分数（教师把里面的百分数全部改写成最简分数），对比如下，给你的感觉会怎么样？

生：比较起来非常麻烦，版面也不好看。

师：我们再看一个例子。从 10 名篮球爱好者中选出 3 名参加篮球比赛，假如你是教练，你会选谁去参加比赛？（这个例子教师同样要将几个表格分别放进来。命中率一栏中的数据教师分三次出示：①用最简分数来表示每个人的命中率，学生发现不好比较；②把这些分数通分，虽然可以比较大小，但感觉非常烦琐；③变成百分数比较，简捷快速，一目了然。）

师：通过上面的两个实际例子，我们真切地感受到百分数分母固定为 100，非常便于比较。既然生活中有这么多的百分数，那我们就选几个试着解读一下。想一想，这些百分数表示什么意思？（出示课件，如右图）看到这句话，你知道了什么？

中国军队装备数量最多、规模最大一次全景展示，装备 100% 国产且近 90% 是首次参阅

生：我知道了这次国庆阅兵全部装备都是国产的，而且大部分都是首次参阅。

师：（出示课件，如下图）看到这个 50%，你又知道了什么？

生：我知道这个班有一半的孩子都会游泳。

我们班有50%的同学会游泳。

生：我还知道这个班有一半的孩子不会游泳。

师：如果这个班有 48 人，那么会游泳的应该是多少人？

生：会游泳的应该有 24 人。

师：如果这个班会游泳的有 20 人，那么这个班有多少人？

生：这个班有 40 人。

师：（播放 CCTV2 关于百姓外出旅游调查的视频，视频中包含以下信息：2010 年广东约有 41% 的人打算外出旅游，2010 年全国约有 38% 的人打算外出旅游）如果我们用下面的方格表示被调查的人数（教师出示 10×10 的方格图），那么 41% 应该怎样表示？（学生回答后，教师结合课件演示，让学生看到下面几种表示方法都是正确的。只要涂 100 个格子中的 41 个格就可以了。）

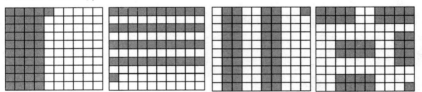

师：2010 年全国约有 38% 的人打算外出旅游，38% 在方格图中该怎么表示呢？（学生表示完后，教师出示 1000 个格子和 50 个格子的图，让学生思考怎样表示 38%。）

师：（出示课件：第五次全国人口普查结果表明，目前我国男性人口约占总人口的 52%，女性人口约占总人口的 48%）谁能试着说一说，这里的 52% 和 48% 是什么意思？

生：就是每 100 个人中约有 52 人是男性，约有 48 人是女性。

师：那 1000 人中呢？

生：1000 人中约有 520 人是男性，约有 480 人是女性。

师：同学们理解得非常正确。

师：（出示如右的情境图）这里的 95% 是谁和谁比，表示谁占谁的 95%？（学生回答。接下来，教师以同样的方式让学生解读左下框内的百分数。学生回答后，教师在大屏幕上出示右下框的数据。）

今天全校学生的出勤率为95%

姚明加盟 NBA 联赛的第一年投篮命中率为 49.8%；小学生的近视率已经上升到将近 40%；某区对五年级学生喜欢的科目为体育类 22.49%、艺术类 19.57%、数学 18.50%、科技类 15.49%、英语 12.39%、语文 11.56%。

　　投篮命中率为 49.8%，表示投中个数占投篮总数的 49.8%；小学生近视率为 40%，表示小学生近视人数占小学生总人数的 40%；喜欢数学学科的占 18.50%，表示喜欢数学学科的人数占全区五年级人数的 18.50%。

　　师： 根据大屏幕上的这些话想一想，百分数表示什么？

　　生： 我觉得百分数表示两个数比较。

　　生： 百分数表示把一个数平均分成 100 份中的多少份。

　　师： 你们看百分数是几个数比较的结果？

　　生： 两个数。

　　师： 如果把其中一个叫做"一个数"，那另一个可以怎么说？

　　生： 可以叫"另一个数"。

　　师： 现在谁能用自己的话说一说，百分数表示什么？

　　生： 百分数表示一个数是另一个数的百分之几。（教师板书"百分数表示一个数是另一个数的百分之几"。）

四、形式多样练习设计

　　1. 下面每个大正方形都表示"1"，各图中涂色的部分和没有涂色的部分各占"1"的百分之几？

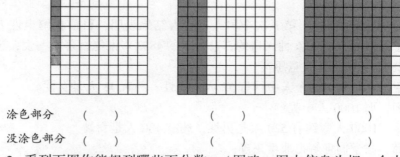

涂色部分	（　　）	（　　）	（　　）
没涂色部分	（　　）	（　　）	（　　）

　　2. 看到下图你能想到哪些百分数？（图略，图中信息为把一个大正方形平均分成 100 份，其中 50 份为黄色，16 份为红色，34 份为绿色。）

　　3. 显示电脑软件安装的画面，学生估计完成的百分比。（10%、20%、80%。）

　　4. 教师出示几个下载文件的画面，学生估计可能已经下载了百分之几。（50%、30%、80%。）

5. 利用数形结合的方法，帮助学生理解几个特殊的百分数。

（1）沈阳二手房 3 月份房价上涨 10%。

（2）上海翠湖天地雅苑，半年房价上涨 20%。

（3）吉利汽车全线下降 10%。

（4）预计今年全球跨国投资将下降 50%。

（5）国美十一全线飘红，同比增长 300%。

（6）汇源果汁上半年出口额增长 400%。

钱守旺——百分数的认识

丰富的课程资源　扎实的教学过程

徐　斌[①]

钱守旺老师的这节课信息量大，资源丰富，视角独特，大气自然，很有新意。钱老师注重对课程资源的二度开发。整个教学过程清晰流畅，润物细无声，引导学生在解读百分数的过程中真正理解了百分数的意义。课堂上既有知识的教学，也有对时事和社会热点问题的关注，有效地落实了三维目标，教学效果不同凡响。

一、丰富充实的课程资源

教师在课堂教学过程中进行的教学活动，并不是对教材的简单复制，而是对教材的二度开发与利用，是一种再开发、再创造的活动过程，这也是教师参与课程开发的主要形式。

本节课，最突出的一个特点就是精心选择的教学素材。从南非世界杯、上海世博会、章鱼保罗预测比赛成绩到北京高考录取率、国家增加教育投入、房价涨幅、电视中的物价涨幅、二套房贷款、汽车销量下降、瑞星杀毒的进度比、羊毛衫的成分比、打算外出旅游的比率、《2006 年中小学安全形势分析报告》、近视眼的比率、姚明投篮的命中率、某区五年级小学生问卷调查结果等，让学生充分感受到百分数无处不在，而这些信息真正让学生体会到数学即生活，数学就在自己的身边，就存在于自己熟悉的现实世界中。

二、扎实有效的教学过程

百分数首先是一个数，是一个分数，而且是一个特殊的分数，它在生活中的应用非常广泛，更多地体现着比较的作用，在这方面是与其他的分

① 徐斌，中学高级教师，江苏省特级教师。现任苏州工业园区第二实验小学副校长，他一直辛勤耕耘在课堂教学的第一线，积累了丰富的实践经验，形成了"无痕的数学教育"特色。详见第 198 页介绍。

数有所区别的。同时，它不表示一个具体的量，而表示两个量之间的倍比关系，这就需要通过大量的学习材料去领悟，去理解。这也是这节课的核心目标。

钱老师有句话说得好：教师需要有一种"慢"的教学艺术。关键时刻，教师若能"慢一慢"，"停一停"脚步，学生就能更好地理解学习内容，教师也能更好地了解学生的真实想法。

本节课中，我们可以捕捉到以下几个"慢"的细节：让学生理解生活中的百分数，从比较特殊的100%、90%和50%入手，刚开始只让学生根据自己的知识基础进行理解，教师不进行过多的干预。如学生理解"我们班有50%的同学会游泳"时，学生说出"就是会游泳的占全班人数的一半"，这是学生根据分数的意义进行的解读。当理解"2010年广东约有41%的人打算外出旅游"时，教师又进一步提出要求，让学生在百格图中表示41%，进而在1000个格、50个格的图中表示41%，突出41%所表示的部分和整体之间的关系。在理解"男性人口约占总人口的52%，女性人口约占总人口的48%"时，学生从比较的角度进行解读，每100人中约有52人是男性，约有48人是女性。教师进一步追问"那1000人中呢?"，突出了两个数量的比较。接下来，在理解班级的出勤率、投篮的命中率、学生的近视率时，钱老师又进一步提出问题让学生说出谁和谁比，表示谁占谁的百分之几。最后，通过回顾刚才解读的几个百分数，引导学生思考百分数表示什么意思。学生很自然地说出"百分数表示一个数是另一个数的百分之几"，概念的得出水到渠成。

钱老师的课堂启示我们，在教学一些重要的数学概念时，教师如果能"放慢脚步"，和学生进行深入的交流，才能真正地去了解他们内心的想法，从而进行有效的课堂教学。

三、丰富多彩的练习设计

本节课的练习设计有重点、有层次、有新意、有针对性。利用百格图理解百分数、安装电脑软件、文件下载等素材，有利于学生对百分数意义的理解，能够很好地培养学生的数感，直观感受部分与整体之间的关系；借助"金元宝"直观理解"沈阳二手房3月份房价上涨10%"、"上海翠湖天地雅苑，半年房价上涨20%"、"吉利汽车全线下降10%"，数形结合，形象生动，为学生今后学习百分数应用题打基础；通过线段图理解"国美十一全线飘红，同比增长300%"、"汇源果汁上半年出口额增长400%"的含义，沟通了百分数和以前学过的"倍数"之间的关系，有利于学生形成知识网络。最后"千分数"的出现，使学生对数的认识进一步拓展。

让学生在解读百分数中理解百分数

钱守旺

百分数是在学生学过整数、小数和分数，特别是解决"求一个数是另一个数的几分之几"问题的基础上进行的教学。这一内容是学生学习百分数与分数、小数互化和用百分数知识解决问题的基础，是小学数学中重要的基础知识之一。

表示一个数是另一个数的百分之几的数，称为百分数，用 $\frac{a}{100}$ 的形式来表示，一般都记作 $a\%$ 的形式。百分数有时又称百分率、百分比。百分数以 1% 作为单位。

在理解百分数时，要注意以下三点：

（1）$\frac{a}{100}$ 与 $a\%$ 在形式上并非完全统一。如我们可以有 $\frac{75}{100}$ 米的表示，但不能有 75% 米的写法。这就是说，$\frac{a}{100}$ 像一般分数一样，有两种含义：既可以表示部分与整体的关系——分数，也可以表示两个数的比值关系——分率；但 $a\%$ 只能表示分率，不能带有单位，不能表示数量含义。

（2）即使用 $\frac{a}{100}$ 的形式，$\frac{a}{100}$ 也并不一定就表示分数，也就是说百分数不能简单地看做分数的真子集，如我们可以有 $\frac{7.5}{100}$，或 7.5%，它是一个名正言顺的百分数，但 $\frac{7.5}{100}$ 显然不符合一般的分数的含义，只能是一种形式。因为根据分数的定义，分子不能是小数的，因此像 $\frac{2.5}{4}$ 只是一种表示形式，所以像 7.5% 作为百分数，我们是把分子概念作了延拓的，而有了分数与小数的互化后，这实际上就不成为一个问题了。因为 $\frac{7.5}{100} = \frac{75}{1000}$，并不影响什么。

（3）当$\frac{75}{100}$作为一般分数看待时，一般要化简为$\frac{3}{4}$；而作为百分数看待时，$\frac{75}{100}=75\%$是无须化简的；不但不需要化简，一般的分数如果要表示百分率的时候，反而要用$\frac{a}{100}=a\%$的形式来表示。

百分数在我们的生活、社会生产中有着广泛的应用，大部分学生都直接或间接接触过一些简单的百分数，对百分数有了一些零散的感性认识。所以在教学中我把握好教学的起点，从学生生活实际入手，引导学生在解读百分数的过程中逐步深化对百分数意义的理解。

这节课，我没有仅仅局限于学生自己得出"百分数表示一个数是另一个数的百分之几"这句话，而是通过几个有层次的教学环节，使学生对百分数的意义达到了真理解、真明白的程度。

在备课和上课的过程中，我重点思考了以下三个问题。

一、如何引入百分数更符合学生的认知规律

奥苏伯尔认为："一切新的学习都是在原有学习的根基上产生的，新知总是通过与原有认知结构中的相关知识相互联系、相互作用后获得意义的。"这样，探明新知赖以建立的相关旧知，使"新知之舟泊于其锚桩上"，就成为学生获得新知的重要前提了。所以，教学某项新知前，教师应在学生原有认知结构中探明：新知需要哪些旧知支撑，并且组织重现、唤起、激活，使学生学习新知处于良好的准备状态。

以前很多教师教学百分数时，要等到 20 分钟以后才出现百分数的形式，我觉得大可不必。既然学生已经知道了百分数，生活中又见过这么多的百分数，我们没有必要"遮遮掩掩"，所以，我就开门见山，直接呈现百分数，在很短的时间内解决百分数的读写问题。然后通过学生列举生活中的百分数，通过呈现教师课前收集的百分数，让学生真切感受百分数无处不在，感受数学来源于生活。

二、掌握定义 ≠ 理解概念，百分数的概念应如何得出

课前我对学习北师大版教材的五年级学生和学习人教版的六年级学生进行了访谈，百分数人人会读，人人会写，孩子们也都知道"%"是百分号，每个人都能说出几个生活中见过的百分数。当我让学生说一说"五年级 2 班今天的出勤率是 98%"表示什么意思时，所有的学生都是根据原来学习的分数的意义给予解释，即"表示把五年级 2 班的人数平均分成 100

钱守旺——百分数的认识

份，出勤的占 98 份"，没有一个学生能说出"98％表示出勤人数占五年级 2 班全班人数的 98％"。这就说明，学生对百分数表示一个数是另一个数的百分之几的意义的理解是教学的难点。

为了让学生真正理解百分数是两个量比较的结果，我花了大量的时间让学生理解、体会生活中的百分数，学生在解读百分数的过程中，逐渐理解百分数的意义。由根据分数的意义理解百分数到弄清百分数是谁和谁比，表示谁占谁的百分之几，到此，学生真正理解了百分数的意义。

三、数学课堂如何为学生积攒学习的后劲

百分数的意义是今后学习解决百分数实际问题的重要基础，在解决百分数实际问题中出现的百分数一般都表示百分率。因此，在这个意义上说，百分数应用题与分数应用题中，当分数表示分率时的那种应用题没有原则上的区别，也就是说，此时百分数就是一种分率，是百分数的分数应用题。这样，百分数应用题与分数应用题一样，也有以下三种：求一个数是另一个数的百分之几；求一个数的百分之几是多少；已知一个数的百分之几是多少，求这个数。而稍复杂的百分数应用题的解法与稍复杂的分数应用题的解法也相同。

为了让学生理解"谁比谁多百分之几"和"谁比谁少百分之几"中百分数的意义，我借助了"金元宝"模型，帮助学生形象地理解"房价上涨 10％"、"房价上涨 20％"、"汽车降价 10％"、"彩电降价 20％"的意义，这样教学，也为学生今后学习画线段图和解答百分数应用题打下了基础。

在解读"300％"、"400％"这两个特殊的百分数时，通过巧妙地利用线段图沟通百分数与以前学过的倍数之间的关系，为学生今后解决生活中的实际问题开拓了思路。

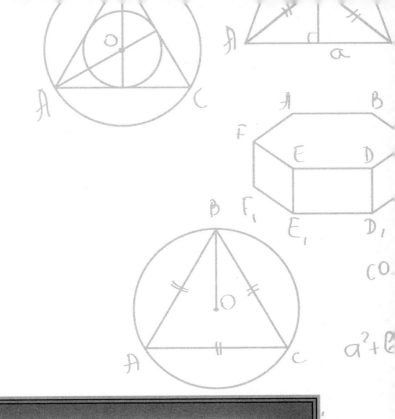

▶ 图形之丰富意蕴

图形是客观的，艺术是主观的。图形何以能成其为艺术？艺术能给人带来想象、审美、感受和思考，艺术来源于创造。读本章一节又一节的精彩内容，只觉得美、深刻、创新，有数学味……急盼知下文，无暇他及，掩卷感叹，方觉这番阅读很享受。

当数学教学超越知识与技能传授纯"技术性"追求，赋予理性精神、数学文化、哲学思辨，追问更深层次的教学本质、人文关怀时，数学教学艺术便会不可阻挡地诞生。名师专家们以其艺术化的研究视角，突破陈规，在图形教学领域创生出一幕幕深刻而又活泼的课堂实践……

朱乐平——角的大小比较

当有人再提供一条新的（通向目标的）路后，人们才有了比较的机会。你可以不喜欢这条新的路，但对提供新路的人应该永远心怀感激。

朱乐平

朱乐平，中学高级教师，浙江省特级教师。《全日制义务教育数学课程标准（实验稿)》研制组核心成员，杭州师范大学兼职硕士研究生导师。主要从事小学数学教师专业发展培训和小学数学教学工作。对小学数学教学和教师培训有一些思考，发表过多篇文章。出版四部小学数学课堂教学录像专辑，共40张光盘。

　　朱老师的课有四大特点：其一，"数学味浓"。他十分强调引导学生从数学的角度观察世界、思考问题。十分重视学生学习的数学思维过程，本书中收录的《角的大小比较》一课，就是从分析数学思维过程中找到课的创意与教学定位的。其二，"教育性强"。他始终坚持教书与育人相结合，让学生在学习数学的过程中，得到智慧与人格的发展。本书中收录的《用了多少钱》一课，就是从分类与计算入手，教育孩子要孝敬长辈的课。其三，"语言精练"。在师生共同拥有的40分钟中，应该尽可能地让学生多动脑、多动手、多动嘴，因此，朱老师自己在课堂上"惜话如金"，他的语言少而且精练，突出数学教师的角色定位。其四，"善于等待"。在他的数学课上，当学生提出问题、对一个问题发表自己的看法后，朱老师会静静地等待，让他们有比较充足的思考时间，朱老师这样的等待实质上就是给学生更大的探索空间，更大的自主选择的机会。这种等待也更能够培养学生形成良好的表达与倾听的习惯。

以惑为导　启思导学

——朱乐平教《角的大小比较》

　　《角的大小比较》常称为《角的度量》，是第二学段"空间与图形"的内容，也是"测量"部分最难的课之一。本节课是在学生学习角的初步认识的基础上进行的，是继度量长度与度量面积之后学习度量角的大小，为今后画指定度数的角和学习相关几何知识作铺垫。从学生学习的过程看，度量角的过程，其实就是一个"角的大小比较"的过程，就是一个"重合"的过程，就是把量角器上的已知角和所要度量的角进行比较，就是把量角器上的已知角重合在所要度量的角上。朱老师深谙此理，以"角的大小比较"为主线，组织了"重叠比"、"用小的角去比"、"用量角器量"三个主要的数学活动。在"角的大小比较"过程中让学生充分感受统一角的度量单位的必要性，并积累了丰富的量角的数学经验和方法，在此基础上学习用量角器量便是一种"水到渠成"的行为了。朱老师此课，如同吹响了数学技能教学改革的号角，是一次颠覆传统的教学探索。

一、课前谈话

　　师：请同学们看一看，想一想，是我长得高，还是你们原来的杨老师长得高？

　　生：你长得高。

　　师：请你用手比画一下，我比杨老师高多少？是高这么多，还是只高这么一点？（教师用手比画。）

　　生：高这么多。（每个学生都用手比画。）

　　师：你有什么办法能够清楚？你比画的那个长度是不是比较准确？

　　生：用卷尺量。

师：用卷尺？怎么量呢？

生：就是从你的脚到头量一下，再从杨老师的脚到头量一下，然后一减就是了。

师：听懂他说的了吗？

生：听懂了。

师：好办法！还有其他的办法吗？

生：用尺子量一下你比他高的那一截就知道了。

师：方法不错，但怎么知道我与你们老师相差的这一截呢？现在这么能看出来吗？（学生的原任课老师坐着。）

生：杨老师现在坐着不太看得出，让她站起来就会容易看出。

生：请杨老师站起来。（杨老师从座位上站起来。）

师：现在你比较清楚地看见我们相差多少了，再请你用手比画一下我们相差的高度。（学生比画。）

师：现在没有人再比画相差这么长了吧？（教师两手夸张地比画，学生笑）谁还有办法能够让我们相差的这一截看得更清楚一些？

生：靠近点，背靠背。

生：哇！

师：刚才我们比较两人的高矮，如果要直接看出高矮，那么，当这俩人在不同的地方，即他们之间有一段距离时，比较起来不方便，靠近了容易比较。我们也可以用尺去量的方法比较两个物体的长短。人可以比较高矮，我们前面学过的角，它可以比较大小，今天这节课，我们一起来学习角的大小比较。

二、比较两个角的大小

1. 估计这两个角的大小

师：大家看一看发下来的这张纸，第1题上有∠1和∠2两个角，请你估计这两个角哪一个大？（学生的作业纸上也有下图。）

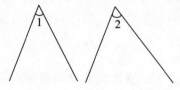

生：∠2。

2. 用重叠的方法比较这两个角大小

师：为什么∠2大？

生：我觉得应该是∠2大。因为，要想比出它们的大小首先应该用三角板来量一下。

生：三角板？

师：不要随便插话，我们先听清楚同学说的，然后我们进一步思考说得怎么样。好吗？那么你用三角板怎么量？

生：应该用三角板的这个直角对准这两个角进行比较，可以得出结论谁大谁小。

生：这样比较不太准确的。

师：谁还会其他的方法？

生：把∠1剪下来，与∠2重合，可以比较出∠2大。

师：有谁听懂这位同学说的方法？

生：他是说把∠1剪下来，拿过去把两个角重合，就是叠在一起比较。得到∠2大于∠1。

师：两位同学都说得很好。大家听懂了吗？

生：懂了。

师：请大家按照这位同学说的方法，比一比。（学生动手操作。）

师：大家都剪下来比较了大小，下面老师电脑上演示比较的过程，请你认真看。（教师用课件演示，把∠1移动与∠2进行重叠比较大小。）

师：有谁能说一说，刚才我们是怎样用重叠的方法比较两个角的大小的？

生：是把它们叠在一起比较。

生：就是把两个角重合在一起。

师：谁能把上面比较的过程分步来说一说，即上面比较的过程中，第一步做什么，第二步做什么，等等。

生：第一步剪下来。第二步移过去叠。

师：怎么叠呢？

生：先把交叉的这个点重合，再把一条边重合，这样就可以看出大小了。

生：就是先把两个角的顶点重合，再把一条边重合，就比较出了大小。

师：说得很好。我们可以先让∠1的顶点和它的一条边与∠2的顶点和它的一条边重合，并使得这两个角的另一条边在同一旁。（教师边说边再次演示）然后看∠1的另一条边，如果这一条边与∠2的另一条边重合，则两角相等。如果这一条边落在∠2的里面（或外面），则∠1小于（或大于）∠2。

3. 用一个比较小的角作为度量单位，比较这两个角的大小

师：大家可能还记得，一开始时，有一个同学说他是用直角去比较这两个角的，另外有一个同学说这样不太准确。现在如果我们剪出一个比较小的角分别去量这两个角，看一看∠1 和∠2 中包含多少个这样小的角。用这样的方法也能比较出大小。请每个同学先剪下来一个角，然后用剪下来的这个角去量∠1 和∠2，再比较出它们的大小。开始!（学生动手操作。）

师：好，请同学们停一下，老师刚才看见多数同学已经量好了，哪个同学愿意来汇报？要求：（1）先让同学们看一看，你剪下来的这个角有多大；（2）你怎么比较出∠1 与∠2 的大小。

生：我剪下来的是这个角（拿着一个较小的角向全班演示）。我拿它去量，用它去和∠1 比，空下来的还有这么大，我再用它去和∠2 比，∠2 空下来的比∠1 大，说明∠2 比∠1 要大。

生：我拿这个角去和∠1 量时发现比∠1 要大，再拿我剪的角去量∠2 时发现我剪的角正好和∠2 相等，说明∠2 大。

生：我剪下来的是这个角。我用它去量∠1，量了 3 次刚刚好，∠2 量了 4 次刚刚好，说明∠2 大。

生：我剪下来的是这个角。我用它去量∠1，量了 4 次还多一点点，∠2 量了 5 次不多一点点。说明∠2 大。

师：刚才这几位同学都说得很好。请大家想一想，我们剪下来的这个角的大小与我们去量的次数有什么关系？

生：剪下来的角如果比较大，不太好量，有的连一次都量不到。

生：我们剪的时候要注意，剪下来的角一定要比去量的角要小一些。

生：如果很小的角去量，量的次数会比较多，量起来不太方便。不一定准确。

生：如果可以量的话，那么剪下来的角比较小，量的次数就会比较多，如果大角去量，量的次数就会少一些。

4. 小结比较角大小的方法

师：同学们说得很好。我们去量的角肯定不能太大，否则对于小一点的角，一次都量不到。总体上说，我们要用小一点的角去量大的角会方便一些，（教师拿出两个用硬板做的很小很小的角）用这样小的角去量，就能够比较出两个角的大小。但正像刚才这位同学所说，如果我们拿这样一个很小的角一次一次地去量，会比较麻烦。好，刚才我们一直在比较∠1 和∠2 的大小，请每一个同学都想一想，比较两个角的大小可以有哪些方法？

生：可以叠在一起，也可以用一个小的角去量。

生：重叠在一起比较的方法要简单一些。

生：如果两个角不能移动，比如是用钢管做牢的，就不能用重叠的方法比较大小了。还是要用小的角去量。

师：两种方法都有自己的特点，我们要灵活应用。其实，量长度可以用尺作为工具，量角也有工具，这就是量角器。下面我们来学习用量角器量角。

三、学习用量角器量角

课件出示以下问题：

1. 观察量角器，你发现了什么？

2. 你认为用量角器怎样量角？最好能说出，第一步做什么，第二步做什么，第三步做什么。量一量∠1 到∠4 这四个角的度数。

3. 你有什么问题？

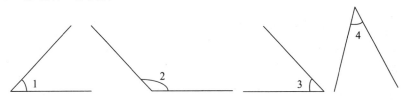

师：请同学们拿出量角器，带着上面的三个问题，独立地研究如何量角。然后小组交流、汇总你们的研究成果。开始！（学生开始先独立思考，再小组交流汇总。）

师：好，同学们停一下，哪一个组先来汇报？

小组1：我们组发现量角器有两圈，里面一圈和外面一圈，里面一圈是0°到180°，外面一圈也是0°到180°。一圈是从左往右数，另一个圈是从右往左数。最中间直的这一条线是直角，是90°的角。

生：不对。

师：我们先听他们说完。

小组1：量角的时候，先用量角器的中心点与角的顶点重合，再把零线或零边与角的一条边重合。另一边在哪里，就是几度。我们组量了这四个角，发现它们都是45°。

生：不对。

师：刚才他们组哪些地方说得很好？哪些地方说得不对？

生：他们组说的，量角器有两圈，都是0°到180°，是对的。量角器量角的方法说的也是多数地方是对的。他们说的零线或零边，我以前看书知道是零刻度线。他们量出的∠2错了，不是45°，而是135°。

生：还有他们说的量角器最中间直的这一条线是直角，是90°的角。这样不对，角是要有两条边的。所以我觉得是0°线和中间的线组成了90°的角，就是直角。

师：这两个同学说得很好。在量长度时，如果我们用厘米作单位量，我们知道1厘米的长度有多长。同样我们现在量角，谁知道1°的角有多大？

生：很小的一个角是1°。

生：很小很小，就是零刻度线与最靠近它的一小点与量角器的中心点连起来就是1°的角。

师：说得好。同学们再看一看，10°、30°、45°、90°、120°这些角的大小，再看一看，里圈与外圈的不同。（学生观察。）

师：请大家再量一量∠2是多少度？（学生度量。）

生：135°。

师：请每个同学都想一想，用量角器量角可以分成哪几步？用量角器量角要注意什么？

生：分成两步：（1）中心点与角的顶点重合；（2）用量角器的零线，零刻度线与角的一边重合，再读出度数。

生：也可以说是分成三步，最后一步要根据角的另外一条边来读。

师：对。量角时要注意什么呢？

生：要注意内圈与外圈不要读错了。

师：如何才能不读错呢？

生：要看角的一边与哪一条零刻度线重合，就从哪一边开始读。比如说是右边的这条零刻度线，这样你就要从内圈读。

生：看一下这个角有没有超过90°，就知道是读内圈还是读外圈了。

师：说得好。还有什么要注意的吗？

生：量角的时候，有时要把量角器转过来。

师：好，同学们说得很好。下面我们来解决一个新的问题。

四、两个角的和与一个角比较大小

师：∠1＋∠2的和与∠3比较，哪个大？要求：（1）独立思考：怎样比较它们的大小，你能想出几种不同的方法比较它们的大小；（2）小组交流、汇总，准备向全班报告。（如下图。）

师：刚才同学们经过独立思考与小组交流解决了这个问题，哪一个组愿意把你们的研究成果报告给全班同学？

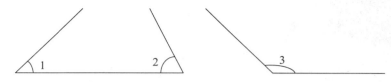

小组1：我们组猜测是∠1 + ∠2大，但我们量了以后发现不对，是∠3大。我们量出来∠1是45°，∠2是75°，有的同学量出来是78°，反正是80°左右，而∠3是135°，所以∠3大。

师：刚才这个组的同学用器角器度量的方法比较出了角的大小，得出了∠3大的结论，很好。他们在汇报时告诉我们：在量同一个角时，不同的人可能会量出不同的结果。这是很正常的，正像用尺去量长度会有误差一样，用量角器去量角时，也会有误差。我们如果量得认真、仔细一些，误差就会小一点。好，其他组还有别的方法吗？

小组2：我们组有两种方法，一种与他们一样是量出度数的，量的度数与他们也有点不同，但比较出来也是∠3大。我们还有一种是把角叠在一起，就是重叠的方法，把∠1和∠2撕下来，拼到∠3上，发现还没有拼满，说明是∠3大，拼出来是这样的（如下图）：

小组3：我们与他们一样也是这样两种方法，但拼的时候有点不一样。（学生演示如下图。）

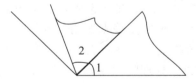

师：同学们做得很好。上面比较时，同学们用了量角器量和重叠的方法来比较，如果有一种方法你没有做过的，请你现在按这种方法比较大小。两种都做过的同学，想一想，回顾一下这节课学习的过程，你有什么收获？还有什么问题？开始。（学生操作，师生总结。）

从《角的大小比较》看几何度量教学

朱志敏①

　　《角的大小比较》这一课，常称为《角的度量》，是小学数学第七册（人教版）的内容。从教学内容分类，不妨把本课归为技能教学课。但从课题名称的变化中，不难体会到朱乐平老师对本节课教学目标的定位，已不局限于技能教学，而是把角的度量有机纳入到角的大小比较这一更具数学思想方法内涵的活动中，使技能为方法服务，在更高层次上培养学生的数学才能。不过，角的度量，包括度量意识、度量单位、度量方法等，仍然是本节课教学的重点。因此，也可以说，这是一节研究几何度量的课，朱老师为我们提供的是一则几何度量教学的成功教例。一节好的几何度量课，应该有哪些特征呢？笔者试图作以下归纳。

一、知识技能的教学是探究和发现活动的载体

　　朱老师的《"角的大小比较"教学过程和设计意图》在《小学青年教师》（2006 年第 3 期）刊出一年后，《人民教育》（2007 年第 2 期）发起了关于技能教学改革的讨论，以华应龙老师的《角的度量》一课为引子，刘加霞、张春莉、孙晓天、曹培英等专家纷纷对数学技能教学发表了看法。专家认为，技能教学的课堂，应该变成丰富、厚重而充满思考的课堂，让学生在对概念与原理的深刻理解中学习技能，而不是单纯的记忆与模仿；技能学习，应该是学生探索与发现的载体，是学生自主探索、动手实践的基本题材。

　　在本节课中，朱老师为学生提供了"做数学"的充足时间和空间，引导学生自主探索、合作交流、动手实践，主动获取两种比较角的方法，掌握用量角器度量角的技能。每个结论的得出都伴随着学生自己的发现、归纳与整理，都贯穿了深入的数学思考，逐步形成空间观念。

---

① 朱志敏，特级教师，宁波市江东区第二实验小学数学教师。

小学数学名师名课·经典篇

二、度量意识的渗透是度量教学的核心

度量，包括公度和测量两层含义：一是"度"，也就是大家都认可的度量单位。单位本身是规定的结果，关键在于引导学生理解公度的必要性，这里有较大的讨论、活动和探索空间，重心在理解和具体感受单位的实际意义。"量"，即如何测量的问题。重心是从学生自己的经验出发，通过鼓励学生使用自创的工具和单位，逐步导向规范的工具和单位，引导学生多角度摸索测量的方法，逐步从不那么正规的测量单位和方法一步步接近直至能够科学地度量。度量意识的培养，包括形成公度和学会测量两方面的体验活动。在本节课中，朱老师通过以下环节有效地培养了学生的度量意识。

朱乐平——角的大小比较

首先，进行课前谈话。与学生的原任课老师比高矮。通过有趣生动的谈话，把两种比较两人身高的思想与方法迁移到角的大小比较中。角的大小是一种二维特征，和长度的一维特性有着较大的差异，但作为以数量来刻画特征时它们又具有一致性。

其次，通过估计两角大小、用重叠比较、用较小角比较等活动，让学生依次经历、体验从具体到抽象、从粗略到精细的创造性思维发展的过程。学生体验到，用重叠比较的方法来直接度量，能勉强比较出两角的大小，但有一定的局限性，例如：比较粗略、两角需要移动位置；用较小角比较，虽然也是重叠比较的一种，但使用这种自创的第三角，本身就是建立一个度量角的单位的过程。原先的从形的比较只能得出"谁大谁小、大很多、大一点"等结论，发展到可以用"有几个小角、多（少）几个小角"等用计数方法表示，是真正的度量意识的开始。

再次，进行统一度量单位及其必要性的教学。统一度量单位的必要性，学生虽然在进行长度、面积的度量中有所体会，但"角度"是一种新的数学量，有必要让学生再次体验。在用较小角来度量大角的活动中，由于学生建立的单位大小不同，因此用不同的单位去度量同一个角，会得到不同的数量，学生感到：度量的单位可以任意，但如果单位一样，人们会比较容易交流；度量角时，用大单位去度量得到作为结果的数比较粗略，用小单位则度量得到的数比较精确。于是就产生规定统一度量单位的需要，感受到确定统一度量单位的价值。

三、具体明确的指导是度量技能形成的关键

教学量角器的使用历来是一个难点。难在何处？怎么解决？早就有教师仔细观察了学生最初使用量角器的过程，发现他们往往将被量角的顶点放在量角器的圆弧上，而且常常分辨不清该看外圈刻度还是看内圈刻度。由此形成的相

应教学策略是：着重教会学生怎样放量角器，怎样读刻度。由于忽视了在实践中"怎样放"、"怎样读"的学生亲身感悟，教学效果自然不理想。

本节课中，朱老师用较多的时间进行重叠法比较角的大小，为用量角器量角作了很好的方法铺垫。"事实上，用量角器量角，也可以看做两个角在用直接比较的方法，即用重叠的方法比较两个角的大小。量角器的中心点相当于一个角的顶点，零刻度线相当于一个角的一条边。这样与用重叠的方法比较时，先顶点重合，再一条边重合就完全一致。"

具体明确的指导，不等于纯粹是教师的讲解示范，发挥学生探索测量方法的主动性，提高自主学习的质量，才是教师指导的高水平体现。本节课中，朱老师首先让学生先观察量角器，让学生清楚量角器的结构。然后，在思考怎样用量角器去量角时，让学生把操作的过程写成一个操作说明书，即归纳出第一步做什么，第二步做什么，等等。这一过程是十分符合学习心理学理论的。

四、为后续学习作铺垫可以作为度量教学的主要目的

度量，作为数学最具实用性的内容，在现实生活中有着广泛的应用。线段有长度，平面有面积，空间物体有体积、质量，张角有角度。这些量贯穿于现实生活中，为度量提供了丰富的应用情境。但涉及具体的情况，就应该具体分析。譬如：角的度量。生活中纯粹的平面角并不多，大都是二面角（如滑滑梯与地面）、线面角（如风筝线与地面）等，教学中虽然可以抽象为平面角，但对学生今后的几何空间观念的形成有何负面影响就不得而知了。因此，角的度量方法，暂不引入现实应用，而将其作为后续学习的方法基础，不失为一种明智的选择。

本节课中，朱老师在确定教学目标时明确指出，本节课的学习将为探索三角形内角和奠定良好的基础。教学中安排了两个角的和与一个角比较大小。"在探索三角形内角和时，要求学生把三个角撕下来与一个平角去比较大小，而这里在用重叠的方法比较大小时，学生会把两个角撕下来与一个角去比较大小，学生经历这样的过程，显然为探索三角形内角和，不但奠定思想方法上的基础，而且也奠定操作技能上的基础。"

以上四方面，在《角的大小比较》一课中，体现得比较充分和突出，为一线教师的几何度量教学提供了很好的借鉴作用。此外，朱老师的课堂风范，给人启迪、发人深思的精彩之处随处可见。如渗透度量误差的教学，培养科学理性精神；精当、简练的课堂小结，关注人文的同时推动数学思维的发展；选材、活动朴实无华，但课堂散发着浓郁的数学味，使学生迸发出思维的火花。

以学定教　提升思维

朱乐平

大家知道，目前小学生在学习三角形内角和是 180 度这一内容时，主要采用了撕、拼的方法来验证三角形内角和是 180 度这一结论。（如下图。）

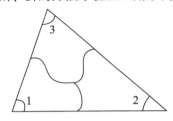

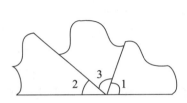

用撕、拼的方法实质上是用三角形三个角的和与一个平角去比较大小。也就是说运用撕、拼这个方法的基础是：（1）知道并能应用平角等于 180 度；（2）能够用重叠的方法比较两个角的大小；（3）用重叠的方法比较两个角的和与一个角的大小。但一般的教材与教学都没有很好地为学生奠定这些基础，导致学生在学习三角形内角和是 180 度这一内容时，常常只有极少数的学生能够按照上面的方法探索得出结论。笔者结合这一思考和角的大小比较与度量的内容设计了这节课。《角的大小比较》是在学生学习了角的认识，知道了角的各部分名称和直角的基础上学习的。在这节课中，学生要学习如何比较角的大小，如何用量角器量角等知识与技能。这节课的教学目标主要是：（1）通过学生自己观察、比较、操作、想象，以发展学生的空间观念。（2）让学生经历用不同的角去度量同一个角的过程，体会建立统一度量单位的必要性。（3）学会用量角器量角。（4）掌握角大小比较的两种方法，即用量角器量角的方法和用重叠的方法。（5）为探索三角形内角和奠定良好的基础。（6）进一步培养学生小组交流与合作能力。

设计"与学生的原任课老师比高矮"这样的课前谈话，主要有两个意图：一是这一谈话的内容比较有趣，学生容易参与谈话，以便能在较短的时间内，消除师生之间的陌生感，达到双方相互比较熟悉的目标。二是比较两个人身高的思想与方法可以迁移到角的大小比较中。因为，高矮的比较实质上是长度的比较。无论是用"重叠"这种直接比较的方法，还是用"度量"这种间接比较的方法，都可以应用到角的大小比较中。也就是说这个谈话还会为学生学习今天的内容奠定一些思想方法上的基础。

设计"比较两个角的大小"这个环节，主要有三个方面的内容：一是估计两个角的大小；二是运用重叠的方法比较这两个角的大小；三是用一个比较小的角作为度量单位，比较这两个角的大小。这三方面的内容主要的设计意图是：（1）让学生估计这两个角的大小主要想培养学生的估计意识和能力，观察两个角，比较两个角中两条边张开的程度，一方面是建立角的大小观念，另一方面是培养学生良好的空间观念。（2）让学生用重叠的方法比较角的大小，是培养学生"直接度量"的思想，明确角的大小的含义。事实上，角的大小是指角的两条边张开的程度，而这种"程度"的"刻画"是用重叠的方法。如，要比较∠1与∠2的大小，我们可以让∠1的顶点和它的一条边与∠2的顶点和它的一条边重合，并使得这两个角的另一条边在同一旁。然后看∠1的另一条边，如果这一条边与∠2的另一条边重合，则两角相等。如果这一条边落在∠2的里面（或外面），则∠1小于（或大于）∠2。学生掌握这种方法，对于进一步学习用量角器量角、探索三角形的内角和都有帮助。

设计让学生用一个比较小的角分别去度量这两个角，再比较出这两个角的大小。这个过程实质上是让学生建立一个度量角的单位，然后看一看这两个角分别有多少个这样的单位。由于不同的学生可能建立的单位大小不同，因此，用不同的单位去度量同一角，会得到不同的数量。通过这样的过程使学生感受与经历：（1）度量的单位可以任意。如果单位一样，人们会比较容易交流。（2）度量同一个角时，用大单位去度量得到作为结果的数比较小，用小单位去度量得到的数则比较大。（3）度量总是有误差的。在这里作一个小结，是对上述教学过程的一个回顾与总结，主要总结比较角的方法，使学生掌握比较的两种基本的方法：一是直接比较，即用重叠的方法比较；二是间接比较，即用一个单位进行度量的方法比较。

在学生学习用量角器量角的过程中，我出示了问题：观察量角器，你发现了什么？你认为用量角器怎样量角？最好能说出，第一步做什么，第二步做什么，第三步做什么，等等。量一量，∠1到∠4这四个角的度数（如下图）。你有什么问题？学生解决这些问题的过程是一个数学能力发展的过程。

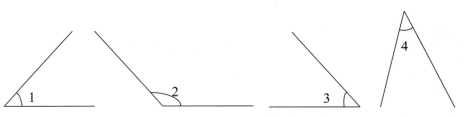

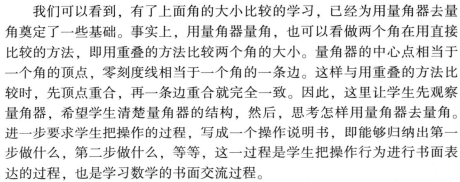

　　我们可以看到，有了上面角的大小比较的学习，已经为用量角器去量角奠定了一些基础。事实上，用量角器量角，也可以看做两个角在用直接比较的方法，即用重叠的方法比较两个角的大小。量角器的中心点相当于一个角的顶点，零刻度线相当于一个角的一条边。这样与用重叠的方法比较时，先顶点重合，再一条边重合就完全一致。因此，这里让学生先观察量角器，希望学生清楚量角器的结构，然后，思考怎样用量角器去量角。进一步要求学生把操作的过程，写成一个操作说明书，即能够归纳出第一步做什么，第二步做什么，等等，这一过程是学生把操作行为进行书面表达的过程，也是学习数学的书面交流过程。

　　"两个角的和与一个角比较大小"这一教学环节实质上是练习与应用，主要的设计意图是：(1) 让学生综合应用已经学习了的比较方法（重叠的方法和用度量的方法），提高学生综合应用的能力。(2) 进一步熟练用量角器量角以及合作与交流的技能。(3) 为探索三角形内角和奠定基础。大家可以通过数学思维过程的分析知道，在探索三角形内角和时，要求学生把三个角撕下来与一个平角去比较大小，而这里在用重叠的方法比较大小时，学生会把两个角撕下来与一个角去比较大小，学生经历这样的过程，显然为探索三角形内角和，不但奠定思想方法上的基础，而且也奠定操作技能上的基础。(4) 让学生感受到度量总是有误差的。

丁杭缨 ── 三角形的三边关系

课堂教学的目的不是让儿童知识化，而是让儿童智慧化。

丁杭缨

丁杭缨，中学高级教师、浙江省特级教师，杭州市长青小学校长。浙江省名师名校长工作站导师、浙江省首批名师培养对象、浙江省小数会学术委员、杭州市新世纪"131"优秀中青年人才培养人员、杭州市小数会副会长。近5年在《人民教育》《福建教育》《教学月刊》等发表众多实践与理论紧密结合的重头文章。

丁老师从教20多年来，一直潜心小学数学教学研究，逐渐形成了其特有的"扎实、自然、灵动、智慧"的课堂教学风格。她认为：学生的学习绝不是对知识进行复制的过程，其实质是建构、解构与重构的循环往复，是任何人都无法替代的；教师是学生的学术顾问，凭借自己对数学深刻而又独到的见解，熟知学生建构知识过程中的阻力与困惑，利用情境、协作、会话等学习环境要素，充分发挥他们的主动性、积极性，通过让学生经历建构、解构与重构的过程实现新旧知识的有机结合，最终达到有效地实现对当前所学知识的意义建构的目的。

数形结合万般好

——丁杭缨教《三角形的三边关系》

《三角形的三边关系》是第二学段"空间与图形"的内容，是在学生已经学习角，初步认识三角形，知道三角形有三条边、三个角，三角形具有稳定性的基础上，探索三角形三条边的长度关系。这部分内容的学习，使学生从直感层面把握三角形向关系层面把握三角形拓展，进一步加深对三角形的认识，为以后学习三角形其他知识打下基础。丁老师在教学的过程中不断地设置和利用认知冲突，让学生多次经历"平衡—不平衡—新的平衡"的建构过程；通过"一材多用"和对学习材料的深度挖掘，让学生一次次经历三角形任意两边的和大于第三边的内涵及外延的建构、解构与重构，发展学生与三边关系紧密相依的空间观念。本课例是丁老师对建构主义思想的一次经典诠释。

一、直奔主题，探索三角形三边的关系

师：今天这节课我们继续学习"三角形"，一起来研究三角形边的关系。（出示课题。）

师：为了能更好研究三角形边的关系，我们先来做一个实验：把一根吸管（出示）任意剪成三段，然后用电线把它们首尾相连，想一想会得到什么图形呢？

生：三角形。

师：大部分同学都说是三角形。一定会是三角形吗？

生：也不一定，可能不是三角形。

师：真的吗？请同桌合作，我们来试一试。看看你的三段吸管首尾相连后成什么图形。（学生操作。教师选取学生中的 5 个作品贴于黑板，如下图。）

119

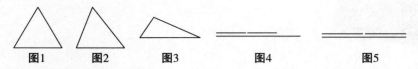

图1   图2   图3   图4   图5

师：看黑板上的 5 个例子，前三组同学剪的三段吸管都围成了三角形；第四组的电线打了结以后，上面的这两条边却怎么也连不起来，第五组也是。

师：假设三根吸管分别是三角形的三条边，为什么图 4、图 5 的三条边不能围成三角形呢？请大家先在小组里讨论一下，再来发表见解。

生：图 4、图 5 因为短的那两条边太短了，而长的那条边太长了，所以围不成三角形。

生：图 5 围不起来是因为上面两条短的边加起来和下面的边一样长。

生：两条短的边连起来比长的那条边还要短，所以不能围成三角形。

师：你说的两条短的边"连起来"是否可以说两条边的"和"。"两条边的和大于第三边"（板书）的时候，就能围成三角形。（课件出示，如图 6。）

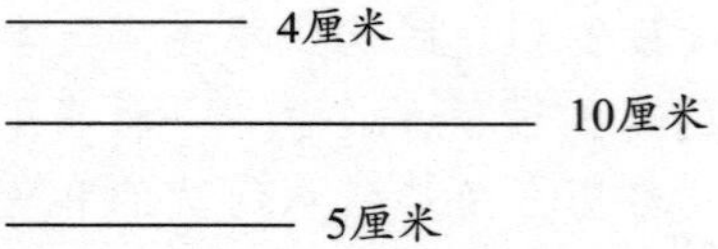

———————— 4厘米

———————————————— 10厘米

—————— 5厘米

图6

师：4 + 10 > 5，根据黑板上"两边的和大于第三边"，所以我断定这三条线段是可以围成三角形的。

生：不可以。4 厘米加 5 厘米只有 9 厘米，比 10 厘米要短，所以这三条线段围不成三角形。

生：应该是最短的两条边的和大于第三边，这三条线段不能围成三角形。

师：是啊，虽然 4 + 10 > 5、10 + 5 > 4，但是 4 + 5 < 10，所以不能围成三角形。那刚才的这句话应该怎么改呢？

生：较短的两边的和。

生：任意两边的和。

师：什么叫"任意"？

生：就是随便拿两条边加起来都比第三条边长。

师：这两个字非常关键，我们把刚才的这句话补充完整。（教师补充板书"任意（较短）两边的和大于第三边"）这句话在书本的第 82 页上，请同学们打开书本，画一画，顺便自学书上的内容。（学生自学。）

二、巩固练习，培养空间观念

师：请同学们独立完成书本第 86 页第 4 题（如下图）。（学生独立判断，完成后同桌之间交流，说说是怎么判断的。）

4. 在能拼成三角形的各组小棒下面画"√"。（单位：厘米）

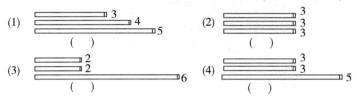

师：校对一下四题的答案。（略。）

师：第一题你是怎么判断的？

生：3 加 4 等于 7，大于 5，所以这三条线段能围成三角形。

师：只要加一次就可以了吗？会不会出现像刚才那样的 4、10、5 那样的情况？

生：那加加看好了。4 加 5 等于 9，大于 3，3 加 5 等于 8，大于 4，肯定能围成三角形。

师：如果每道题都加 3 遍，有点麻烦。

生：只要最短的两边的和大于第三条边就行了。

师：为什么呢？

生：最短的两条边的和都大于第三边了，其他比较长的两边的和肯定大于第三边。

师：说得好！我们就用这样的方法来判断其余三组线段是否能围成三角形。

生：第二组 3 加 3 肯定大于 3 能围成三角形；第三组 2 加 2 等于 4，小于 6，不能围成；第四组 3 加 3 等于 6，大于 5，可以围成。

师：第一组的三条线段非常有意思，3，4，5 是 3 个连续的自然数，那是不是所有三边的长度是 3 个连续自然数都可以围成三角形呢？

生：是的！

生：不一定。1、2、3 不行，1 加 2 等于 3。

生：0、1、2，一条是 0 也不行。

师：对，如果是 0 就表示其中一条线段没有了，2 条线段当然不能围成三角形。除了 0、1、2，1、2、3 以外呢？举举例子看。

生：7、8、9；100、101、102……都能围成。

师：现在请大家想象一下，边长是 3、4、5 的三条线段围成的三角形

121

会是什么样子的？

生：锐角三角形。

生：是直角三角形。

师：你的想象力太好了。我们来看一看到底是什么三角形？（课件演示。）

师：这是个很特殊的三角形，我们到中学时还会学到，里面有一个勾股定理，三条边分别称做勾三股四弦五。

师：3、3、3，这三条线段围成的三角形是怎样的呢？

生：是一个等边三角形。

师：三条边相等的三角形是等边三角形，也叫做正三角形。（课件演示。）

师：刚才说2、2、6，这三条线段不能围成三角形，那么该怎样改变其中一条线段的长度就能围成三角形了呢？

生：把6厘米的线段缩短到3厘米。

师：请用一个式子说明它能围成三角形。

生：$2+2=4>3$，所以能围成三角形。

师：很好！

生：还可以增加2厘米的线段，变成5厘米。

师：可以是4厘米吗？

生：不行，$2+4=6$，不能围。

师：会出现黑板上的哪个例图的现象？

生：图5。

师：3、3、5，这三条线段围成的三角形又是怎样的呢？请你用手势表示一下。

生：是一个等腰三角形。（手势比画。）

师：对，这两个食指就相当于两条相等的边。（课件演示。）

师：这个等腰三角形可有趣了，我们继续来研究它。现在想把5厘米的这条边换一条，可以怎么换呢？为什么？为了方便研究，线段的长度取整厘米数。

生：可以是1到5，第三条边不能等于或大于6，因为3加3等于6。

师：$3+3=6$，只要小于6就行。想象一下，第三条边是1厘米的时候，这个三角形会有什么变化？你能用手表示一下吗？

生：是很尖的、瘦瘦的。

师：（课件呈现）第三条边是2厘米的时候呢？

生：再胖一些。

师：第三条边是 3 厘米呢？4 厘米呢？

生：变得又胖又矮了。

师：是的，不过不管怎么变，有一点没变，它们都是等腰三角形。（课件呈现。）

师：如果保留 5 厘米的线段，把其中一根 3 厘米的线段换掉，又可以怎么换呢？

生：1 加 7，3 加 5 等于 8，所以要比 8 小。

生：1 加 3 小于 5，2 加 3 等于 5，所以 1 和 2 不行。

师：是啊，第一次的办法行不通了。正确答案应该是 4、5、6、7。

师：想象一下，第三条边是 4 厘米的时候的三角形的样子。

生：锐角三角形。

生：是一个直角三角形。

师：对，刚才我们看见过。3、4、5，她马上想到了勾三股四弦五的那个直角三角形。

师：请想一想，当这条蓝色的边变成 5、6、7 厘米时，它所对应的那个角会有什么变化呢？

生：越来越大了。（教师利用课件依次出现第三条边是 5、6、7 的时候围成的三角形。）

三、利用三边关系解释生活中的现象

师：这是书上的一幅图（如下图），从小明家到学校有三条路可走，谁都知道中间这条路最近，你能说说里面的道理吗？

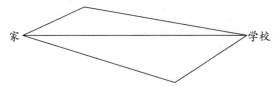

生：因为中间这条是直的，而另外两条是弯的。

生：因为在三角形中，两边之和大于第三边，所以中间那条最短。

师：谁再说得具体一点？

生：这里有两个三角形，另外两种走法就是三角形的两条边，我们知道三角形两边之和大于第三边，所以中间这条最短。

师：对，三角形两边的和大于第三边，反过来说，第三边小于两边的和。

师：我们抽出其中一个三角形，为了方便，用 a，b，c 表示三条边，

你能用字母表示三角形三条边的关系吗？

生：a 加 b 大于 c。

生：a 加 c 大于 b。

生：b 加 c 大于 a。（在学生回答的过程中，教师依次板书"$a+b>c$"、"$a+c>b$"、"$b+c>a$"。）

师：如果就用一个算式来表示 $a+b>c$，这里 a、b 可以代表什么？

生：最短的两条边。

生：是任意的两条边。

四、联系与拓展

师：如果我们有机会再来剪一次吸管围三角形，第一刀你一定不剪在哪里？为什么？

生：一定不剪在中间，剪在中间的话两边之和就等于第三边了。

师：会出现黑板上的哪个例图的现象？

生：会出现图 5 那种情况。

师：听你的，第一刀不剪在中间，那应该剪在哪里呢？

生：可以是三分之一处。

生：只要不是中间就行。

师：分成了有长短的两段，谁知道这两段分别表示什么？

生：长的那段表示的是三角形中两边的和，短的那段表示的是第三条边。（教师板书"$a+b>c$"。）

师：那第二刀能随便剪吗？

生：不能。

师：第二刀怎么剪，会出现图 5 的情况？

生：如果剪在中间就会出现这种情况。

师：怎样才能剪出图 4 的情况？

生：如果第二刀剪在短的那一段中，就会出现这种情况。

师：那怎样剪就一定能围成三角形呢？

生：不要剪在这两点上。（上台比画。）

师：真的有点说不清了！不过老师告诉你，三角形两边有和就必定会有差。三角形两边的差和第三边又有什么样的关系呢？等你搞清楚这个，老师相信你一定能剪出一个充满数学味的三角形。

教学是一种建构的旅程

吴卫东[①]

　　教学是一种建构的旅程，只有在体验中前行才能发现风景，并在顿悟中获得认知。数学教学的真谛就是在教学目标的引领下，不断寻找学生学习活动的起点与难点，寻找学生的学习起点与教学目标的距离，以及在达成教学目标过程中所遭遇的障碍。教师选择合适的教学材料、教学手段以及组织形式，不断制造学生的认知冲突，让学生经历建构、解构和重构的过程。通过师生对话，在互动中引领学生从起点走向终点。

　　三角形这一数学概念在欧氏几何的多边形图形中是最基本的图形，因为任何多边形都可以分割为三角形。三角形的认识在小学阶段也是最完备的，我们不仅要求学生认知三角形概念的内涵（定义），三角形的构成要素及量化特征（三条边、三个角），三角形这一概念的外延（按边分类、按角分类），还要求学生掌握三角形的特性（稳定性）以及三角形各要素之间的关系（三角形的内角和以及三边关系）。丁老师执教的《三角形的三边关系》一课是三角形概念的深化，引导学生从直感层面把握三角形向关系层面把握三角形拓展，也就是从感性到理性的拓展。这是《三角形的三边关系》教学目标的基本定位。丁老师执教的《三角形的三边关系》一课也是有效教学理念的集中体现。

　　首先，通过任务驱动展现学生的学习起点。 教师们往往通过直白的提问了解学生的学习起点，这种语言互动式的了解，不仅使学生参与的广度有限，而且记忆性的提问对思维的挑战也有限。而任务驱动式的教学却可以面向全体，并在解决问题的过程中暴露学生的思维过程，教师也可以通过学生的思维成果了解学生的学习起点。如丁老师要求学生们先来做一个实验：把一根吸管（出示）任意剪成三段，然后用电线把它们首尾相连，想一想会得到什么图形呢？学生们通过实验尝试围出了各种图形。这些实

---

　　① 吴卫东，教授，博士，浙江省中小学教师培训中心。

验成果既是展现了孩子们解决教师任务的结果，同时也为今天进一步认识三角形的关系奠定了认知起点和提供了学习材料。教师从所有孩子的作品中选择了五种不同的样本图形展开研究，发现三根不同长度的吸管围成的图形有两种可能性，从而引发学生思考怎样的三根吸管可以围成三角形？怎样的围不成？

其次，利用"认知冲突"，让学生经历知识的建构过程。 "认知冲突"是指学生在学习过程中遇到的新知识或新事物与学生原有的认知结构产生矛盾时，学生急切想要知道产生矛盾的原因，进而寻找问题答案的一种心理困境。在教学过程中，利用"认知冲突"创设问题情境是实现探究教学的一种重要方法。学生在学习过程中，其认知结构是可以变化和重新组合的，其变化过程可以表述为："平衡—不平衡—新的平衡"。教师在教学的过程中有意识地"设置"一些认知冲突并及时利用这些认知冲突，给予适当的启发和引导，充分调动学生的学习积极性，提高学生的探究能力。丁老师的课堂板书"两条边的和大于第三边的时候，就能围成三角形"，便是学生对三边关系的第一次提炼与概括，认知结构的"平衡"产生了，并通过例证加以说明。正当学生享受着这种平衡时，新的矛盾出现了：4 + 10 > 5，根据黑板上"两边的和大于第三边"，所以断定这三条线段是可以围成三角形的。导致学生产生了新的"认知冲突"，通过师生的对话达成新的共识，那就是"任意（较短）两边的和大于第三边的时候，才能围成三角形"，从而使学生对三角形的三边关系有了更为严谨的认识。

再次，通过对学习材料的多次教学创作达成多元的教学目标。 数学教学的学习材料应该简约并富含数学结构，同时应具有生成特性。简约是让学生便于记忆与回忆，数学结构是数学学习材料的核心要素，生成特性指的是学习材料的开放性，不仅可以让学生从不同的视角解读学习材料，而且可以对这一学习材料进行多次的教学加工。丁老师在学习材料的选择上独具匠心。一根小小的吸管不仅可以在教学之初，在学生任意的思维状态下作为调查学习起点的素材，成为引入新知的样本，而且在课堂教学的延伸阶段通过对这一吸管有条件地剪，促使学生对三边关系的逆向思考与实践运用，检测学生对三角形三边关系的掌握水平。

教材中普通的判断练习题，如 3、4、5 能否围成三角形？3、3、5 呢？通过丁老师的教学创作变得与众不同，例如："第一组的三条线段非常有意思，3、4、5 是 3 个连续的自然数，那是不是所有三边的长度是 3 个连续自然数都可以围成三角形呢？" "现在请大家想象一下，边长是 3、4、5 的三条线段围成的三角形会是什么样子的？"让简单的是非判断题体现出数规律与形特征的联系，实现数形的结合。3、3、5 的判断题则通过改变底边 5 的长短使静态的三角形运动变化起来，并通过思考底边长度的域限，蕴涵三角形两边之差小于第三边的关系，大大提升了学习材料的思维挑战性。

　　一堂好课犹如一段风光旖旎的旅程，感悟多少源于你的经验积累，更取决于你看风景时的心情。

建构—解构—重构

丁杭缨

（一）

我十分欣赏法国画家弗朗索瓦·米勒的名画——《拾穗》，对"拾穗"的理解可以概括为"建构—解构—重构"的一个过程：初看米勒的名画，建构着一个"爱憎分明"的麦穗；再看米勒的名画，所有的爱与憎被"把我看到的东西简单地描绘出来"打得粉碎，麦穗被解构了，它不再是原来的那个麦穗；众里寻它之后，重构的麦穗是一种美、一种精神、一种本质，麦穗还是米勒的那个麦穗。由此，我体会到任何一个深刻的理解是不可能一蹴而就的，它会在原初的或主观或客观的建构中被经意与不经意地解构，又在看似破碎的解构中重构着极具个体意义的生命力的东西，这个过程绝非是线性的，在螺旋式的上升中不断经历着否定之否定的痛苦与快乐。

自然而然地，我想到了孩子们的数学学习。

（二）

学生的每一次学习就如同去欣赏、理解一幅名画，要使它成为每个人生命中的一部分时，建构、解构与重构应该是一个不可或缺的美妙的过程。为了寻找这种想法的理论根基，我重读了有关建构主义的理论。

有人说，有多少个建构主义者，就有多少种建构主义理论。在经历了对建构主义理论的建构、解构与重构后，我也成了其中的一个建构主义者，于是，也就有了自己心目中的建构主义理论。

首先是关于知识及其存在的方式。知识是一种解释、一种假设，并随着人类的进步，将不断产生新的假设；科学的知识包含真理性，但不是绝对的、唯一的答案；知识不是说明世界的真理，也不能精确地概括世界的法则，需要学习主体针对具体情境进行再创造。知识借助语言符号赋予了自身一定的外在形式，但知识不可能以实体的形式存在于具体个体之外，它以某种方式存在于学习主体的头脑，这并不意味着学习者会对知识有同样的理解，个体在先前的经验基础上建构知识的意义，知识是个人经验的合理化。因此，知识是主观与客观相结合的必然产物。

其次是关于学生的学习。学生的学习不是对知识进行复制的过程，学生以自己原有的经验系统为基础对新的知识进行编码，通过新旧知识和经验间反复的、双向的相互作用过程，以自己独特的方式对已有的建构进行选择、修正，并赋予新知识特有的意义。这个过程是别人无法替代的，而其实质是建构、解构与重构的循环往复：学生用经验建构自己的理解，而新知识的进入使原有认知结构发生调整和改变，新旧经验的冲突会引发原有观念的转变和解体，最后完成认知结构的重组。因此，学习是在对新旧知识的否定之否定中经历无数个建构、解构与重构的过程，从而不断完善个体知识的意义。

丁杭缨｜三角形的三边关系

关于学习还有三个重要的概念，即同化、顺应与平衡。同化是指学习个体对刺激输入的过滤或改变过程，也就是说个体在感受刺激时，把它们纳入头脑中原有的图式之内，使其成为自身的一部分；顺应是指学习者调节自己的内部结构以适应特定刺激情境的过程，当学习者遇到不能用原有图式来同化新的刺激时，便要对原有图式加以修改或重建，以适应环境；平衡是指学习者个体通过自我调节机制使认知发展从一个平衡状态向另一个平衡状态过渡的过程。认知个体通过同化与顺应这两种形式来达到与周围环境的平衡：当个体能用现有图式去同化新信息时，其处于一种建构平衡的认知状态；而当现有图式不能同化新信息时，平衡即被破坏，认知结构被解构，而修改或创造新图式的过程就是寻找新的平衡的重构的过程。不管是通过认知结构数量的扩充、过滤，还是通过认知结构性质的改变，认知结构就是通过同化与顺应过程逐步构建起来，并在"平衡（建构）—不平衡（解构）—新的平衡（重构）"的依次不断循环中得到丰富、提高和发展。

最后是关于教师。在教学过程中，教师是学生的学术顾问，担当着社会建构中的角色任务，凭借自己对数学深刻而又独到的见解，熟知学生建构知识过程中的阻力与困惑，利用情境、协作、会话等学习环境要素，充分发挥他们的主动性、积极性，通过让学生经历建构、解构与重构的过程实现新旧知识的有机结合，最终达到有效地实现对当前所学知识的意义建构的目的，同时培养学生分析问题、解决问题和创造性思维的能力。

(三)

与其说上面关于建构主义的表述是一种理论，不如说是关于建构主义的一种思想，一种经历了个性化指导后的教育教学的思想。

100个建构主义者就会有100种建构的方式。于是，在引导学生学习三角形边的关系的时候，我用自己的方式与他们一起体验数学学习的快乐。

首先，作为学生学术顾问的教师应该拥有对三角形三边关系的独到见解，同时对学习者特征和教学目标有明确的分析：三角形三边关系的知识既涉及几何又涉及代数范畴，逻辑推理与空间观念的双重性表现了数学知识各要素之间不可分割的和谐；三角形三边关系的结论对四年级的学生来说没有很高的技术含量，学生学习的难点不是三角形三边关系结论的简单复制，而是理解从"两边之和与第三边比较"的新视角思考问题的方式；学生学习的重点是通过对三边关系的探究，在变式（这里指相关知识量的增加、质的变化及可逆思考）中一次次经历三角形任意两边的和大于第三边的内涵及外延的建构、解构与重构，同时发展与三边关系紧密相依的空间观念。因此，这节课的教学目标确定为：第一，学生通过操作，感悟研究三角形三边关系的思维方法。第二，掌握三角形三边关系的意义，根据三边关系解释生活中的数学现象，提高学生观察、思考、应用及抽象概括能力。第三，借助操作、想象与推理，建立知识与知识间的联系，培养和发展关于三角形三边关系所涉及的空间观念。第四，在教师的引导下，利用多种变式，让学生经历三角形三边关系知识的建构、解构与重构的过程，实现新旧知识的有机结合，最终达到有效地实现对三角形三边关系知识的意义建构的目的。

教学需要一个起点，以便学生从一个知识水平发展到另一个更高的水平，就像沿着脚手架那样一步步向上攀升。为了让学生对于三边关系知识的初次建构比较顺利，这个起点所包含的情境及支撑情境的数学信息资源的取舍成了教学中的关键要素，把一根吸管任意"剪"成三段，通过一次"围"的动作，激活了学生已有经验中解决问题的思维角度，他们成了学习的主人，在与黑板上出现的5种数学信息资源交互作用的过程中各自拥有对所遇问题的解释，从而顺理成章地用"两边的和与第三边比较"的方法解析了围成三角形的一个必要条件。这时，学生处于一种建构平衡的认知状态。

在第一次建构"三角形两边的和大于第三边"的相关知识时，因为先前经验的有限性，学生头脑中的思维途径往往是呈射线状的，无法确定所构建的知识是否就是它最终的写照，这时需要一些冲突引发原有观念的转变。因此，在上面的教学片段中，解构的重点是关于这个知识的逆向思考：只要两边的和大于第三边就一定能围成三角形。它的功能是让学生从数学逻辑推理角度主动地对知识加以调整和修正，澄清关于这个知识的疑虑，以便形成正确的数学知识，逐渐完成第一次建构的过程。这时，学生认知状态的平衡被破坏，认知结构也被解构，他们急需修改或创造新图式以寻找新的平衡。

第一次的建构、解构与重构过程是学生个体通过自我调节机制使认知发展从一个平衡状态向另一个平衡状态过渡的过程，师生通过对话、沟通的合作方式来完成，其目的不仅是让学生从各自的经验背景出发推出的关于三角形三边关系的合乎逻辑的知识假设变得比较严谨，还让学生感知到分析问题需要从多个角度去完善的思维方式。

知识的建构中积累是十分必要的，但这不是知识的简单叠加或量变，更需要对知识的深化、突破、超越或质变。第二次的建构、解构与重构，则在四道判断题中展开，学生通过自我测试、自我检查、自我监控等活动，对三角形三边关系知识的第一次建构、解构与重构过程作出相应的判断与反思，肯定与否定的交替出现，进一步加强了分析问题与解决问题的能力。值得一提的是，在这个"平衡—不平衡—新平衡"的循环中，教师的主导作用体现得淋漓尽致，每一道习题背后离不开教师对于三角形三边关系的独特理解和诠释，使习题变得分外有价值：从三角形三条边的简洁判断方法到三条边的长度是3个连续自然数的推理，从勾三股四弦五直角三角形的想象到等边、等腰三角形的勾勒，从不能围成三角形的小棒的掉换到三角形第三边范围的猜想，通过一种自然的方式引起学生的思考和讨论，把三角形三边的知识一步步引向深入的同时，让学生自己去发现规律，纠正和补充错误或片面的认识，加深对所学内容的理解。存在决定意识，因为教师的主导作用发挥得越充分，所以学生的主体地位也会体现得越充分。

学习的质量是学生建构意义能力的函数，而不是学生重现教师思维过程能力的函数，换句话说，学生获得知识的多少不是记忆和背诵教师的讲授内容的能力，而是取决于学生根据自身经验去建构有关知识意义的能力。第三次建构、解构与重构过程既有认知结构数量的扩充、过滤，还有认知结构性质的改变，并在"新的平衡—新的不平衡—更新的平衡"循环中得到不断的丰富、提高和发展。学生借助上学线路图在不同的情境下去应用所学的三角形三边关系的知识解决实际问题，形成具有个体特征的方案，通过用字母表示三边关系的抽象过程对知识进行一定的改造和重组，将知识外化的同时赋予它某种更新的意义。此外，学生头脑中的联系和思考是意义建构的关键，最后一个环节的目的并不是第二次剪的行为，而是突出剪的过程中的思维提升，通过与第一次无意识剪的结果的沟通和联系，一方面解构了剪三段围成三角形的任意性，另一方面重构了三角形三边关系与实际运用之间本质的联系，这样对三角形三边关系所反映的性质、规律以及与其他（知识）要素之间的内在联系达到比较深刻的理解。三角形三边关系知识的意义建构穿梭在现实与数学之间，学生的背景知识、学生的情感、新知识本身蕴涵的潜在意义、新知识的组织与呈现方式交融在一起，学生的学习才会显得更具生命力。

（四）

与学生共同经历了三角形三边关系知识的建构、解构与重构过程，让我想起了王国维的《人间词话》所述："古今之成大事业、大学问者，罔不经过三种之境界：昨夜西风凋碧树，独上高楼，望尽天涯路。此第一境也；衣带渐宽终不悔，为伊消得人憔悴。此第二境也；众里寻他千百度，蓦然回首，那人却在，灯火阑珊处。此第三境也。"

其实，真正到了第三境界，打不打某某理论的招牌已经无所谓了，关键是理解和执行一种思想。

华应龙 — 角的度量

走自己的路，让别人走得更好！

华应龙，中学高级教师，特级教师，首批"首都基础教育名家"，北京第二实验小学副校长，北京教育学院兼职教授，北京师范大学兼职教授。先后在《人民日报》《光明日报》《人民教育》《中国教育报》等20多家省级以上报刊上发表了500多篇文章，主编、参编了20多本教学用书。2009年，出版了两本专著《我就是数学》《我这样教数学》。先后参加了苏教版和北师大版实验教材的编写、审定和实验指导工作。中国教育电视台多次播放其教学录像，中央电视台在"当代教育"专栏、《人民教育》在"名师人生"专栏作了专题报道，2005年4月5日至6月21日《中国教育报》推出了"华应龙教育教学艺术系列报道"，2008年3月4日《中国教育报》以《开掘教学资源的五个着力点》为题作整版报道。2010年2月3日《中国教师报》以《华应龙和他的"融错教育"》为题作头版报道。荣获首届全国教育改革创新奖。

20多年来，他致力于探索"融错教育"，"尊重、沟通、宽容、欣赏"使他的课堂教学充盈了时代气息，洋溢着浓浓的师生情谊；新课程的春风吹绿了他的课堂，"古为今用"、"洋为中用"，"做中学"、"玩中学"，清新流动的生命力让学生特别爱上他的"疯狂数学"。

让学习像呼吸一样自然

——华应龙教《角的度量》

《角的度量》是第二学段"空间与图形"的内容。本节课是在学生学习了角的初步认识的基础上进行的，是继度量长度与度量面积之后学习度量角的大小，为今后画指定度数的角和学习相关几何知识作铺垫。量角是一种测量行为，而测量的本质也就可以看成被测对象包含几个测量单位。本课最为经典之处，就是紧紧把握测量的本质，让学生感受量角的意义和形成一定的度量意识。量角从其操作过程看，就是把量角器上的角和要量的角重合。只要能在量角器上清晰地找到角，又学会重合的步骤和方法，量角就迎刃而解。本课最出彩的部分就是在纸制的量角器上画角这个环节，画角为学生的量角操作提供表象支持，促进学生思维更顺畅地"呼吸"。华老师"宽松润泽"的课堂，如一股清新之风，让我们感受到技能的操作确实能"像呼吸一样自然"，让我们"呼吸"到技能操作教学的生长元素。华老师的《角的度量》，没有停留在知识技能层面上，而是真正培养学生的数学素养，让孩子们一步步触及到数学的灵魂。他的课如人，达到了一种新的教学境界。

一、创设情境，引入课题

师：孩子们请看屏幕。（出示第 1 个倾斜度比较小的滑梯，见图 1）玩过吗？

生：玩过。

师：滑梯谁没玩过？（出示第 2 个倾斜度稍大的滑梯，见图 2）想玩哪个？

生：第 2 个。（多数学生这样选择。）

师：现在呢？（出示第 3 个倾斜度比较大的滑梯，见图 3。）

生：第3个。（大多数学生不禁笑着改变了主意。）

师：有人笑了，笑什么？

生：第三个太斜了。

师：这个"斜"字用得很好。

生：第三个太陡了。

师：那这三个滑梯不同在哪呀？

生：它们三个滑梯有高有矮。

师：对，有高有矮。还有什么不同呢？

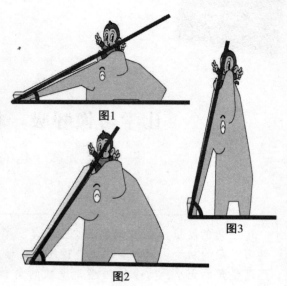

图1

图3

图2

生：有胖有瘦。

师：哈哈……是，有胖有瘦。你说呢，小伙子？

生：有宽有窄。

师：还有宽有窄。说出的这些都有点像。不过有一个很重要的不同，需要用数学的眼睛才能看得出来。

生：角度！

师：哎呀，厉害！是不是这样啊？（教师抽象出三个角。）

生：是。

师：最主要的是因为它们的角度不同。（隐去两个角，留下第二个滑梯的角）那么滑梯的角多大才算合适呢？这就需要量角的大小，是不是？

生：是。

师：今天这节课我们就一起来学习——（教师边说边板书"量角的大小"。）

二、自主探究，认识量角器

师：怎么量角的大小呢？

生：用量角器。

师：用量角器，同意吗？

生：同意。

师：都知道量角器（板书"量角器"）？那会量吗？

生：会。（大部分学生如此回答。）

师：先来试试看，好不好？

生：好。

师：华老师发的纸片上有一些角，我们先用量角器试着量一量∠1（如右下图）。（学生尝试用量角器量∠1，教师巡视。）

师：呦，真会动脑子，虽然没学过，有的人还真量对了。有人虽然不会，但在动脑子，我觉得也挺好的。小伙子，带着你的量角器，到投影这儿来，把你的方法展示一下。（该生投影自己的量法，如右图。有学生小声嘲笑，教师摇头制止，示意学生解说。）

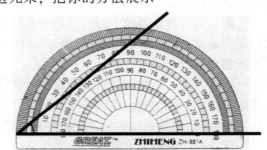

生：我先用这个尖放到这个角上，然后看这条边。

师：那这个角多大呢？

生：不知道。

师：（摸着学生的头，微笑着说）还没学，不会很正常，但敢于尝试值得表扬。我提议大家为这样敢于尝试的精神鼓掌！（学生鼓掌。）以前我们量长度的时候，就是这样从"0"开始的。这一点你做得非常棒！（热烈的掌声。）要量角的大小，他已经想到了用角来比着，真不简单，这个思路是正确的！我提议大家再次鼓掌！（演示的学生在同学们起劲的鼓掌中坦然回到自己的座位。）现在的问题是我们从量角器上能找到角吗？（有学生指着量角器的一端。）

师：这是不是角？认为是角的，请举手。有几位，大部分同学不同意，为什么？

生：（指着量角器的圆弧）这条边不是直的。

师：我们已经知道了角是由一个顶点、两条边组成的（板书"角，顶点，一条边，另一条边"），并且这两条边都是直的，都是射线。那现在来看看，（指量角器的一端）这是角吗？

生：不是。

师：这不是角，那量角器上有没有角？角在哪儿？

生：（比画）这是一个角。

师：这是一个角吗？

生：是。

师：这个角多大呢？

生：90 度。

137

师：大家注意这个角的顶点在哪里？这个角的顶点就是量角器的中心点（板书"中心点"）。这条边上有一个"0"，所以这条线叫做0度刻度线（板书"0度刻度线"）。他刚才指的另一条边就是90度刻度线。我发的纸片反面印了四个量角器，在第一个纸量角器上面画一个90度的角好不好？（学生安静地画直角。）

师：这个90度的角的顶点在哪呢？

生：在中心。

师：对！量角器的中心。一条边是这个量角器的0度刻度线，另一条边呢，是90度刻度线。我们画得怎么样？互相交流一下，欣赏一下。（学生互相交流欣赏。）

师：在第二个纸量角器上画60度的角，尽可能和同学画得不一样，想想怎么画？（学生安静地画60度的角。）

师：（边巡视，边说）不能随手画，角的两条边是射线，必须用尺子。

师：好，我们来看看这三个同学画的。（实物投影一个学生画的60度的角）同意吗？

生：同意。

师：（实物投影另一个学生画的60度的角）这个同意吗？

生：同意。

师：（两个60度的角同一屏展示）哎，这两个角不同在哪？

生：不一样的是方向，一个向左，一个向右。

师：说得真好！同学们注意到了量角器上有两条——

生：0度刻度线。

师：一个向左的，一个向右的。找到了吗？

生：找到了。

师：孩子们，我们一起来看这个同学画的60度的角。（实物投影展示第三个学生的画法）同意吗？（"嗯？"学生中发出纳闷的声音。）

师：这个60度的角画得怎么样呢？

生：这是120度。

师：觉得画的是120度的同学请举手。（绝大多数学生举起了手。）

师：不过，我觉得这个同学画得有道理。这里不是标着60度吗？

生：因为从那个右面开始画，应该——

师：请上台来，我想你会说得更清楚。

生：（学生走上台）如果从右面开始画，应该看里面的，他看成外面了。所以他画的是120度了。

师：噢，0度刻度线是表示起点的。从这边开始数，0度、10度、20度、30度……到这就是60度了。如果到这里，那就是120度了。看外圈的60度，应该从哪边开始？

生：左边。

师：对，从左边开始数，0度，10度，20度……这么转，转到这是60度。如果这条线不改，要画60度的角，怎么办？

生：从这边开始。

师：我想刚才举手的人和笑的人跟他想的是一样的。佩服！不过，我觉得要感谢这个同学，是他画的角提醒我们：量角器上有两个60度，究竟看哪一圈，我们要想一想是从哪边开始的。（学生主动地鼓起掌来。）

师：（课件演示：分别从左右两条0度刻度线开始旋转而成内外圈刻度的角）量角器上有两圈刻度，究竟看哪一圈，主要决定于——

生：0度刻度线！

师：其实，我们还可以这样想，60度的角肯定比90度的角小，如果画成这样（指120度的角），就比90度大了。如果要画一个120度的角，你会画了吗？

生：会！

师：那就不画了。来，挑战一下，请在第三和第四个纸量角器上分别画一个1度的角和157度的角。

生：1度？（学生纷纷怀疑自己是不是听错了。）

师：对，1度！（学生画1度的角。）

师：画完了吗？

生：画完了。

师：相互欣赏一下，觉得画1度角怎么样？

生：难呀。

师：为什么？

生：太窄了。

生：难画。

生：最小的就是10度，怎么会出来1度呢？

师：是啊，刚才就有同学说，哪有1度啊？有人能到上面来指一指1度的角在哪吗？（一名学生指一小格。）

师：1度的角在哪儿呢？请指出顶点、一条边和另一条边。（学生指1度角的顶点及两条边。）

师：真棒！（鼓掌。）画1度的角是挺难画的。水彩笔笔头粗，我看到有同学改用铅笔画了。1 度角画完了，想想看，量角器上有多少个 1 度的角？

生：180 个。

师：是啊，全世界就是这样规定的：把一个半圆平均分成 180 份，每一份所对应的角就是 1 度的角。（课件演示半圆平均分成 180 份的过程）那么，量角器上有多少个 1 度的角？

生：180 个！

师：我看到绝大部分同学画的 157 度的角都对了。画 157 度的角要——

生：先找 150 度，再数 7 个小格。

师：（展示一个学生的作品）从这里开始数，是 157 度。画得准不准呀？真准！应该给他掌声！（师生热烈鼓掌。再展示另一个学生的作品，那学生自己在座位上说"我画错了"。）

师：错在哪了？

生：我给画反了。

师：你同意他现在的看法吗？

生：同意。

师：157 度的角应该比 90 度大。找到 157 度了，但是他的方向错了，应该从哪边开始的？现在你会画 157 度的角了吗？

生：会了！

师：请看着我们在纸量角器上画的四个角。它们有什么相同的地方？

生：都有一个顶点、两条边。

生：顶点都在量角器的中心。

生：都有一条边在 0 度刻度线上。（教师欣赏地频频点头。）

三、尝试量角，探求量角的方法

师：现在，请大家看着量角器，你看到了什么？

生：中心。

生：0 度刻度线。

师：（环顾全班，微笑着制止了想说"两圈刻度"的学生）刚才画了角，你从量角器上看到了角；现在不画角，你就看不到角了？哈哈，就像一个人穿了马甲，你认识；他把马甲脱了，你就不认识了？（众生开怀大笑。）

师：从量角器上能看到角了吗？

生：能！

师：有一双数学的眼睛，我们就能在量角器上看到若干个大小不同的角。那怎么用量角器来量角呢？想一想，再试着量量∠1是多少度。（学生再次量∠1的大小，大部分学生说"50度"，也有人说"130度"。）

师：小组内交流一下∠1是多少度，我们应该怎么量角。（学生兴致盎然地交流。）

师：有人说130度，怎么回事？怎么量这个∠1？（请开始不会量的学生再次到台前量∠1。0度刻度线没有和角的一边重合好，有些错位。）

师：同意吗？

生：不同意。

师：你哪儿不同意？用语言来提醒他。

生：他那边没对齐。

师：哪儿没对齐？（学生口欲言而不能，想离开座位，上台来指点。）

师：（示意回座位）哈哈，只能在座位上说。

生：（想了想）把0度刻度线和那条边对齐。（教师在台前配合着指了指那条边，台上的学生将量角器放得很到位了，台下的学生纷纷说："对了，对了，50度。"）

师：（满意地点点头）你发现刚才他放量角器的时候注意什么了？

生：角和量角器上的角重合了。

生：角的顶点和量角器的中心点重合了。

生：0度刻度线和一条边重合。

生：还有一条边和量角器上的边重合。

师：听大家这么一说，我觉得：量角其实就是把量角器上的角和要量的角重合，是不是啊？（学生纷纷点头。）

师：我们量角的时候，一条边和50度刻度线重合，0度刻度线和另一条边重合。这两个重合，应该先重合哪个？

生：0度刻度线。

师：刚才有人说50度，有人说130度。到底是50度还是130度呢？

生：50度。

师：为什么是50度呢？

生：因为是从右边的0度刻度线开始的。

师：这句话说得多好！这个"50度"还有一个很有数学味道的写法，有没有人会？（无人应声。教师在∠1内板书"50°"）这就是50度。

生：噢！

师：知道怎么写了？数学就要追求简洁。每人在自己的∠1内也写一

141

个"50°"。(学生写"50°"。)

师：有同学写字的姿势真漂亮！写50度那个小圆圈应该怎么样？写大了就像500了。

师：现在请大家看一看∠2。先不量，估一估，与∠1比，哪个角大？(学生有的说∠2大，有的说∠1大，有的说一样大。)

师：究竟你的判断对不对呢？量一下。

生：一样大。

师：都量出来了？是多少度呢？

生：50度。

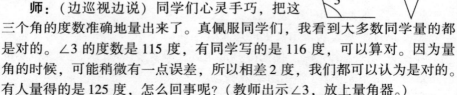

师：回头再想想，刚才为什么有人说∠2大？

生：因为∠2的边长。

师：现在你有什么收获？

生：开始以为∠2大，实际上是一样的。角的大小真的与边的长短没有关系。

师：对，角的大小与所画的边的长短没有关系。当角的边画得不够长，不好量时，我们就可以把边延长后再量。最后，请大家量出∠3、∠4、∠5是多少度？把度数标在角上。(学生安静地量角，标角。)

师：(边巡视边说)同学们心灵手巧，把这三个角的度数准确地量出来了。真佩服同学们，我看到大多数同学量的都是对的。∠3的度数是115度，有同学写的是116度，可以算对。因为量角的时候，可能稍微有一点误差，所以相差2度，我们都可以认为是对的。有人量得的是125度，怎么回事呢？(教师出示∠3，放上量角器。)

生：他读错度数了。

师：是的，他把量角器和∠3重合得很好，遗憾的是读错度数了，方向性错误。0度刻度线在哪？明白啦？再看∠4，是43度。

生：42度，41度。

师：42度，41度也是对的。∠5是67度。

生：65度，66度。

师：三个角的度数我们都知道了，∠5大于∠4。不量你知道不知道∠5大于∠4？(有的学生说"知道"，有的说"不知道"。教师在

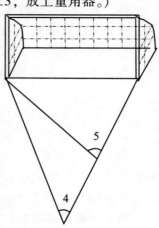

∠5 的对边上画出足球球门（如上图）。学生脸上流露出惊喜的神情。）

师：哈哈，足球运动员就知道，他们总是尽可能把足球带到球门前，离球门越近，角度就越大，射中的可能性就越大。德国足球博物馆里就放着一个量角器，表明他们射门角度的精准。

四、体会量角的用处

师：同学们会量角了，那量角在生活中有什么用呢？（出示学生放风筝的图）玩过吗？

生：玩过。

师：参加过风筝比赛吗？

生：没有。

师：风筝比赛是用同样长的线比谁的风筝放得高。怎样才能量出风筝的高度呢？能不能用梯子爬上去量，那是个笑话。那怎么比呢？是把风筝线放到地上，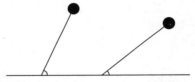（出示两个角度，如右图）然后量一量谁的风筝线与地面的夹角大，夹角大的风筝飞得就高。哈哈！

师：（出示椅子图）椅子的靠背总是向后倾的。用于学习的椅子的靠背向后倾斜 8 度，吃饭的椅子靠背向后倾斜 9 度，沙发的靠背一般向后倾斜 11 度左右。

师：（出示课前的滑梯）滑梯的角度多大才合适呢？我请教了 3 位工程师，他们告诉我：滑梯的角度应该是 40°～56°。

五、总结全课

师：（出示长方形）要知道它的长，怎么办？

生：用直尺量。

师：（出示直尺）1 厘米、2 厘米……4 厘米。要知道它的面积呢？

生：量出长和宽，再用长乘宽。

师：对，也就是用面积单位来量。（出示摆方格的过程）1 平方厘米、2 平方厘米……12 平方厘米。要知道这个角的大小呢？

生：用量角器来量。

师：（出示量角器）以前我们说它是直角，现在我们可以说它是 90 度的角。看来，要表达一个数量，先要找到一个度量单位，再数有多少个这样的单位。大数学家华罗庚说："数（shù）起源于数（shǔ），量（liàng）起源于量（liáng）。"

师：（出示开始量∠1 时学生不会量时的情形）开始我们同学这样量

143

角，可以理解，因为以前我们只是量长度，量长度就是这么量的。而量角的大小是要量两边张开的大小。（两手合成一个角，慢慢张开）现在我们会量角了吗？量角其实就是把量角器上的角重叠在要量的角上。要量得准，就要重合得准。怎样才叫重合得准呢？（师生合作，完成板书如下。）

量角的大小

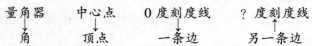

  师：（出示量角器）量角器很有用，但要用好不容易。如果你是量角器的话，你将会对同学们说些什么呢？课后，把你想说的话写出来，好不好？

  生：好！

  师：下课。

经典解读

技能的学习不是简单模仿与训练

刘加霞①

华应龙 — 角的度量

度量角的大小是一种基本的操作技能。在日常教学中，操作技能的教学往往是教师讲解、演示、示范操作的基本程序和步骤，然后学生模仿操作并进行强化练习。这样的技能教学容易降低学生的思维水平，因为在操作中缺少思考与探究，更缺少猜想与创造。

操作技能的教学仅仅是模仿与训练吗？如何使学生真正参与其中，真正实现独立思考与创新？下面以华应龙老师执教的《角的度量》为例分析如何使技能教学更"厚重"些。

一、量角是"屠龙之技"，还是生活所需

带着问题、带着思考的教学就能避免学生的简单模仿与记忆。为什么要度量角的大小？在实际生活中学生能够感受到角的大小的作用吗？很难。学生并没有进行角的大小比较的直观经验，也没有量角的实际需求（但这种需求能够激发）。因为"角"是蕴涵在客观物体里的，需要抽象才能得到数学上的"角"（顶点、过顶点的两条直直的边、平面图形），因此在客观物体里很少能直接看到数学上的"角"，在"静态"中很难意识到角的大小的作用。

那为什么还要学习"角的度量"呢？如何使量角的大小不是单纯的"屠龙之技"？

1. "三个滑梯"，激发学生的学习需求

在课的导入环节，三个不同倾斜度的滑梯情境既符合学生的生活经验，又能体现出角的大小的作用，使学生强烈地感受到角的大小是影响下滑速度（即刺激的程度）的重要因素。虽然学生有这方面的生活经验，但现实中的滑梯几乎都是"标准的"、安全的，学生没有思维上的对比和冲

---

① 刘加霞，详见第 38 页介绍。

突，就不会有意识地思考下滑速度与"角"的大小之间存在的本质联系。学生学习的愿望与需求，需要教师激发而不仅仅是满足。另一方面，这三个滑梯也渗透着重要的函数思想：当滑梯角度变大时下滑的速度越来越大，即一个变量随着另一个变量的变化而变化，在变化中感受角的大小的作用。

2. 在"抽象"中感知"角"的作用

在华老师的课堂上，他为学生提供了丰富的应用情境：滑梯的角度多大合适，谁放的风筝高，椅子的靠背多弯舒服，在哪个位置射门进球率高……并直观演示了所抽象出的"角"，让学生感知角的大小的作用。虽然，华老师还没有清楚地向学生解释原因，但至少给学生宽广的视野、给学生进一步思考的空间，让学生感受、体验到"角"的大小所蕴涵的思想与方法不仅是生活所需，更是进一步学习数学、学习其他学科的重要基础。

3. 技能的背后是对概念的深刻理解

量"角"的过程是学生更深刻地理解"角"概念的过程。虽然在此之前学生已经认识了"角"，但并不精细和深刻。例如，学生仅仅会判断什么样的图形是"角"或不是"角"，知道"角"各部分的名称。至于如何抽象出"角"、"角"的大小的作用以及"角"的大小是否取决于角两边的长短等问题，学生的理解并不深刻，而这些都是"角"概念的重要内容。这一课中让学生对"角"有更深刻的理解。由此，我们不难得出如下结论：有效的技能教学离不开对概念的深刻理解，脱离对概念深刻理解的技能教学容易演变为简单的模仿、记忆、强化训练。

量"角"的教学可能是"屠龙之技"的传授，也可能是发展学生对概念、思想方法的深入理解并感受其价值的教学，两者的选择取决于教师有效的教学设计。

二、量"角"的大小为何画"角"

在华老师的课堂上花费了很长时间让学生在"纸制量角器"上画"角"：90°、60°、1°、157°，本课的教学目标是"量角的大小"，为什么要不厌其烦地让学生画"角"呢？这是由角的度量的本质所决定的。

"角的度量"的本质就是所要测量的"角"与"标准的角"（已经知道大小的"角"）的合同，即这两个"角"能够完全重合，唯有如此，我们才能知道要测量角的大小。

在角的度量中，两个角的重合与长度度量中两条线段的重合从本质上说是一致的，但学生在理解这两种不同量的度量时其难度是不一样的，学生易误认为"角的大小"等于角的两条边之间的"宽度",因此得出错误的结论——角的两条边越长角的度数就越大。

而学生理解"角的度量"的本质有两方面的困难:一方面,学生看不到量角器上的"角"。这与学生对角的概念的理解比较浅有关;另一方面,即使看到了量角器上的"角",也不知道怎样才能使量角器上的"角"与所测量的"角"重合。量角器上"角"的顶点在中心,有两条边都可以作为角的"始边",要度量的角与哪条始边重合呢?这需要学生根据所要测量的角的特征决定。另外,所要测量的角的两条边的长度不确定,不能恰好和量角器上的刻度线重合。

真正了解了教学的"难点",教师就应该在"该出手时出手",设计有效的活动(四次画不同角度的"角"),进行适时的点拨引导,使学生认识到量角的本质。

三、什么是"度量意识"

在课的最后有这样的环节——

师:(出示长方形)要知道它的长,怎么办?

……

师:(出示量角器)以前我们说它是直角,现在我们可以说它是90度的角,看来,要表达一个数量,先要找到一个度量单位,再数有多少个这样的单位。大数学家华罗庚说:"数(shù)起源于数(shǔ),量(liàng)起源于量(liáng)。"

角的度量为什么要牵扯到长度、面积?华老师在教学目标中指出:"感受量角的意义,进一步形成度量意识。"什么是"度量意识"呢?

一方面,度量意识就是让学生初步从整体上感知、了解度量的共同特征,整体感知度量的结构。

日常生活中最重要的度量是数物体的个数,自然数也是度量的结果,是对离散变量(或者说"集合")的度量。现实生活中其他所有的量几乎都不是离散的,而是连续的,如长度、面积、体积、角度、时间、质量等。日常生活中要度量的量很多,但无论度量哪类量,其度量的结构都是相同的,即必须满足以下四点才是"可度量的量":(1)选定度量的标准即"单位";(2)用"单位"去度量所得到的度量数非负,即度量得到的数大于等于零;(3)运动不变性,即合同(完全重合)的两个不同的量其度量所得到的数相等;(4)有限可加性,交集为空集的两个量其和的度量数等于各自度量数的和。

度量意识的另一层内涵是感受"度量单位"的内涵与价值。在度量中要让学生感受到确定统一的"度量单位"的价值；要让学生体会到为了更简洁、更精确地表示度量结果，需要选取合适的"度量单位"，即"度量单位"的统一性与多样性是人类交流与刻画多样化的现实世界所必需。

当不能用整数倍的度量单位去量尽时，就需要选取一个更小的单位。在日常生活中，同一个量总有许多不同的单位，如果度量单位 e 太大，人们就习惯于用度量单位 e 除以 10 的若干次幂（与现行的"十进位值制"记数法相匹配。除以 60 的若干次幂也可以，古巴比伦人就偏爱 60，在"角的度量"中人们也偏爱 60）作为新的、更小的度量单位来测量，这样测量的结果就只需要移动小数点，其单位名称前面加上前缀，如"分、厘、毫、微"等。如果将测量过程理想化就会出现无限十进小数。

对于教师而言，则应认识到，虽然实际生活中需要度量的量（离散量、连续量）很多，但进行度量时，只要"度量单位"确定，就可以用同样的"数"来表示所有量的度量结果，即用同样的"数"刻画了万千的"量"，这就是数学的本质——抽象性与结构性。

四、技能教学能否给学生创造的机会

在作学生学习基础的前测调研中，大约 80% 的学生是按照下述方法量角的（如下图）。

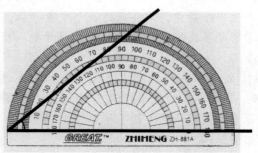

显然，这不是巧合，任何差错的存在都有其"必然性"与"合理性"。正是在追问必然性与合理性的过程中，我们更加深入地理解了"度量"的本质，理解了学生的学习方式与思维方式。

学生认识一维空间比较容易，因此，量"长度"没有困难，量角度时就产生了很大困难，主要体现为思维定势：度量要"从头开始"。试想，在以往度量的学习中，哪一类度量不是从"头"开始的？度量长度是这样，度量质量也是这样（但面积的度量不是这样，面积是通过公式计算得到）。凡是度量的量不是从"头"开始吗？因此，学生按照上述方法量角是很自然的，值得注意的是，这种办法也有其合理性：这样"量角"只要把所读出的度数除以 2 就得到所测量角的度数（圆心角等于圆周角的 2 倍）。给学生这样的思维与创造的空间，发明新的方法，在使用自己独创方法的过程中，通过案例分析、比较两种方法的优劣性，从而感受到自己的方法的局限性，也未尝不可。

另外，假如学生就用这样的"方法"量角，为了避免上述局限，是否可以重新设计量角器呢？量角器毕竟只是一个"工具"，而"工具"是人创造的，只要合理、无矛盾、并能够解决实际问题，创造什么样的工具皆可由人来决定。事实上，无论怎样设计量角器，其本质和现行的量角器都是一样的，即将半圆平均分为 180 份，每一份是一度。这是因为我们能感知的空间是欧几里得空间。通过这样的活动，也再一次让学生感受到什么是数学：数学是创造但绝不是随心所欲、胡编乱造，要符合逻辑，要与宇宙的本质共性。

由此，技能教学能否给学生一个创造的空间？值得深思和探索。

华应龙 ——角的度量

149

让技能教学成为探索与发现的沃土

孙晓天[①]

传统的技能训练课应该怎么上、怎么改？技能训练课的意义在哪里？技能训练与探索发现之间有没有关系，是怎样一种关系？技能训练课需要改什么？改革应该从哪里入手？带着这一系列问题，重新审视这节课，思考就更深入了些。

一、如何理解小学数学中的角及其度量

1. 认识角的角度

作为教学内容的"角"，并不像看上去那么简单，无论是皮亚杰的认知结构理论，还是霍尔的几何分层理论，"角"都排在比较高的认知水平和层次。之所以如此，主要因为"角"是构成"形"（三角形）的基础，而形的特征及其相互关系，又是推理几何的基本题材。由此，角在数学理论中的重要性可见一斑。但这个知识链条不在小学数学中出现，小学数学里的角是作为认识和度量的对象出现的。

认识教材中的角并不那么容易。传统的把角定义为射线绕一点旋转的结果，不仅生活中难找原型参照，在脑海里模拟也不易，哪怕对小学高年级学生来说，理解上也会有困难。生活中抽象角的原型应该在哪里呢？环顾四周，生活中的角除了直角以外，真有点不大好找。尤其在城市里，传统的中国式建筑越来越少，代之以排山倒海般以外形简洁为标志的现代高大建筑，到处是圆、弧和直角，想要找一个不是直角的角确实不易。想想华老师备课时连牙刷柄的角度都想到了，就知道在生活里找个锐角对儿童是个多么大的挑战！如此说来，难道角、特别是锐角只能在纸面上画、从书本中找，生活中不多见么？不然！我们要做的是稍微调整一下认识它的角度。通常，我们在环顾四周时，总是离不开家具、摆设、建筑等触手可及的直观层面，而这里的角多半是直角，有时甚至只有直角。而锐角除了是设计上的美学元素之外，更多的是在体现支撑作用和表示坡度、陡度的场合出现，以空间而不是平面的形式存在。从这些场合去发现和认识角，

并非直角的角就到处都是了。这就是认识角的角度问题。

2. 理解角的作用

认识角，要与理解角的作用一起进行。

先说支撑作用。且不说筷子、剪子形成的支撑角，刚刚栽下的树要避免长歪或被风刮倒，都要用一个或几个斜柱固定，这种情形满大街比比皆是；一根高高矗立的细电杆为何不惧风吹雨打，因为它周围总有几根斜拉的钢丝绳或金属杆在保护；建筑物楼面上外挂的空调机林立，哪个不是靠支架牢牢托举；虽然书桌面上只能发现直角，只需用手向下摸一摸，桌子腿、凳子腿的拐弯处保证有一根金属或木头的斜梁在起稳定作用。到处可见与支撑有关的场合，都离不开锐角。从这个角度，不仅能感知到大量角的存在，而且看得见、摸得着。

再说坡度。蹬高要用梯子，梯子短了可能摆得很陡，攀爬会有危险；梯子长了虽使坡度变缓，但占据了较大的空间仍会引起其他不便，而且攀爬也未必安全。冬天来了，公园里建起了冰雪滑道。坡度太小，溜不出多远，坡度大了，又会增加危险。这里提到的梯子陡不陡、坡度大不大都与角有关。华老师举的滑梯的例子，研究的就是与坡度有关的角的大小问题。生活中，与坡度、陡度有关的场合到处可见，这些场合都有锐角唱主角。从这个角度，不仅能感知到角的存在，而且容易发现角在社会生活中的存在形式和作用。

认识小学数学中的角离不开认识和理解角的作用。因此，不仅要从直观的层面去寻找角，更要从"作用"的层面去发现角，否则角的教育价值就会大打折扣。

3. 把握度量的意义

认识了角之后，面对形形色色、五花八门的角，比较大小的问题随之浮出水面，度量成为定量认识角的主题。

度量解决的主要是诸如线、角、形、面、体、物有多大、有多长、有多直、有多曲等方面的问题。度量包括公度和测量两层含义：一是"度"，也就是大家都认可的公度即度量单位。单位本身是规定的结果，关键在于引导学生理解公度的必要性，这里有较大的讨论、活动和探索空间。小学阶段的度，重心在理解和具体感受单位的实际意义。像掂一掂 500 克一袋的盐、摸一摸 0.4 平方米的桌面有多大、量量自己有多高等，这些看上去没什么"数学味儿"的举动，都是理解单位时不可或缺的尝试。二是"量"，即如何测量的问题。重心是从学生自己的经验出发，从"真刀真枪"的问题开始，通过鼓励学生使用自创的工具和单位，逐步导向规范的工具和单位，引导学生多角度摸索测量的方法，逐步从不那么正规的测量单位和方法一步步接近直至能够达到科学的度量。这就是小学测量的真谛，也就是华老师在这节课上采取的策略。

二、技能教学应当是探索与发现的沃土

本文从认识角的角度，理解角的作用再到把握度量的意义，现在已经可以回到技能教学这个主题上来了。虽然弯子绕得有点大，但都和本文下面的结论有关。

区区一个小学阶段的度量，直接告诉学生如何认识测量单位、如何使用测量工具和如何具体的量，即上成单纯的技能教学课有何不可呢？事实是，问题没那么简单！度量是小学几何的重头戏，是将伴随学生一生的本领。这个本领的核心是什么，有必要分析清楚。

如前面提到的那些与支撑、坡度、陡度有关的角中，大多数看不见、摸不着，虽然知道它们在那里发挥着作用，但要测量到它不容易，学生手里的量角器基本派不上用场。只有想办法把它们绘成具体的平面图形，书本上的方法和量角器才用得上。所以书本上、课堂里的角和测量多半是纸上谈兵，与实际大相径庭。实际的度量需要一个由现实、直观到抽象的过程，然后才能量。这是一个技能教学必备的过程，省略不得。

实际生活中，确定角度的主要也不是"量"而是"算"，真正决定坡度、陡度、支撑力的不是角，而是与角的形成相关的那些可测的直边长短及其比值。即使工程师真正要在图纸上设计一个角或加一根斜梁或造一个斜坡的时候，他们也不会贸然使用量角器，而是努力把形成角的两条直边的长短搞准。这些本领学生到中学之后会逐步接触到。至于理论学习中关于角的讨论，则基本与度量无关。

综上所述，如果小学阶段把量角处理成照本宣科的技能教学，虽有动手的机会，但教育价值有限，做的也多半是无用功，对此我们一定要心中有数。小学阶段的度量，不是单纯的技能培养与训练，而是一块为学生进行探索与发现而准备的沃土，它提供给学生通过自己的眼和手去认识世界的机会。不仅是度量，小学数学课程中的许多"技能"，如与计算有关的、大家耳熟能详的"进位加"、"退位减"、"混合运算"、"乘法口诀"、"竖式除"等都是探索与发现的载体，都是学生自主探索、动手实践的基本题材。那些形如"想大算小"式的"算理"，多半会随着儿童的成长淡淡隐去，而伴随着一连串"为什么"发现的运算规律、道理和方法倒有可能长久留存，成为伴随学生一生的本领。对这样的技能，如果只是采取"多快好省"的方式灌输，辅以大剂量的训练，再任意拔高速度、精确性方面的

要求，就彻底浪费了这些题材的教育价值。学生对数学越来越明显地敬而远之，学习数学的目的越来越趋于实际，多半与此有关。现实告诉我们，技能教学需要"革命"并非危言耸听。有些事情已经不改不成，确实需要有些"火药味"了。

三、重要的是教师的见识

技能教学怎么改？它真能成为前面说的那块"沃土"么？这里无须过于系统的理论表述，因为华老师已经在课堂上给出了佐证。

这是一节用一连串的"为什么"串起来的"量角的发现"课，每个结论的得出都伴随着学生自己的发现、归纳与整理。学生不仅知道了如何量角，还知道了"量"的方法是从哪里来的，知道了书本上的角和生活中的角的关系，知道了度量的意义。这节课的载体是量角，而获得量角方法的过程，则积淀下不少数学的思考，数学解决问题的大思路。如果技能教学都顺着这个思路发展开去，数学的面貌就会一步一步在学生的眼前清晰，他们对数学的兴趣也会随之而来，今后学三角、学物理也都会有兴趣。

新、旧课程都量角，处理思路大不同，加上"发现"与"探索"，就加大了度量的含"金"量。华老师所作的处理，源于经验，更源于见识，而后一点给我留下的印象更深。他正是抓住了技能教学的真谛，才有了一系列相关的设计和考量，才使这节课显得如此意味深长，才有了萌生"革命"的念头。归根结底，"革命"也好，改革也罢，这一切都离不开教师个人的见识。而"见识"建基于知识和视野，表现为把一件事看清楚、想明白的水平，形成这个"见识"要靠数学的功底，更要靠教师的使命感、职业意识和责任心。教师都做到华老师这样不容易，但不学学华老师，就有些可惜了。

华应龙　角的度量

153

道法自然

华应龙

有教师问："操作技能性的课还要让学生探究吗？"说实话，我没有特别意识到自己是在组织学生探究。在我看来，教和学是一回事，应当追问四个问题：第一，教（学）的是什么；第二，为什么要教（学）；第三，怎么做；第四，为什么这么做。这一次教《角的度量》，我只是多问了两个为什么，顺着学的路径去思考教的路径。我们的教学不仅仅是要把事件做正确，更重要的是首先要思考做正确的事。其实，学生是天生的学习者，学习就像呼吸一样自然，好为人师的我们往往会好心地做出一些费力不讨好的事。

关于《角的度量》一课，我的问题和困惑是：①我们让学生量了各种各样的角，学生感受到了量角的用处吗？量角的大小是"屠龙之技"，还是生活中必不可少的技能？②《角的度量》一课教学的难点是什么？为什么会有这样的难点？量角器的结构很复杂，量角之前先要认识量角器，那认识量角器的什么呢？怎么认识量角器？关于量角的技能，以往教学中简要概括出了"二合一看"、"0度刻度线在左边看外圈，0度刻度线在右边看内圈"等话语，为什么学生还是不会量角？③我们的教学有三个层次：教知识，教方法，教思想。以前我们只是教了量角的知识和技能，那么这一节课可以给学生什么方法和思想的提升呢？

经过查阅资料，思考消化，和同行交流，比较选择，最后我决定这样来解决这三个主要问题。

一、创设怎样的情境

刚开始，我搜寻生活中的角，发觉生活中的角都不需要量，因为大多数的角是直角。后来发现衣柜里衣领的角就是千差万别的，我很兴奋。进而发现牙刷上也有非常讲究的角，椅子靠背向后倾斜一定的角……经过反复搜寻、思考和讨论，我终于找到了滑滑梯这样既有趣又能引发学习需求的情境。

二、如何认识量角器

这节课到底要认识量角器的什么？我回忆起学生拿着量角器手足无措的样子，往往是用量角器的直边和圆弧夹的角比在要量的角上。原来学生找不到量角器上的角！因此，我让学生讨论这是不是角，能在量角器上找到角吗？我大胆地想：能让学生先在量角器上画角然后再量角吗？进而，我再追问："量角的本质是什么？"——重合。如果学生在量角器上清晰地找到角了，量角的问题就能迎刃而解。因此，我决定让学生在量角器上画角，再交流有没有不同的角，这样顺势就可以介绍"中心点"、"0度刻度线"、"内外圈刻度"、1度的角、度数的写法等。我们提供给学生量的角，往往是开始的几个开口向右，然后才开口向左。现在觉得，那样做是在有意制造难点。先让学生形成动力定型，然后再来费力改变，我们是在干什么呢？因此，我这次的设计，第一个要量的角开口向右，第二个要量的角就开口向左。实践表明：效果很好，大部分学生没有问题，个别学生出现问题正好是难得的资源。整节课上，我没有设计看图读角度、看图判断量角器摆放得对不对等习题，而是从学生的学习过程中捕捉值得讨论的话题。

三、如何渗透度量意识

角的大小是一种二维特征，和长度的一维特性有着较大的差异，但作为以数量来刻画特征它们又具有一致性。几经推敲，我决定在一个长方形上做文章，从长度、面积、角度等维度的归纳中帮助学生建立起度量意识，最后用华罗庚的话画龙点睛。

两年前，我上《角的度量》一课，组织学生经历角的度量单位的产生和统一的必要，我享受了学生用直尺成功解决两个角比大小等智慧的方法。但这次我想突破量角这一操作技能课的难题，因此，确定的教学目标是：认识量角器、角的度量单位；会用量角器量角；感受量角的意义，进一步形成度量意识。

以前，我们习惯于将问题分解为若干个可以掌握的部分，这种视野狭窄的过程使我们看不到解决问题的整个系统。而当我们先见森林，再见树木，先看到整个系统，再回头进入细节时，我们对各个部分的重要性就有了更好的理解。诚如孟子所言："先立乎其大者，则其小者不可夺矣！"看来，我们小学老师为了更有效地教学生学，真应该"变成小孩子"，习惯于感知性思维，着眼于全局，而不仅是局部。

陶行知先生说："先生的责任不在教，而在教学，而在教学生学。""事怎样做就怎样学，怎样学就怎样教；教的法子要根据学的法子，学的

华应龙 — 角的度量

155

法子要根据做的法子。"现在这样认识量角器，不就是依据了量角器的做法吗？

通过这节课，我认识到教师的教怎样才能有效地促进学：一是要把握"做"的本质，昏昏的教师是教不出昭昭的学生的；二是创设好的情境，调动"学"的兴趣，让学生愿意学；三是学生自主尝试，教师相机诱导，"好风会借力，送生上青云"。上完这节课，我相信了人本主义心理学家罗杰斯说过的一句话——"没有人能教会任何人任何东西"。

弗赖登塔尔说："泄露一个可以由学生自己发现的秘密，那是'坏的'教学法，甚至是罪恶。"以前我们教《角的度量》时，课堂上是少有笑声的，学生几乎成了教师教的附庸和工具，学生在课上的活动似乎是玩偶式的活动。现在的课堂上，学生有的开怀大笑，有的小声窃笑，还有的会意微笑。学生先试先量，先想先说，正确的地方充分肯定，存在的问题一起探讨，学习活动顺着学生学习的天性展开，"教师之为教，不在全盘授予，而在相机诱导"（叶圣陶语）。

以前我们教《角的度量》时，一节课下来，教师教得累，学生学得苦，不少学生还不会量角，量角器都不知道怎么摆放。而今天，学生都会量角了，并且理解了量角的本质。也正因为学生理解了量角的本质，所以变得"自能"、"自得"了。为什么以前我们那么费力地教，总结概括出"二合一看"等要诀，学生学的效果反而不好呢？上完这节课，我明白了，因为以前的我们"只见树木不见森林"。我们讲了"角的顶点和量角器的中心重合，一条边和0度刻度线重合，看另一条边所对应的刻度"，但没有讲量角的实质是什么，缺乏整体把握。"二合一看"等要诀，看似简洁，颇得要领，其实这是我们成人的偏好，对学生来说却是不得要领的，要学生想象出这四个字背后的内涵是挺难的。学生是以形象思维为主，教师抽象概括出的词语反而增加学习的难度，教师附加的认知负荷挤占和压缩了学生生成的认知负荷，所以说我们原来的教法是阻挠了学生自由的"呼吸"。而今天，在学生已进入"洞口"，感觉恍惚若有光的时候，"量角其实就是把量角器上的角重叠在要量的角上"一语点破，是可以为学生的量角操作提供表象支持，促进学生更顺畅地"呼吸"的。

还是老子说得好，"少则得，多则惑"、"不自见，故明；不自是，故彰；不自伐，故有功；不自矜，故长"。总之，一句话："道法自然"！

张齐华 — 圆的认识（朴素版）

永远不重复别人，更不重复自己。

张齐华，详见第 24 页介绍。

朴素而深刻

——张齐华教《圆的认识》

《圆的认识》是第二学段"空间与图形"领域的内容，是在学生学习了长方形、正方形、三角形等平面直线图形的认识和圆的初步认识的基础上进行教学的，是研究曲线图形的开始，是学生平面图形认识、发展的又一次飞跃。本课的教学是进一步学习圆的周长和面积以及圆柱、圆锥知识的重要基础，同时对发展学生的空间观念也很重要。本课中，张老师勇于自我超越，从朴素的教学素材和简洁的教学环节"摸圆"、"画圆"、"折圆"入手，为我们铺开了一卷认识圆的"文化画卷"。其间，学生对于圆的文化特性有着"淋漓尽致"的感受，对于圆在历史、文化、数学发展过程中与人类结下的不解之缘有着"切肤般"的体验。朴实中见深刻，简洁中蕴厚重，实现了无形的数学文化和有形的知识与技能的完美结合。正如张老师自己所言，"这是一堂素面朝天的简单的数学课，是一堂让教学语言指向数学思辨的课，是一堂让学生表面寂静而内心热烈的数学课"。

一、整体感受

师：今天这节课，我们研究的是圆。瞧，（教师出示一个信封）这信封里就装有一个圆，想看看吗？

生：想！

师：（从中摸出一个圆片）是圆吗？

生：是。

师：现在，老师把它重新放回信封里，有信心把它从信封里摸出来吗？

生：有！

师：那当然，如果信封里只有这一个图形，谁都能摸出来。（学生笑。）但问题是，信封里除了这个圆以外，还有其他平面图形。想看看吗？

生：想！（教师先后从信封中取出一些图形，如图1，让学生一一辨认。）

师：现在，要从这一堆平面图形中把圆摸出来，有难度吗？

图1

生：没有！

师：为什么？

生：很简单呀，圆是弯弯的，而其他图形的边都是直直的。

生：圆没有角，而其他图形都有角。

师：奇怪，为什么这些图形都有角，而圆却没有呢？

生：因为这些图形都是由直线围成的……

师：不够专业。

生：哦，是由线段围成的。

师：这就对了！我们把这些由线段围成的平面图形，叫做直线图形。直线图形都有角。圆是直线图形吗？

生：不是，它是由曲线围成的。

师：所以，圆看起来特别——

生：光滑。

生：圆润。

师：感觉真好！那么，该给这类由曲线围成的，光滑、圆润的平面图形，取个怎样的名称呢？

生：曲线图形。

师：没错！那现在，要从这一堆直线图形中把圆这个唯一的曲线图形摸出来，难不难？

生：不难。

生：找最光滑的摸就行了。

师：不过，问题可不像你们想象的那么简单。因为信封里，还有几个图形呢。（学生颇感意外，教师出示图2。）

图2

师：怎么样，它也是由曲线围成的吗？

生：是呀。

师：看起来也特别光滑？

生：是的。

师：看来，你们一定会把它也当做圆摸出来。

生：不会！不会！

师：为什么？

生：因为圆很圆，但它不那么圆。

生：因为它有的地方凹，有的地方凸。

师：噢，这个图形看起来有些凹凸不平。而圆呢？

生：圆不会凹进去，一直向外凸着。

生：圆看起来特别饱满。

师：这个词儿好！不过（教师接着从信封里取出图3），这儿还有一个图形，它可没有凹凸不平。怎么样，够光滑、够饱满吧？

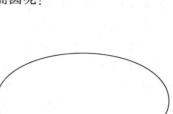

图3

生：嗯。

师：看来，这一回你们一定会把它当做圆摸出来了。

生：也不会！

师：为什么？

生：因为这个图形看起来扁扁的，不像圆那么鼓。

师：（将椭圆旋转90°后）现在看起来呢？

生：感觉这个图形瘦瘦的。

师：那圆呢？（教师出示圆片，并不停旋转）感觉怎么样？

生：怎么转，看起来都一样。

生：而且，圆看起来特别匀称。

师：小小的一个游戏，无非是为了让大家认识到，和其他平面图形相比，圆的确——

生：很特别。

师：没错，和这些直线图形相比——

生：圆是一个曲线图形。

师：但是，和这些曲线图形相比，圆看起来又特别——

生：光滑、饱满、匀称……

张齐华｜圆的认识（朴素版）

师：难怪 2000 多年前，伟大的古希腊数学家毕达哥拉斯在研究完大量的平面图形后，发出这样的感慨：在一切平面图形中，圆最美。而且，2000 多年过去了，这一观点得到了越来越多的数学家乃至普通大众的认可。那么，圆究竟美在哪儿？更进一步地，究竟是什么内在的原因，使得圆这种平面图形看起来这样光滑、饱满、匀称，以至于成为所有平面图形中最美的一个？就让我们一起带着问题，深入地认识圆、研究圆。

二、寻根究底

师：圆的美，光靠看是不够的，咱还得动手来画。因为，画圆的过程，正是我们体会它的特点、发现它的美的过程。（简单介绍圆规的构造后）课前，老师布置同学们试着用圆规画过圆。现在，请大家试着在白纸上画一个圆。（学生用圆规画圆，教师巡视。）

师：应该说，绝大多数同学画得都很棒。不过，也有失败的作品。瞧，这个圆显然变形了，这个则咧着嘴。大胆地猜一猜，这些同学之所以没能成功地用圆规画出一个圆，可能在哪儿出问题了？

生：可能是画圆时，圆规的脚移动了。

师：不动，怎么画出圆呀？（学生笑。）

生：是装有针尖的脚动了！

师：那你得说清楚呀。同学们，你们觉得，针尖所在的脚能随便动吗？

生：不能！一动，画出的圆一定会咧开嘴巴。

师：你试过？

生：是的！我失败过好几次呢。

师：经验之谈呀！当然，也有同学画圆时，圆规两脚都没动，但也画出圆来了，你们猜——

生：我知道！一定是圆规不转，纸转。

师：奇怪，你怎么知道？

生：我就这么试过。

师：看来，用圆规画圆时，针尖得固定，这是宝贵的经验。还有其他可能吗？

生：也可能是他们画圆时，圆规两脚的夹角的角度变了。

师：角度变了，也就意味着——

生：圆规两脚之间的距离变了。

师：看来，用圆规画圆时，两脚之间的距离不能变。现在，掌握了这些要求，有没有信心比刚才画得更好？

生：有！（不少学生拿起圆规急着要画。）

师：别着急！数学学习光会动手还不够，咱还得——

生：动脑。

师：心有灵犀呀！所以，第二次用圆规画圆时，请大家边画边思考：如果方法完全正确，用手中的圆规会不会画出这样一会儿凹、一会儿凸的曲线图形？或者是扁扁胖胖的椭圆？（教师依次指图 2、图 3。）

生：不会！

师：先别忙着下结论，还是带着这些问题，边画边细细体会吧！（学生操作。教师巡视，并了解学生的感受与思考。）

师：为什么画不出这样的曲线图形，相信不少同学已经有了答案。不过，为了使大家感受更鲜明，我打算在黑板上也来画一个。（教师画完半个圆后，停下）想象一下，照这样画下去，会画出一会儿凹、一会儿凸的平面图形吗？

生：不会。

师：会画出扁扁的椭圆吗？

生：也不会。

师：为什么？

生：因为圆规两脚间的距离没有变。

师：哪儿到哪儿的距离没有变？

生：就是从这儿（手指圆上的点）到这儿（手指圆心）的距离没有变。只要距离不变，就不会画出一会儿凹、一会儿凸的平面图形了。

师：光这样说好像有点抽象。你能不能把这一不变的距离用一条线段表示出来？（学生上台，连接圆上任选一点与圆心，得到一条线段。）

师：可别小看这条线段，在这个圆里，它可是起着至关重要的决定性作用。有谁了解这条线段？

生：这条线段叫做半径，可以用小写字母 r 表示。（教师板书，并引导学生在自己的圆内画出一条半径，标上字母 r。）

师：有没有补充？

生：半径的一端连着圆心，另一端在圆边上。

师：说得好！圆心是圆规画圆时针尖留下的，可以用字母 O 表示。更准确地说，半径的另一端在圆上。（教师板书，并引导学生在自己的圆上标出圆心及字母 O。）

师：关于半径，你们还知道些什么？

生：圆应该不止有一条半径。

生：圆有无数条半径。

生：半径的长度都相等。

师：看来，关于半径，同学们的发现还真不少。但是，没有经过思维考量的数学直觉，算不上真正的数学知识。刚才有人说，圆有无数条半径，同意的请举手。（全班学生都举起了手）不过，为什么呢？（一只只举起的手慢慢放了下来。）

师：原来，大家都是蒙的！不过还好，至少还有三五只手直到现在还举着。要不，先来听听他们的声音，或许你会从中受到启发。

生：刚才我们只画了一条，但如果我们继续画下去，永远也画不完，所以应该有无数条。

师：都同意？

生：同意！

师：有人就不同意。这是我自己班上的小陈同学在学完《圆的认识》后回去做的一次小实验（教师呈现课前某学生在半径5厘米的圆上画得密密麻麻的半径）。瞧，他在这么大的圆里画满了半径，结果一数，才524条。不对呀，不是说无数条吗？

生：我觉得他的圆太小了，要是再大一点，那么画的半径就更多了。

师：哦，你是说大圆的半径有无数条，而小圆的半径则未必？（学生一时语塞。）

生：不对，大圆小圆的半径都应该是无数条。我想，主要是这位同学用的铅笔太粗了。如果用细一半的铅笔来画，应该可以画一千多条；如果用再细一半的铅笔画，半径就有两千多条。这样不断地细下去，最终可以画出无数条半径。

师：多富有想象力呀！半径可以不断地细下去，直到无穷无尽。这样想来，半径当然应该有——

生：无数条。

生：我还有补充。因为半径是从圆上任意一点发出的，所以圆有无数条半径。

师：什么叫任意？

生：随便。

师：那么，在一个圆上有多少个这样随便的点？

生：无数个。

生：有一个点，就能连出一条半径。有无数个点，就能连出无数条半径。

师：回过头来看看，同样是无数条半径，经过我们的深入思考，大家感觉怎么样？

生：我觉得更清楚了。

生：原来只是一种感觉，现在真正理解了。

师：数学学习可不能只浮于表面，或停留于直觉，还得学会问自己为什么。只有这样，数学思考才会不断走向深入。关于半径，还有其他新发现吗？

生：它们的长度都相等。

师：同意的举手。（全班学生又一次都举起了手。）了不起！不过——

生：为什么？（话还没说完，一大半学生就放下了手。听课教师大笑。）

师：有这样的追问意识挺好！不过，光等着别人来回答也不是个办法。这样吧，我稍作提醒：课前，数学老师让咱们都带了直尺，猜猜为什么？

生：可以量。（学生操作后，发现圆的半径的确都相等。）

生：其实根本不用量。因为画圆时，圆规两脚的距离一直不变，而两脚的距离其实就是半径的长，所以半径的长度当然处处相等。

师：多妙的思路！看来，画一画、量一量是一种办法，而借助圆规画圆的方法进行推理，同样能得出结论。通过刚才的研究，关于半径，我们已有了哪些结论？

生：半径有无数条，它们的长度都相等。

师：其实，关于圆，早在2000多年前，我国古代伟大的思想家墨子也得出过和我们相似的结论。只不过，他的结论是用古文描述的，不知道你们能不能看懂？（课件出示："圆，一中同长也。"）

生："一中"，应该是指圆心。

师：没错。圆心，正是圆的中心。那"同长"——

生：应该是指半径同样长！

师：这样看来，墨子得出的结论和我们刚才得出的——

生：完全一样。

师：不过，也有人指出，这里的"同长"除了指半径同样长以外，还可能指——

生：直径同样长。

师：连接圆心和圆上某一点的线段叫半径。那么，怎样的线段叫直径呢？（少数学生举手。）我猜，多数同学不是不知道，而是不会用语言来描述，是这样吗？（多数学生连连点头。）那么，你们能用手比画出一条直径

吗？（学生比画。）

师：刚才的半径是同学们画的。这回，我自己来试试。（教师故意将直尺摆放在偏离圆心的位置，提笔欲画。）

生：老师，您的直尺放错位置啦，应该放在圆心上。

师：哦，原来是这样。（教师调整好直尺的位置，并从圆上某点开始画起，画到圆心时停下。）

生：错！

生：这是一条半径呢，还得继续往下画。（教师继续往下画，眼看就要画到圆上时，不露痕迹地停下了笔。）

生：对！

生：不对！是错的。我们上当了。

师：怎么又反悔了？

生：还没到头，还得再往前画一点点。（教师继续往下画。就在学生喊"对"时，教师又悄悄地往前画了一小段。）

生：对！

生：不对！出头啦。

师：一会儿对，又一会儿错，都给你们弄糊涂了。画直径到底得注意些什么呢？

生：得通过圆心。

生：两头都要在圆上。

生：还不能出头。

师：这就对啦！数学上，我们把通过圆心、两端都在圆上的线段叫做直径。直径通常用字母 d 表示（板书"d"）。请在你的圆上画出一条直径，标上字母 d。（学生操作。）

师：半径的特点已经研究过了，直径又有哪些特点呢？大家可以和半径比较着研究。半径有无数条，那么——

生：直径也有无数条。

师：半径的长度都相等，那么——

生：直径的长度也都相等。

师：直径有无数条，我们就不必去探讨了，原因和半径差不多。直径的长度都相等，为什么呢？

生：我们是量的，发现直径的长度都是 6 厘米。

师：瞧，动手操作又一次帮助我们获得了结论。

生：不用量也行。我们发现，每一条直径里面都有两条半径，半径的长度都相等，那么，直径的长度当然也都相等。

师：在我们看来，这只是一条直径，但在他的眼睛里，还看出了两条半径，多厉害！尤其是，他的发现还帮助我们获得了一个新的结论，那就是，在同一个圆里，直径和半径是有关系的。谁能用最简洁的语言描述出它们之间的关系？

生：直径是半径的两倍。

师：挺好。还能更简洁吗？

生：半径 × 2 = 直径。

师：的确又简洁了些。还能更简洁吗？（无人举手。）想想它们的字母——

生：我知道了，$d = 2r$。

师：这就是数学语言的魅力！同学们可千万别小看这个结论。（教师课件出示图4）试想一下，如果在一个圆里，圆的半径不是都相等的，而是有的长、有的短，最后连起来的还会是一个光滑、饱满、匀称的圆（指着图4）吗？

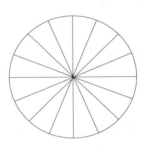

图4

生：那样的话，就会凹凸不平了。

师：是什么内在的原因，才使得圆看起来这么光滑、饱满、匀称？

生：是半径的长度都相等。

师：正因为在同一个圆里，半径的长度处处相等，才使得圆看起来如此光滑、饱满、匀称。圆的美，其内在原因也正在于此。

三、沟通联结

师：在同一个平面图形中，具有这样等长线段的不是只有圆。瞧，这是一个正三角形（见图5中的第1个图形），从它的中心出发，连接3个顶点，这3条线段的长度——

生：都一样。

师：这样的线段一共有3条。再来看正方形（见图5中的第2个图形），这样的线段有几条？

生：4条。

师：正五边形（见图5中的第3个图形）呢？

生：5条。

师：正六边形（见图5中的第4个图形）呢？

生：6条。

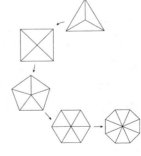

图5

师：正八边形（见图5中的第5个图形）呢？

生：8条。

师：圆有多少条？

生：无数条。

师：难怪有人说，圆其实是一个——

生：正无数边形。（学生显得底气不足。）

师：多有意思的描述呀！刚才，我们是一个一个来观察的，下面，我们再完整地来看一看（呈现图5）。

师：从正三角形到正四边形、正五边形、正六边形、正八边形，随着正多边形边数的不断增加，你们发现了什么？

生：它们一个比一个更像圆。

师：哪个图形最像？

生：正八边形。

师：不过，毕竟离圆还有一些距离。要怎样，才能更接近圆？

生：边数要再多一些，一定会更接近。

师：真会这样吗？想不想通过实验来验证一下？（教师借助简化后的几何画板依次画出正十六边形、正三十二边形、正一百边形，并引导学生观察边的变化。当画出正一百边形时……）

生：哇，真是太圆了。

师：别急，这才正一百边形呢。想象一下，如果是正一千边形、正一万边形，甚至正一亿边形……直到无穷无尽，这时——

生：它就是一个圆了。

师：如果我们把这些正多边形排成一排，正三角形站第1个，正方形站第2个，正五边形站第3个，这样排下去，猜猜看，这排队伍的最远方站着的应该是谁？

生：圆。

师：不对呀，这些都是直线图形，圆是曲线图形，跑来干吗？（学生一时不知如何回答。）这里涉及更高深的数学知识，到了中学、大学，相信同学们一定会有更深入的了解。

师：这个圆片没有标出圆心。既然圆心都没有标，它的半径是多少呢？能想办法测量出来吗？（学生操作，随后交流。）

生：我们组把一个圆对折，折痕就是它的直径。量出直径的长度后再除以2，就求出了半径的长度，是3厘米。

师：可别小看这一方法。正是这一对折、一重合，才让我们在不经意间发现了圆的另一个秘密，那就是，圆其实还是一个——

生：轴对称图形。

生：而且，圆还有无数条对称轴。

师：也就是说，和其他轴对称图形相比，圆还具有无穷对称性。还有别的方法吗？

生：我们组把一个圆对折后再对折，一展开，两条折痕的交点就是圆心，找出圆心后，半径就能量出来了。我手中的圆，半径是 5 厘米。

生：其实不用展开，直接量出这条边的长，就是圆的半径。我们组的圆，半径正好是 4 厘米。

师：不是说圆的半径都相等吗？同学们手中的圆，半径有的是 3 厘米、有的是 4 厘米，还有的是 5 厘米。这是为什么？

生：说半径相等，指的是在同一个圆里，大家的圆大小不同，半径当然也就不等了。

师：那么，同学们手中的圆，哪个最大，哪个最小？

生：半径 5 厘米的最大，半径 3 厘米的最小。

师：是不是这样呢？让我们举起来，互相看看，比比。（学生举起手中的圆。）看来，圆的大小和什么有关？

生：和半径有关。

师：半径越长，圆——

生：越大。半径越短，圆越小。

师：刚才，有同学悄悄地说，这些圆的圆心都没标，应该不是用圆规画出来的。你们觉得呢？

生：是的，如果用圆规画的话，应该会留下一个针眼。

师：那不用圆规，我又会是怎样画出这些圆的呢？

生：用一只碗扣在白纸上，然后沿着碗边描一圈画出来的。

师：依葫芦画瓢？有想象力！但很遗憾，不对。

生：可能是用一根绳子的一端拴着铅笔，另一端固定，然后把铅笔绕一圈画出来的。

师：很有创意的想法，简直就是一把简易的圆规。但很遗憾，还是不对！

生：我知道了，你是先画一条线段，然后换一个方向再画一条同样长的线段，然后再换方向画下去，最后把这些线段的端点连起来，就画成了一个圆。

师：你太有想象力了！待会儿的学习中，我们将一起来验证你的这一

169

想法。行了，不用再猜了，答案其实就藏在这里。（教师打开 Word 文档，并利用画图工具画出了一个标准的圆。）

生：哦，原来是用电脑画的！

师：可问题又来了。这样画圆，大小很随意，半径怎么可能正好是 3 厘米、4 厘米或 5 厘米呢？难不成，我是用直尺在屏幕上量的？

生：不可能！

师：别着急，继续往下看就知道了……（教师双击画图工具里的圆，出现了一个对话框，其中有高度和宽度两个项目）想一想，对于圆来说，高度意味着什么？

生：它的直径。

师：现在，要画一个半径 3 厘米的圆，高度得调整为多少？

生：3 厘米。

生：不对，应该是 6 厘米。（教师将高度调整为 6 厘米，电脑里竟然出现了一个椭圆。）

生：还得调整宽度。（教师将宽度也调整为 6 厘米，画出一个圆。）

师：用同样的方法，能画出半径 4 厘米、5 厘米的圆吗？

生：能，只要依次把高度和宽度都调整为 8 厘米、10 厘米就行了。

师：古人云，"没有规矩，不成方圆"。最初的意思是说，没有圆规是画不出圆的。现在看来，不用圆规，真的就画不出了吗？

生：不对，画圆其实还有很多种方法。

师：当然，话还得说回来，在所有这些方法中，用圆规画圆仍然是最常用的一种。（教师引导学生在画半径为 3 厘米、4 厘米、5 厘米的圆的过程中进一步体验"圆规两脚间的距离相当于半径"。）

四、审美延展

师：最后，让我们再一次回到平面图形的世界，感受圆与其他图形错综复杂的关系。瞧，这里有一个正三角形，现在，我们沿着它的中心把它稍作旋转（出示图6）。旋转以后的三角形与原来的三角形有没有完全重合？

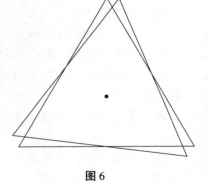

图6

生：没有。

师：不行，我还得再旋转一次。

生：还是没有。

师：再来看圆。想象一下，如果我们沿着圆心把圆也旋转一下，情况又会怎样？

　　生：不管怎么转，都会重合。

　　师：是不是这样呢？来，拿出刚才的圆，用铅笔尖抵住圆心，并按在桌面上，轻轻转一转。（学生操作。）我们把圆的这一特点叫做旋转不变性。那么，三角形具有旋转不变性吗？

　　生：没有。

　　师：不过别遗憾。如果我们按照特定的角度继续把这个三角形旋转下去，情况又会怎样呢？让我们拭目以待。（课件演示，最终呈现图7。）

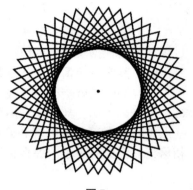

　　生：哇，太棒了，居然是一个圆！

　　生：不对，是一个近似的圆。

　　师：瞧，直线图形转着转着，又回到了圆，真有意思。不过，刚才我们是绕着平面图形的中心点旋转的。如果绕着其他点旋转，还会出现这样近似的圆吗？

图7

　　生：应该不会！

　　生：（声音很小）可能会。

　　师：会还是不会，还是用事实来说话吧！瞧，这是一个正方形，现在，我们绕着它的一个顶点旋转（课件演示旋转过程，最终呈现图8）。

　　生：居然也行！

　　生：好漂亮！

　　师：更漂亮的还在后面呢！（课件呈现图9、图10。）

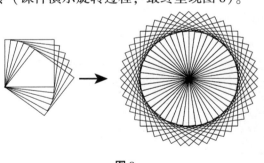

　　生：哇！

　　师：别光顾着感叹，能看出这两幅图是由什么图形旋转而成的吗？

图8

　　生：椭圆。

　　生：线段。

　　师：想不想看看线段是怎样旋转成图10这样美妙的图案的？

　　生：想！

　　师：观察时，请大家牢牢盯住线段的两个端点，看看线段旋转时，这两个端点是沿着怎样的轨迹移动的。（教师利用课件演示线段旋转的完整

171

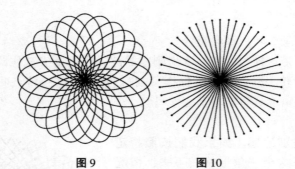

图 9 　　　　　　　　图 10

过程，学生根据观察到的情形，用手比画线段端点移动的轨迹。)

师：其实，所谓圆，就是某个点沿着特殊路线运动后留下的轨迹。到了中学，同学们就会明白。我们还接触到了其他平面图形，如长方形、梯形、平行四边形，甚至还有不规则的曲线图。这些图形如果绕着其中的某一点旋转，会不会也出现和圆有关的美妙图案呢？课后动手去试一试吧！相信，一定会有更多的惊喜在等待着大家！

向着数学文化的一次华丽转身

蔡宏圣[①]

数学教育的每次变革都和数学观的发展变化紧密联系着。自从"数学是一种文化"的理念盛行以来，我们常常看到一些努力张扬数学文化的数学课。张齐华老师执教的两个版本的《圆的认识》，就是这方面的典型课例。将两个版本的课一比较，我们可以发现，张老师就"数学文化"完成了一次"华丽的转身"，这正如他在教后谈中所说的那样："与其向着数学以外的'花花世界'去寻找课堂的精彩纷呈，不如从纯粹的数学内部找寻数学内在的精神力量。"由外转内，说起来简单，做起来难。让我们从品味张老师的课开始，思辨两个问题。

一、数学文化能走进随堂课吗

数学文化虽然没有公认的定义，但不管怎样界定，它都指向思维方式、价值判断、思想观念等。而我们平时教的主要是知识与技能。这就自然而然地产生了一个话题：数学文化能走进随堂课吗？或者说数学文化能否渗透到知识与技能的教学中？

张老师执教《圆的认识》（朴素版）时，首先让学生整体感受圆的美：在与直线图形的比较中，感受圆的圆润美；在与不规则曲线图形的比较中，感受圆的饱满美；在与椭圆的比较中，感受圆的匀称美。然后，花大气力引导学生在画圆的过程中进一步感受圆的美，体会到圆的所有这些美都源自圆的特征——同长。细细品味，这一过程蕴涵了认识圆应教学的所有知识与技能：怎样画圆；什么是半径、直径，半径、直径的数量有多少，它们之间有什么关系；不同圆中的半径、直径有什么关系，等等。学生如果没有掌握这些知识与技能，能理解圆的美是因为同长的缘故吗？答

---

① 蔡宏圣，江苏省特级教师，中学高级教师，江苏启东市教育局教研室副主任，1999 年起参加苏教版义务教育大纲小学数学教材修订工作，2000 年起参加苏教版义务教育课程标准实验教科书《小学数学》的编写。详见第 228 页介绍。

案显然是不言自明的。在课的"沟通联结"部分，张老师打通了"直"和"曲"的界限。这个环节阐释了是无数的同长成就了圆的美。同长不是圆独有的特点，正多边形之所以没有成为圆是因为其同长的有限，而圆之所以能被称为正无数边形是因为其同长的无限。在"审美延展"部分，张老师向学生展示，三角形不具有旋转不变性是因为其同长的有限，而圆具有旋转不变性是因为其同长的无限，任何图形都可以通过旋转产生圆。可以说，美的背后还是无限的同长。

回顾、考量张老师的课，我们可以真切地感悟到：数学的文化性应建立在数学知识与技能的理解上。说新版《圆的认识》是堂好课，一是因为张老师实现了演绎数学文化从"诉诸外"向"求诸内"的提升，二是因为课堂中实现了无形的数学文化和有形的知识与技能的完美结合。

数学文化，虽然表现为思维方式、价值判断、思想观念等层面上的东西，但不可避免地凝聚在或投射到数学定义、定理、技能中。可以说，文化性是数学的学科特质，数学文化与数学同在。学生领悟数学文化需要依托数学知识与技能，反过来，感悟到了知识与技能中蕴涵的文化底蕴的学生，肯定会加深对所学知识与技能的理解；而对知识与技能达到了新的理解程度，则又能在更高的层面上感悟其中的数学文化。如此螺旋上升，直至认识的高层次。鉴于此，我认为一线教师的随堂课和数学文化并不矛盾——关注学生数学知识与技能学习情况，实质就是站在眺望数学文化的此岸，就是获得了实践"数学是文化"理念的很好契机。

二、如何上出数学味的课

由于广大教师对于数学文化存在认识误区，因此很多教师热衷于在课堂中用绚丽的画面、优美的音乐等外在的东西来呈现数学文化，这正如张老师第一版《圆的认识》。客观地说，在常规的数学教学之外，添一些数学图案，加一点数学史料，讲某个数学家的故事等，也是彰显数学文化的可行方式，是展示数学文化的一个层次，但数学课如果没有了数学味也就没有了灵魂。因此，我们彰显数学文化不能一直停留在这个层次。那更高层次的数学文化从哪里来？或者说，有数学味的课堂从哪里来？

如前文所言，数学文化和数学同在，有数学就一定有数学文化。因此，对数学文化性的认识取决于对数学的认识、理解程度。张老师在教后谈中说："一旦真正要转向数学本身，此刻，考验你的已经不再是你占有多少资料，而是你对数学本身，更进一步地，也就是你对圆这一平面图形究竟有多少深刻的洞察与解析。"这是对此课数学文化源头的极好注解。数学教育不是简单的"教育＋数学"，一方面需要从上位的教育理论出发，给数学教育提出指导性意见；另一方面，需要从数学的角度，提出数学教育的特有规律。因此，随堂课有没有数学味，首先就取决于教师有没有从数学的角度设计教学的意识。张老师说，在第二次设计《圆的认识》的教学时，清晰地确立了"三不"标准，其实质就是确立了有意识地从数学的角度来阐释圆的美的意识。数学教学哲学认为，某个数学知识为什么这么教，而不是那么教，不是由教育学、心理学、教学法决定的，而是由所教知识的数学本质决定的。很多教师教学"三角形的稳定性"时安排了拉三角形木架和四边形木架的操作。为什么有这样的安排？就是因为这些教师认为，稳定就等同于牢固，让学生认识三角形的稳定性就是让学生体会三角形的木架比四边形的木架牢固。而从数学的角度考究，三角形的稳定性是指三角形的三边长度确定之后，它的形状与大小都不会有变化。有这样的认识作基础，就会发现组织学生拉木架的活动毫无意义，而应该让学生用三根固定长度的小棒，在有方格背景的纸上搭三角形，引导学生体会无论怎样搭，三角形的形状都不变。因此，虽然不能具体地说一堂数学课的数学味应该体现在哪里，但可以肯定地说它源自教师从数学角度考量教学的意识。

张齐华｜圆的认识（朴素版）

数学文化具有其他文化形式所不具备的特点，感受数学文化也应该用不同一般的方式。例如，数学具有抽象性、形式化的特点，正是这个特点，使得数学具有不同于文学、绘画、音乐等形式的文化品位。这实际上揭示了，数学的文化性不是用眼睛看到的、用耳朵听到的，也不是用其他感官感受到的。数学的抽象性、形式化特点源自数学的思维活动，那感受数学文化就必须要通过思维、没有数学思维活动，就不可能感受数学文化。清楚这点很重要，它给了我们一个方向：随堂课中的数学文化，或者说数学味，浸润在数学知识与技能的形成过程中！随堂课中，充分地展示知识与技能的形成过程，引导学生积极开展思维活动，也就让学生有机会领悟数学的方法；有机会体会原来数学并不是来自权威和课本，自己也能创造数学；有机会体会数学与生活的密切关系；有机会感受怎样从数学的角度思考和解决问题，等等。让学生在知识与技能形成过程中开展积极的思维活动，随着理解的不断加深跨越纯粹的认知层面，而直抵数学的文化层面，这就体现了鲜明的数学味。因此，教师不应该脱离数学知识与技能的形成过程，去琢磨给课堂加什么文化的东西，怎样体现数学味，而应该积极引导学生投入到知识与技能的形成过程中。在这样的数学课堂中，文化品位的流淌是水到渠成的事情，数学味也就成了课堂的灵魂。

好课如同好茶，都是需要品的。品茶，静心悟道才是至理。品课，莫不是如此！

我们需要怎样的教学思维

张良朋①

在张齐华老师的教育生命里，一定有一种挥之不去的"圆"的情结。2003 年年底，因为"走进圆的世界"（《圆的认识》）所展现出的别样风采，我们惊叹"数学，原来可以如此美丽"，便认识了这位极具才情和开拓精神的年轻人。最近几年，他执著于数学文化课堂之旅的探寻，上出了很多令人印象深刻的好课。然而，最令他牵肠挂肚的还是"圆"，他不断地对"圆的认识"进行理论反思和实践重构，希冀能以一个全新版本的《圆的认识》实现对自我的再次超越。摆在我们面前的这个最新版本的《圆的认识》，无疑是非常精彩的，似乎"所有的课堂细节都迸射出了明亮、晶莹的光辉"。有教师评价说，这是"一堂纯粹而丰富的数学课"，"这样的数学课堂意境堪称圆满"。尽管我也是怀着十分欣喜而激动的心情看了这节课，但冷静下来后我最关心的问题却是：《圆的认识》这堂课究竟好在哪里？它是否真的已经做到了无可挑剔？这堂课还能变得更好吗？随着对这些问题及其答案的一次次思考，我感觉自己似乎发现了一些更为有益的东西。

一、这堂课究竟好在哪里

除了在前面评析中提到的那些优点，我认为这堂课的"好"还体现在以下几个方面：一是这堂课创设了情趣与理趣交融的良好氛围。学生既感受到了张老师来自精神层面的关怀和激励，又切身体验了进行数学思考所带来的乐趣。张老师对学生心理的深刻洞察和巧妙引导充分展现了其深厚的心理学功底。二是这堂课实现了数学知识掌握与数学能力发展的相依共进。张老师善于发现和捕捉隐藏于学生言语行为中的教学资源，并能对教学资源进行恰如其分的开掘和独特细腻的转化。张老师对数学知识本质的透彻理解及其灵活精湛的教学引导技艺实为我们的学习榜样。三是这堂课完成了对相关数学文化的自然渗透。张老师的数学课堂对具体的数学知识和方法从不排斥，相反，他认为知识和方法是数学文化的载体，是数学的

① 张良朋，山东省淄博师范高等专科学校教师。

文化价值赖以彰显、实现的母体和根系。在《圆的认识》这堂课上，知识的学习伴随着丰富的数学思考，方法的渗透伴随着理性精神的培育，能力的提升伴随着数学美感的体验，数学文化是内在、相融于数学课堂教学中并与之共同发展的。

二、这堂课里的潜在问题

我一向认为，衡量一堂课好不好，不仅要看教师做了什么，更要看学生能做些什么。也就是说，学生在课堂上的发展状态和发展程度是我评价一堂课最重要的指标。正是从这样的角度出发，我认为《圆的认识》这堂课最大的问题在于，"教的课程"过剩，而"学的课程"贫弱。

表现一，教的内容过多。 这堂课里，荟萃了十分丰富的"教的课程"，它们似乎是被最大限度地组织在了一起，而"学的课程"却被挤兑压缩得无法充分展现开来。在教学中，虽然张老师从未直接要求学生必须做某一件事，但他经常以暗示性极强的话语或"循序细问"的方式间接要求学生做他预设好的事情，学生除了照办，实际上别无选择。一堂课从头至尾听下来，给人印象最深的是张老师本人的敏锐、博学与智慧，至于学生的整体表现就有些暗淡无光了，用"中规中矩，甚合师意"来形容是较为贴切的。好的教学应该指向并体现在学生的自我导向学习上，但在这堂课上，学生"说了算"的时候并不多。试想，这么多的内容顺顺利利地上下来已接近 40 分钟，也难怪老师不能给学生留下较为充分的自主学习空间而用大量"短、平、快"式的课堂对话来"逼"学生就范了。

表现二，教学环节过细。 张老师这堂课的整体教学架构是开放的，教学中也提出了好几个开放性的大问题。但可惜的是，每次把开放性的大问题抛出后，张老师不等学生酝酿和发表自己的独立见解，就很自觉地把大问题分解细化成若干有联系的小问题让学生一一作答。这样一来，学生的回答次数的确是增加了，但思维的含金量却大大降低，开放性的大问题已经被异化成了封闭性的小问题。教学环节过细，虽然能营造出活泼热闹的课堂气氛，让我们即刻就能看到学生的"正确反应"，但对于学生的长远发展来说却是一种真正的伤害。拉姆·戈维的话或许能警醒我们："给他越多的指示，他越会自己绊倒自己。"教学环节过细，还意味着课堂上真正的教学冲突的消失。杜威早就说过："冲突对思想来说是一种触媒，诱发我们主动观察和修正，激励我们去创造，冲击我们像绵羊般的温顺，使我们警醒、敏锐并动脑思考。"由此可见，如果没有了真正的教学冲突，课堂就会变成学生思维惰性赖以滋生和蔓延的温床。

表现三，对话形态单一。 在整个教学过程中，教师一直把持着提问的

张齐华 — 圆的认识（朴素版）

权力，教师没有给学生质疑的机会，也没有学生主动提出自己的问题。教师提出的多是一些类似"你已经知道了什么？""你还想看什么？""能不能行？"这样不假思索就能回答的问题，而像"猜一猜，他们可能在哪儿出问题了？""你还想研究什么问题？""你对她的回答有什么评价？为什么这样看？""我们用什么方法来验证一下你的想法是否正确？"这样需要学生费上一番脑筋才能解决的问题太少了。看看实录中的对话我们不难发现，教师说的话大都较为完整、字数多，而学生的话却往往像填了一空、只有几个字而已。另外，"一问一答"的对话充斥着整堂课，一个问题经由三个以上（含三个）同学连续回答的只有两次，生生对话更是几近于无。这些都表明，这堂课的教学对话距离"丰富、多元、民主、平等"的真对话尚有不小的距离。

表现四，教学路径狭窄。有的教师坦言："听张齐华上课，你很难预料到他下一个环节可能会做什么。"一方面，这是对张老师匠心独运的教学艺术的肯定；另一方面，这也道出了一个事实——连我们的听课教师都难以预知和把握张老师教学设计的发展脉络，那课堂上的学生恐怕更是理不清头绪了。既然学生自己都不清楚学习的基本思路，这进一步表明，学生无法真正参与到张老师的课堂教学决策中去，他们的学习活动整体上是被动跟随的。特级教师张思明对此有过精当的评述："教师不要自己总当'导游'，而应该把'导游路线'设计的'天机'有意识地泄露给学生，使他们能体验出'导游'是怎么当，从而自己也能尽早成为'导游'。学生成为'导游'的过程就是学生自主探索学习的过程，周边的景致就是激发、诱导学生创造的力量，这种力量来源于设计的'天机'与景致的自然融合。"当然，在某些片段中，张老师也充分展现了其"以学定教"的教学思维，但"局部自由"不足以构成对"整体控制"的冲击和改变。大家仔细研究一下实录中张老师是如何启动和连缀新的学习活动，你就会发现，委婉客气的背后却透着一种不容置疑的要求。

三、改写我们的教学思维

"教的课程"过剩，"学的课程"贫弱绝非张老师这节课独有的问题，它实质上是当下的数学课堂教学中极为普遍的一种病态现象，严重损害着学生在数学思考、数学思维、数学思想、数学精神等各个方面的自主、和谐的发展。应对这样的挑战，不是哪一个人的事，真正解决它要靠我们集体的智慧和行动。

我的想法是，我们的数学教学思维必须重新改写，为促进学生数学素养全面、持续、和谐地发展而重新改写。具体来说，就是改变"教的课程"过剩、"学的课程"贫弱的病态现状。首先，我们要改变"教得越多，学得越好"的陈旧观念，处理好教学内容的丰富性和精粹性之间的矛盾，研究教与学内容的容量安排和融合方式，力求以较少的教学材料组织实施较多的优质学习活动。其次，我们要解决好教学环节粗放和细腻之间的矛盾。教学环节既不是越细越好，也不是越粗越佳，而是应在粗细之间保持相对的平衡，粗中有细、粗细结合才是优质课堂环节设置的正途。这和我们吃饭是一个道理，吃饭主要是为了营养的需要，而不应只靠滋味取胜。再次，我们要改变教学对话形态单一的弊病，真心实意地构建"丰富、多元、民主、平等"的教学对话，把课堂变成教师与学生、学生与学生"情感共鸣、智慧共享、个性共扬"的对话场。最后，我们要拓宽和丰富数学教学的路径，教师除了在课前要根据了解到的学情分层预设教学路径，还要在课堂上能根据学生的临场表现相机而变，生成新的教学路径。总之，我们数学教师的教学思维应当努力实现向"以学定教，因生而变，为生服务，助生发展"的深度跃迁，让学生的"学"因为教师的"教"变得更加生机勃勃、强健有力。

张齐华｜圆的认识（朴素版）

教学是门遗憾的艺术，没有人可以做到尽善尽美。我提到张齐华老师课堂教学中存在的一些瑕疵（很可能是吹毛求疵），大家对此应该理性地审视和吸纳，反批评也是需要的。最后我只想提醒大家一句话，在许多事情上，"很好"常常会成为"更好"的敌人，对此我们必须常怀一颗不断反思的心。

永远在路上

张齐华

2003 年 11 月，江苏宿迁，我所执教的《走进圆的世界》一课以唯美的音乐、画面、色彩以及颇富抒情与感染力的教学语言，让听课的教师和学生感受到了一种"别样的数学课堂"。如今，仍有不少教师对这堂课中的如下画面记忆犹新：平静的水面上，石子激起的涟漪一圈圈荡漾开来；阳光下，绽放的向日葵托起浑圆的花盘；光环、电磁波、环形山，自然界以其独特的方式尽显着圆的美妙与神奇；建筑、桥梁、工艺、标志、剪纸，人类社会生活的每一个角落，圆都扮演着不可或缺的重要角色。

"圆，一中同长也"、"没有规矩，不成方圆"、"圆出于方，方出于矩"等数学史料与典故的相机呈现，则又从另一个侧面，给数学课堂注入了厚重的历史意蕴与浓郁的文化气息。

课的最后，学生的一句"圆真是太美了！"更是给这节课画上了一个圆满的句号。

于是，好评如潮——

有人说："这是一堂充满文化魅力的数学课。"

有人说："原来，数学也可以如此美丽。"

有人说："听这样的课，真是一种享受。"

……

成功的反馈所能带来的，无疑是满足，然后是飘飘然，我也不例外。但幸运的是，在我的身后，总有一群喜欢"唱反调"的朋友和师长。在我得意时，他们总能给出一些冷静的忠告。我的师父张兴华老师便是其中的一位。就在一片掌声和喝彩声中，他的一个长途电话让我不得不静下心来重新思考这堂课，思考数学文化以及数学的本质。长达一个多小时的电话，探讨的尽管只是两个看似细小的问题，但正是这两个问题，成为我随后几年中不断思考与探索的动力源泉——

"我知道，你一直在探讨数学文化，但是，数学文化是否简单等同于

'数学＋文化'？"

"孩子们课毕时说，圆真的很美。他们所说的美，究竟是指圆这个'到定点的距离等于定长的点的轨迹'很美，还是涟漪、向日葵、环形山、建筑、桥梁、工艺、标志等这些与圆有关的画面很美？"

电话这头的我，当时就怔住了。与其说，这是两个问题，不如说，这表达了两个重要的观点：什么才是真正的数学文化，什么才是真正的数学美。

对第一个问题的仔细思索，使我开始意识到，一旦承认数学本身是一种文化，那么，数学的文化性就应求诸内，而非诉诸外。数学自身蕴藏着丰富的文化属性，我们无须借助数学以外的其他文化要素去渲染数学的文化性。挖掘数学内在的文化价值，外化数学本身的文化意义，理应成为数学文化探索的重要止归。

第二个问题是对第一个问题的具体化，因为数学美本身就是数学文化的重要组成部分。这个问题的意义在于，真正的数学美同样应该源自数学内容本身。事实上，作为平面图形的圆尽管抽象，但其本身所具有的内在的对称性、和谐性与秩序感，无一不彰显着其重要的美学特征。设法引导学生超越对数学内容外部形体美感的唯一关注，而致力于关注其内在的美与和谐，这才是数学课堂上对数学美的正确态度。

如此看来，两个看似不同的问题，却在"内"与"外"的问题上具有了深刻的同一性：数学课堂，理应有一个"由外向内"的价值转向。与其向数学以外的"花花世界"去寻求课堂的精彩纷呈，不如从纯粹的数学内部找寻数学内在的精神力量。

思考的不断丰富与成熟，使我渐渐有了一个强烈而迫切的愿望：能不能再上一个全新版本的《圆的认识》，以实现对自我的超越？我把这一想法与朋友们进行了沟通与交换，他们中的多数竟纷纷表示反对。普遍的见解是：超越别人容易，但超越自己很难，更何况这是一节曾有过强烈高峰体验的数学课。我理解朋友们的担心，但我更明白，当认识已经超越实践，唯一可行的道路便是，让实践也向前迈进。否则，无论是自我教学风格的锤炼，还是对数学文化本身的深入探索，都将进入一个死胡同。我别无选择。

走外围路线无疑是最讨巧的。毕竟，它需要的只是外部资料的收集、整理与优化。前一个版本的成功，这一线路可谓功不可没。然而，一旦真正要转向数学本身，此刻，考验你的已经不再是占有多少资料，而是你对数学本身，更进一步地，也就是你对圆这一平面图形究竟有多少深刻的洞察与解析。

优美的音乐、绚丽的画面和诗情画意的语言被认为是我原来执教《圆的认

张齐华｜圆的认识（朴素版）

181

识》的三件法宝。准备重上这节课时，我首先给自己定下的标准便是"三不"：第一，绝不出现任何音乐声；第二，绝不出现哪怕是生活中最常见的圆形物体的图片；第三，绝不出现任何与课无关的煽情语言和感怀。那么，总得留下些什么吧？很简单，只留下数与形，然后便是数学思考、数学思维、数学思想。因此，这应该是一堂"素面朝天"的简单的数学课，是一堂让教学语言指向数学思辨的课，是一堂让学生表面寂静而内心热烈的数学课。

带着这样的自我约定，我开始了新版《圆的认识》的探索与实践。尽管困难重重，但我始终相信：只要愿意去开辟，路总会重新走出来。

用朋友的话说，"全新版本的《圆的认识》以其外表的干练、简约、素雅以及另一种特有的丰富，再一次呈现在大家面前"，"终于看到了你一节赤裸裸的数学课！没有了极尽声色的画面与音乐，没有了抒情渲染的教学语言，留下的只是图形与文字，以及围绕着圆这一平面图形所展开的数学思考"。还有朋友从"曲与直"、"内与外"、"动与静"、"有限与无限"这四个对立统一的哲学层面对课进行了精彩的评点。

当然，我更看重师父的评价。事实上，新版《圆的认识》正是因为他的批评而出现的。我希望得到他的认可，毕竟，新的课堂上所呈现出的景象，在很大程度上更加接近了数学的本质，尤其是更加致力于数学对人的思维、思想及观念的提升。我相信他能感受到这种变化。于是，我认真整理好这堂课的教学实录，并从数学文化的层面，就自己对本课所作的一些思考与体会进行了说明。然后，郑重地把材料放在他的办公桌上。

第二天一早，教学实录重新又回到了我的桌上。我充满期待地打开——

奇怪，整整六页的教学实录上，几乎全是用红色水彩笔画出的有关教师语言的部分。大片大片的红色在白纸上勾画得单调而醒目、刺眼。我不明就里，迅速翻到最后一页，想看个究竟。几行熟悉的字映入眼帘："新的课堂，变化无疑是乐观而喜人的。数学味浓了，数学思维的深刻性也有了极大的提升。对于你的执著与超越，我深感欣慰。但你有没有统计过整堂课中，你说的话究竟占了多大的比例？我大致帮你圈出了你的教学语言，仅从篇幅上看，大约占了课堂语言的70%以上。试想，一堂课上如果听到的总是教师的声音，那么，学生的思维、观念与价值观又该如何真正得以改变……"

原以为自己与《圆的认识》一课的故事可以画上一个比较圆满的句号了，现在看来，新的问题已经在不远处向我招手。探索与实践的道路上，只有起点，没有终点，每个人永远都只是在路上。

唐彩斌 —— 圆与正多边形

教育需要改变一点点，一点点改变。

唐彩斌，中学高级教师，浙江省教坛新秀，现任杭州现代小学数学教育研究中心主任，浙教版小学数学实验教科书编委。在《光明日报》《比较教育研究》《中国教育学刊》《人民教育》《中国教育报》《课程教材教法》《中国电化教育》《小学数学教学》《小学教学》等报刊发表学术论文80余篇，科研成果获浙江省政府基础教育教学成果一、二等奖，多次参加教育部远程教育国家课程培训项目，先后在北京、上海、江苏、广东、内蒙古、山西，澳门以及浙江各市（地区）执教观摩课100余次。参与编写教学著作5本，2008年出版专著《思想改变课堂》，2010年出版新著《技术改变课堂——超级画板与小学数学》。

唐老师一直致力于"超级画板与小学数学学科整合"、"小学生数学能力培养"、"小学数学综合实践活动"等方面的研究与实践。

数学原来可以那么美

——唐彩斌教《圆与正多边形》

> 《圆与正多边形》是唐老师自己创编的一节关于"空间与图形"内容的六年级数学实践活动课，是在认识平面图形的基础上，进一步拓宽知识面，更深刻地认识基于信息技术下的圆与多边形之间的关系，为后续学习作更深入的铺垫。唐老师充分利用多媒体的设备功用，借助超级画板的动画技术，以"圆与正多边形之间的关系"为主题，让学生经历操作与猜测的探索过程。除带领学生领略认知、技能内容以外，通过直线图形到圆这个发展过程中一些思想方法上的变化，渗透"化繁为简"的转化思想、联系的思想、运动变换的思想、极限的思想等。在直与曲的变换中，欣赏图形之间的变幻和数学美，感受数学文化魅力的同时极大地激发了学生学习数学的兴趣和探究数学的欲望。此课例，让人惊叹数学可以如此唯美，更惊叹数学的理性与唯美可以如此完美结合！唐老师如同拥有神来之笔，点化了这一切。

一、整理回顾，驱动研究

师：在我们学习的数学中，除了数，还有形。对于空间图形来说，包括点、线、面、体。它们之间有着怎样的联系呢？今天我们就借助超级画板来看一看：很多点连在一起就成了线，很多线连在一起就成了面，很多面连在一起就成了体。今天我们主要研究平面图形。（动态演示。）

师：我们学过哪些平面图形呢？

生：三角形、长方形、正方形、平行四边形、梯形、五边形……圆形。

师：圆和这些图形有什么不同？

生：圆是由曲线围成的，其他图形是由线段围成的。

师：圆和其他的图形有着怎样的联系？今天我们将一起来研究。

二、动态演示，探索规律

师：在圆周上找两个点，把圆周平均分成 2 份，把这两个点连起来，是什么？

生：直径。（也有学生会说线段，教师引导。）

师：如果把圆周等分成 3 份呢，把点连接起来又是什么呢？

生：正三角形。

师：依次类推，等分成 4 份，得到正四边形，等分成 5 份，得到正五边形……

师：（结合演示）大家回顾一下，在圆内出现的这些图形有什么共同的特点？

生：每条边都相等，顶点在圆上，图形都在圆内，因此这些图形都叫做正多边形。

师：什么不同之处？

生：点数越多，边数越多，面积和周长越接近圆。

师：为了验证大家的发现，演示一个动画。（动态演示：多边形随着边数增加而增大。教师边演示动画，边出现数据，用数量精确刻画其变化过程。当边数越来越多的时候，正多边形的面积和周长就越来越接近圆了。当出现正 100 边形的时候，教师引导学生观察。）

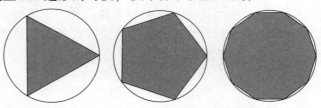

师：看到的是正多边形，还是圆？（肉眼看到的已经是一个圆，实际上是一个正 100 边形。）

师：如果是正 3072 边形呢？

生：几乎就是圆了。

师：这个道理，在古代推导圆周率的时候，就被发现，这个伟大的数学家的名字叫——

生：祖冲之。

师：我们除了记住祖冲之，还应该记住另一位伟大的古代数学家刘徽。刘徽发明"割圆术"在古代数学中有着重要的作用。我们一起来学习一下："割之弥细，所失弥少，割之又割，以至于不可割，则与圆合体，而无所失矣。"（鼓励学生根据理解用自己的话加以解读。）

师：之所以今天老师要介绍刘徽的"割圆术"，是希望大家能够完整地看待数学历史。其实关于圆周率的研究由来已久。中国古代从先秦时期开始，一直是取"周三径一"的数值来进行有关圆的计算。东汉的张衡不满足于这个结果，他从研究圆与它的外切正方形的关系着手得到圆周率。魏晋时期，刘徽提出用"割圆术"来求圆周率，把圆内接正多边形的面积一直算到了正3072边形，并由此而求得了圆周率为3.14和3.1416这两个近似数值。这个结果是当时世界上圆周率计算最精确的数据。以后到了南北朝时期，祖冲之在刘徽的这一基础上继续努力，终于使圆周率精确到了小数点以后的第七位。比西方国家早1100多年。刘徽所创立的"割圆术"新方法对中国古代数学发展的重大贡献，历史是永远不会忘记的。

三、解析美妙图案：完全图是怎么形成的

师：刚才我们认识了一段古代的数学史，现在我们要来认识一幅现代感特别强的图。（出示一个顶点数为27的完全图，如下图。）

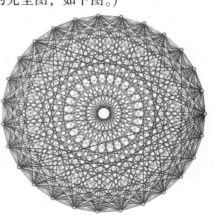

师：这个图是怎么画出来的？（教师先组织学生猜测，然后逐渐减少顶点数，引导学生发现图的构成。开始从正27边形减少到正26边形，学生看了以后没看出来，学生还希望边数再减少。）

师：你们觉得减少到几？

生：1。（很多学生这样要求。教师就顺着学生的思路把正多边形的边减少到1，结果出现一个点。）

生：2。（这时得到的是一条线段。）

生：3。（这时得到一个三角形。）

师：看来，盲目地减少是不科学的。我们需要先思考再减少啊。

师：（从边数少的图演变到边数多的图）这样的图是由正多边形和它所有的对角线构成的，像这样的图形叫做完全图。

师：刚才是怎样发现这个图的形成特点的？（结合学生的回答概括一下学习的方法：化繁为简，从简入手。）

师：刚才有同学猜测是用多边形旋转而成，旋转画出的图是怎样的？我们来演示一下。（动态演示由正三边形、正四边形、正五边形、正六边形绕点旋转而成的图形。用做比较与区别，同时也是让学生欣赏动态几何

唐彩斌——圆与正多边形

的美。)

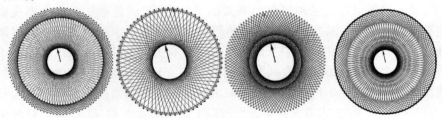

四、解析美妙图案：完全图是由多少条线段组成的

师：刚才我们知道了完全图是由正多边形和它所有的对角线组成的。知道了这些，你们是否还有什么新的问题？

生：到底有多少条线段呢？

师：所谓多少条线段，不包括线段与线段相交后形成的线段，只是包括对角线与多边形的边。你们准备怎么研究？（试图迁移化繁为简的转化思想。给学生圆内接正多边形的空图，供学生动手操作，尝试探索规律。）

师：从一个顶点出发可以画出多少条线段？（结合学生的回答，板书，如下。）

多边形的边数	线段条数
3	$2+1+0$
4	$3+2+1+0$
5	$4+3+2+1+0$
…	……
28	$27+26+……+1+0$
n	$n-1+n-2+……+1+0$

师：完全图中的线段条数与顶点的关系为 $n×(n-1)÷2$，其中 n 为多边形的边数，也是多边形的顶点数。

师：顶点数为 20 的图形中有多少条线段？

生：（答略。）

五、解析美妙图案：完全图是线段组成的，怎么会成曲线

师：刚才我们化繁为简，一步一步认识了完全图，刚开始我们只知道它很漂亮，后来知道它是怎么形成的？

生：一个正多边形，通过顶点画出所有的对角线。

师：而且还知道它由多少条线段组成。看着这个图，你还能提出其他问题吗？

师：你们看图中画的都是线段，但怎么在图中却出现了曲线，出现圆

呢？（引导学生画一个简单的梯子滑倒图，感受画
线段成曲线的过程。教师引导并作动态演示，让学
生感受画直为曲，并板书"画直为曲"，引导学生
在动手实践中感悟到画的是直线，却能形成曲线的
道理。）

唐彩斌 —— 圆与正多边形

六、动态演示，数学欣赏

师：在课的最后，我们再来欣赏与今天学习有
关的一些美妙图案。

生：把梯子模型图与圆绕着圆旋转的图案结合起来演
示。最后组合演
示出一朵美丽的花，形成一个美妙的图案。

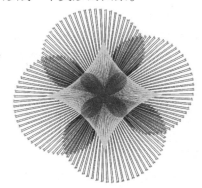

让数学好看好玩起来

刘 莉[①]

　　我以为智慧的数学课堂应该是简简单单的，它清白而不晦涩，简约而不繁杂。课堂中的学生能明明白白、有条不紊地从一节课的学习中走出来，走向知识、认识和经验的更高一级台阶，即便面对的是错综复杂的问题，一样能理出知识的、方法的丝丝缕缕，能够在对问题及其规律的认识、分析中积累经验，解决问题。

　　智慧的数学课堂在清白简约的背后是蕴涵着深刻和厚度的，于朴素中绽放思想，在细微中展现机智，似不经意中折射出文化，它以方法、策略、理性的力量推动学生去思考、去发现、去探究、去享受……学生的发展是智慧教学追求的目标。

　　《圆与正多边形》是一节关于空间与图形内容的课。新课程强调从多种角度来认识图形、认识空间，这是因为社会的发展使得人们越来越深刻认识到空间与人类的生存和居住的紧密关系，帮助学生了解和把握空间，才能使学生更好地生存、活动和成长。而且空间观念是创新精神所需要的基本要素，因为许许多多的发明创造都是以事物的形态呈现的，作为设计者要先从自己的想象出发画出设计图，然后根据设计图做出实物模型，再根据模型修改设计，直至最终完善成型。小学生因为年龄小、生活经验有限等原因，在空间观念和想象能力的建立上一直存在较大困难。怎样能够比较好地解决这二者之间的矛盾？唐老师自编的这节课就是在展示他对这个问题的思考和大胆实践。

　　因此，从唐老师自编的课中我们读出他的第一个智慧：能正确找出小学生数学学习中困难、薄弱的方面，选择合适的素材进行研究，来帮助小学生全面提高数学学习能力。这让我们看到了一名智慧型教师的教学敏锐。

---

① 刘莉，特级教师，湖北省教育厅教研室小学数学教研员。

选择合适的材料和主题展开研究是我从唐老师课堂中读出的另一个智慧。唐老师选择了超级画板工具使学生能依托直观培养空间观念和想象能力，培养学生运用变化、联系的观点分析问题，培养学生的空间观念和想象能力。

唐老师的课堂智慧不仅于此，如唐老师在学生认识了"圆"这个曲线图形之后，以"圆与正多边形之间的关系"为主题，带领学生领略认知、技能内容以外从直线图形到圆这个发展过程中一些思想方法上的变化。

并且，在唐老师"圆与正多边形之间的关系"的探索活动的背后，我们看到了这节课中闪现的一串思想的"珍珠"：

（1）**联系的思想**。这里有关于点、线、面、体间联系的直观揭示，有曲线图形"圆"与正多边形关系的探讨。

（2）**运动变换的思想**。在变换中认识圆内接正多边形，在变化中发现圆内接正多边形的边长和面积与圆的关系，在运动变化中去观察认识图形及其特征、规律。

（3）**极限思想**。极限思想是研究圆这一曲线图形与正多边形的关系的重要指导思想，唐老师运用几何画板让学生形象地认识到了圆内接正多边形的面积随着边数增加而增大……直观地理解了"割圆术"——"割之弥细，所失弥少，割之又割，以至于不可割，则与圆合体，而无所失矣"。使学生数形结合地理解了极限思想。

（4）**化繁为简的转化思想**。指导学生从复杂图形中辨别出基本图形，进而获得对"完全图"的认识；"完全图"中线段条数与顶点的关系的研究，也依据了从简单情况入手，借助推理，归纳总结出规律。

此外，唐老师用"画的是线段但怎么在图中却出现了曲线、出现了圆"等问题，引导学生在生活和学习中养成透过现象分析本质的习惯和探究意识（生活中的问题意识、数学眼光等），引导学生智慧地生活、快乐地探究。

有教育智慧的人，会把复杂的东西教得简单，会把简单的东西教得有厚度，会让人从一个概念、公式、算法中看到整个学科的魅力。当教师的心中有真正的数学，当课堂中有真正的教师智慧，数学教育就找到了那个撬动地球的支点！这样的数学课堂就是充满智慧的数学课堂！

技术改变的不仅仅是手段

唐彩斌

　　苏联教育家阿莫纳什维利著有三部曲：《孩子们，你们好!》《孩子们，你们生活得怎样?》《孩子们，祝你们一路平安!》。这样的标题用在表达教师面对即将毕业的学生时是再贴切不过的了。此时，作为数学教师，我们一定会问：学生六年学了什么？学得怎样？在即将离开小学校园的时候，我们该怎样引导学生回顾小学数学的学习历程，除了"查漏补缺，拓展提高"这些泛化的表述以外，我们又该为学生准备哪些"最后的营养"？面对习惯了的"精讲多练"的复习课，我们该如何考量理想的复习，是否应该是知识的整理与技能的巩固，同时也是经验的梳理和思想的提升？

　　正是基于以上的思考，笔者创编了一个六年级综合实践活动——圆与正多边形再认识。结合学生的学情，制订了如下教学目标：在认识平面图形的基础上，进一步拓宽知识面，更深刻地认识圆与多边形之间的关系，为后续学习作更深入的铺垫；经历操作与猜测的过程，培养空间观念和想象能力，经历探索规律的过程，渗透"化繁为简"的转化思想，在直与曲的变换中，渗透辩证的思想；通过借助超级画板的动画技术，感受到图形之间的变幻，感受并欣赏数学美，激发学习数学的兴趣。

一、信息技术与学科整合有赖于有学科特性的技术平台

　　听过或看过这节课的设计后，大家都会追问一个问题：这是个什么软件啊？是啊，这的确是一个重要的前提性的问题。我们都知道信息技术与学科整合历来是国际数学教育研究的趋势之一。开发一个适合小学数学教学的平台，一直是信息技术与数学学科整合的瓶颈。继演示型课件、互动型课件之后，如何开发即时生成的技术平台？在研究与实践中，我们越来越体会到一个具有普适性的技术总顾及不到某学科的专业要求，一项好的教育技术必须符合学科教学的特点。继 Authorware、Flash、Powerpoint 以后，又有什么好的软件会为教师提供选择呢？

我国数学家、计算机科学家、中科院院士张景中研发的软件《超级画板》，无疑填补了空白。在课的设计中，我们运用了这个免费软件，使"本来就要做的事，做得更快更容易了，效率提高了"，比如现在画一个正20边形，只要选定一条边，设置正多边形的边数是20，一个正20边形就画成了，拉动其中一条边的长度，其他的边也自然增长了，因为在动态的变化中，等边的几何属性是不会变的；"有些过去想到做不到的事，可以轻松实现了"，如要从一个顶点数是28的完全图变为顶点数为4的完全图，只要拖动变量滑钮就可以实现了，这在过去实现起来是困难的；"过去想不到或者不敢想的资源可以创造了"，当学生猜想完全图是多边形旋转而成，超级画板就可以当场演示"三角形旋转一圈形成的图形"，还可以把梯子模型的图和圆旋转的图结合起来形成美妙的花，这在传统的教学环境中是不可能完成的任务，而这一切超级画板都可以帮我们轻松实现。

唐彩斌 — 圆与正多边形

二、课程内容的改变是课程改革的重要组成部分

教师们听完或看完课的时候，另一个不约而同的问题是：这个内容是小学现有的课程中没有的？"圆内接正多边形"这样的词汇应该是中学的内容，其实这些名称并不是衡量中学内容与小学内容的标准，关键是看学生是否能够接受，课程内容的更新恰恰是重要的。笔者曾经不断反问自己：技术可以改变什么？是手段？是方法？是目标？是内容？设想，因为有了技术，而使得原来的课程内容的学习提高了效率，在此基础上，基于技术增加一些有利于学生探索规律、发展思维、培养空间观念、激发学习兴趣的内容未尝不可。尽管我们都承认"教什么比怎样教更重要"，至少承认"教什么与怎样教同样重要"，但是当我们的教学出现新内容的时候，原有的认知总是容易产生干扰。看着学生学完这节课，更加明晰了点、线、面、体以及圆与正多边形的关系，掌握了探索规律、解决问题的一般转化的方法"化繁为简，从简入手"，体悟到极限的数学思想，并且在学习中对古代数学的历史有了更为完整的认识，学生学习时产生的那种激动心情和高昂的兴趣，给了我们极大的鼓舞和无限的宽慰，也更坚定我们改变课程内容的决心。

三、数学的美有不同层级的体验与感悟

在课堂教学中，我们常常听到学生啧啧赞叹"原来数学可以这么美"。联系课堂中的教学情境，我们可以发现：数学美，绝不仅仅是外观的美，而是蕴涵着不同层级的体验与感悟。当看到一些直观的动态图案时，可能直接感受的是一种色彩丰富的漂亮的图案；当发现学习内容

之间的一些联系，感受到的是数学知识结构的美；当经历了一个认识事物的过程，从开始陌生，到熟悉，到清晰原理，学生感觉到的是学习数学的美妙情感。

学习只是阶段性的结束，愿学生带着对小学数学的欣喜与赞叹走进新的校园，我们想说的还是阿莫纳什维利的呼声："孩子们，祝你们一路平安！"

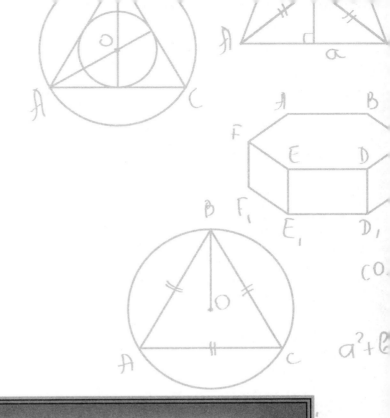

▶ 计算之精彩演绎

在今天,创造性被认为是人类最重要的特质。追逐没有品质的"效率",我们的教育永远培养不出"创造性人才"。如果计算就是反复操练以至"条件反射",那无异视"效率"为品质。创新计算教学,功夫在诗外。任何与原创能力相关联的有效教学实践,都令人欣赏,尤其计算教学。

本章课例,以下种种尝试成为教师期待的教学经典时尚:如何创设承载知识探究的计算学习情境?如两节乘法课;审视为何而教,"预设智慧"向"引导智慧"转变如何成为可能?如《估算》;契合知识产生的渊源,捕捉隐藏其间的教育基因,如《24时记时法》;……

技术层面的困扰最终回归精神层面来解决。首先须改变自己的思维常规,才能够迎纳提升教学品质的"他山之石"。

徐 斌 —— 认识乘法

追求教育的无痕境界！

徐斌

徐　　斌，中学高级教师，江苏省特级教师，江苏省苏州工业园区第二实验小学副校长，参加过教育部举办的国家级骨干教师培训。1993 年获江苏省小学数学优质课选拔赛第一名，代表江苏省参加全国首届小学数学观摩课评比；2000 年获全国小学数学创新教育观摩课评比一等奖，曾应邀为全国第五届小学数学年会上观摩课，应邀到全国 20 多个省、市、区讲学 400 余次。曾获全国小学数学年会论文评比一等奖，在《小学数学教学》《福建教育》等 20 余家刊物发表论文 400 余篇。出版了《追寻无痕教育》《为学生的数学学习服务》《推敲新课程课堂》《另类课堂》及"中国名师"系列教学光盘。教育事迹在《人民教育》"名师人生"栏目专题报道，"徐斌教育教学艺术系列报道"曾连载于《中国教育报》。

　　徐老师一直辛勤耕耘在课堂教学的第一线，积累了丰富的实践经验，形成了"无痕的数学教育"特色。"将复杂知识教得简单些，将简单的知识教得有内涵，让所有的教学活动都为学生的数学学习服务，为学生的全面和可持续发展服务"，是他不变的教学追求。徐老师课堂教学的风格朴实无痕、清新自然。

返璞归真　有意但不刻意

——徐斌教《认识乘法》

《认识乘法》是第一学段"数与代数"领域"表内乘法"的内容，是乘法知识体系的起始课，也是整数四则运算系列中的一个重点概念。学生掌握了乘法的意义，可以帮助理解乘法口诀的来源和意义，为解决相关乘法的实际问题提供依据，也是以后学习表内除法和多位数乘、除法的基础，具有奠基性的作用。乘法的本质是一种特殊的加法，乘法知识的生长点是几个相同数的连加。因此，徐老师通过对算式的分类、对主题图的观察与抽象以及对数学素材的操作，让学生充分地感知相同加数相加的加法算式的特点，将抽象的概念意义渗透到形象、直观、简单的操作活动中，在此基础上，自然地引出乘法，使学生认识乘法的含义和各部分名称，体会乘法计算的必要性和优越性。徐老师的这节课，让人有一种返璞归真的感觉，没有满眼的缤纷的色彩、热闹的场面，没有满耳的激烈的争辩、廉价的表扬，而是那么的宁静，那么的清新，令人沉醉。

一、引入新课

师：今天我们一起到动物学校去参观。（画面大门上写着一些加法算式 $2+3+6=$ ， $5+5+5=$ ， $4+4+4+4=$ ， $9+1+6=$ ， $3+7+8=$ ， $2+2+2+2+2=$ ，如右图。）

师：你喜欢做哪道就选择哪道题。（学生自由选择算式并计算。）

师：观察这些加法算式中的加数，谁能把这些算式分成两类？

生：（到黑板上把算式卡片分成两类）

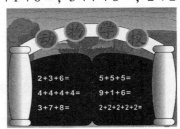

我觉得"5＋5＋5＝，4＋4＋4＋4＝，2＋2＋2＋2＋2＝"每道算式中的加数都是一样的。

二、认识"几个几"

师： 看（出示主题图，如右图），小动物们正在活动呢！在这块草地上，有几种动物？它们是怎样排列的？

生： 有两种动物，鸡和兔。

师： 兔子有几只？鸡呢？你是怎样数的？

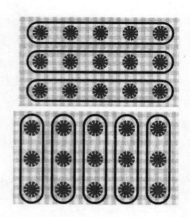

生： 我数兔时是2只2只数的，因为它们是2只2只地站在一起的。

生： 我数鸡时是3只3只数的，它们都是3只3只地围在一起的。

（教师板书如下，并引导学生一起数各是几个几。）

$$2＋2＋2＝6 \qquad 3＋3＋3＋3＝12$$
$$\underbrace{}_{3 个 2} \qquad \underbrace{}_{4 个 3}$$

师： 两个加法算式有什么共同的地方？

生： 第一个算式中加数都是2，第二个算式中加数都是3。

师： 请大家拿出圆片摆一摆。每堆摆2个圆片，摆4堆。摆了几个2？求一共摆了几个圆片，用加法怎样列式？

生： 是4个2，列式是2＋2＋2＋2＝8。

师： 再请每堆摆4个圆片，摆2堆。看一看是摆了几个几？怎样列式求摆了多少个圆片？

生： 是2个4，列式是4＋4＝8。

师： 请大家任意摆出几个几，说给同桌听。（出示花片，如右图）一共摆了多少个花片？你是怎样看图的？怎样列式？是几个几？（根据学生的回答列式。）

生： 我是横着看的，每排有5个花片，5＋5＋5＝15，是3个5。

生： 我是竖着看的，每排有3个花片，3＋3＋3＋3＋3＝15，是5个3。

师： 这两道加法算式的得数相同吗？为什么？

生： 得数相同，因为还是这么多花片，没有拿来也没有拿走。

三、认识乘法

师：我们再去参观动物学校的电脑教室。（出示电脑图片，如右图）一共有多少台电脑？你是怎么知道的？

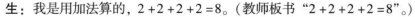

生：我是一个一个数的，一共有 8 台电脑。

生：我是 2 个 2 个地数的，2、4、6、8，一共有 8 台电脑。

生：我是用加法算的，2 + 2 + 2 + 2 = 8。（教师板书"2 + 2 + 2 + 2 = 8"。）

师：求 4 个 2 是多少还可用一种新的运算方法……

生：乘法计算。（教师板书"乘法"。）

师：乘法像我们以前学过的加法和减法一样，也有表示乘法的符号，乘法算式各部分也有自己的名称，请大家看课本后先互相说一说，再说给全班同学听。（学生自学课本，讨论交流。教师结合学生的汇报交流形成板书，如下。）

$$4 \quad \times \quad 2 \quad = \quad 8$$
$$或 \quad 2 \quad \times \quad 4 \quad = \quad 8$$
$$\vdots \qquad \vdots \qquad \vdots \qquad\qquad \vdots$$

被乘数　乘号　乘数　　　　积

师：这间电脑教室（如右图）有多少台电脑呢？是几个几？用加法和乘法你会列式吗？

生：是 8 个 2，加法是 2 + 2 + 2 + 2 + 2 + 2 + 2 + 2 = 16，乘法是 2 × 8 = 16 或 8 × 2 = 16。

师：请看这间教室（电脑图变成 100 个 2，如下图），现在有多少个 2？用加法怎样列式？

生：2 + 2 + 2 + 2 + 2……（有的学生渐渐地不说了，有的学生叫了起来，还有的学生憋住气在继续说，脸涨得通红，终于也停了下来。）

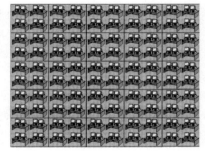

师：你们感觉求 100 个 2 用加法算，算式写起来怎样？

生：要写很长时间，要写很长的算

式，黑板不够写。

生：太麻烦了。

生：可以用我们刚学的乘法，写成 100×2 或 2×100，太多了！

师：像这样相加的数都一样的时候，也就是求几个几，用加法解可以，用乘法解也可以。有时，用乘法解比较简便。

四、练习应用

1. 课中活动——拍手游戏

先让学生听教师拍手，说出是几个几，并列出乘法算式；再让一个学生拍手，其余学生说一说；最后让同桌游戏。

2. 阅读课本

先指导看跳绳图（如右图），再让学生独立列式，最后讨论：求 4 个 5 是多少，列加法算式和列乘法算式，哪种写法简便？

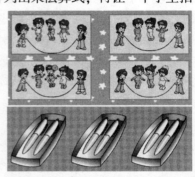

3. "想想做做"第 1 题

师：1 盒钢笔有几支？一共有几个 2 支？用加法怎样列式？用乘法呢？1 束花有几朵？一共有几个 5 朵？（如右图）先用加法列式，再列乘法算式。（学生练习、汇报、交流。）

4. 沟通联系

联系复习引入的算式和新课学习中的主题图，让学生运用所学知识沟通加法与乘法之间的联系。

5. 联系生活

师：在我们日常生活中经常会碰到这种可以用乘法计算的问题。请大家想一想，说给大家听一听。

生：我妈妈给我买了 3 袋铅笔，每袋都是 4 支，用乘法就是 $4 \times 3 = 12$ 或 $3 \times 4 = 12$。

生：我家有 5 个人，吃饭时我拿筷子，拿 5 个 2 支，用乘法是 $2 \times 5 = 10$ 或 $5 \times 2 = 10$。

生：我们教室里有 3 排日光灯，每排 3 根，用乘法是 $3 \times 3 = 9$。

生：我们每个人都有两只手，每只手 5 个手指，一共有 10 个手指，用乘法是 $2 \times 5 = 10$ 或 $5 \times 2 = 10$。

生：我们还有两只脚，手指和脚趾一共就是 20 个，$4 \times 5 = 20$ 或 $5 \times 4 = 20$。（其他学生都笑了起来，听课教师不由也笑了。）

静中也风流

唐爱华①

2004 年 7 月 12 日下午，我有幸在北戴河听了徐斌老师的数学课《认识乘法》。精巧独特的教学设计、轻松活泼的课堂气氛，都给听课者留下了深刻的印象，也博得了大家的热烈掌声。时过几日，回味徐老师的人和课，留在我心中的竟然只是一个字——静！

一、恬静——春风拂面

下午第二、第三节是徐老师的课，第一节下课是 2 点 10 分。炎炎烈日的午后，正是教师和学生最疲劳的时候。且看徐老师怎样"忽悠"学生吧，我在心里这样默默地想着。这时，从舞台的右侧角门走出一个中等身材的男士，T 恤衫，休闲裤，一副宽边眼镜，一脸浅浅的笑容，很恬静儒雅的样子。主持人介绍后，徐老师深深地一鞠躬，说一声"老师们下午好!"，然后回到学生中间。

徐：小朋友们好! 咱们是×××小学的学生，对吧? 是不是第一次来这里上课啊?

生：不是! 我们昨天就来过一次了。

徐：哦，是第二次来啊。徐老师是第一次来，那你们比我有经验啊，一会儿可以给我做向导，好吗? 请小朋友们看一看，你的桌上是不是有……（上文课例中略。）

这就是开场白?! 没有玩游戏的激烈，也没有猜年龄的热闹，没有变魔术的新奇，也没有甜言蜜语、惺惺作态的矫情，如同一缕春风，自然和谐，一下子拉近了徐老师和学生、徐老师和普通听课教师之间的距离。

二、宁静——春雨润物

课上，当学生回答问题时，徐老师是那样专注地注视着学生，那期待

---

① 唐爱华，河北省特级教师，秦皇岛海港区新一路小学数学教师。

203

的目光、那微笑的神情、那轻轻的颔首、那微张的嘴巴，给了学生表达的信心与勇气。学生回答问题时，徐老师有这样一句话："你同意他的意见就点点头，不同意就摇摇头或者举手。"（课例中略）天真的孩子们照此行事，于是课堂上的互动交流除了有声的语言，还多了无声的动作和丰富的表情。我惊讶地发现，原来只对着教师发言的学生，开始边表述边看着同伴们的反应了：当他看到同学们点头时，笑意挂在了他的嘴角，于是声音更大了，口齿也更伶俐了；当他看到学生中疑惑的表情或举起的小手时，有的学生赶紧去为自己的答案找理由，有的停一下修正自己的发言，或者静静地听同学们的意见。那一刻，我突然明白：互动，真的也可以这样静静地进行，动静结合的互动，才是真正的相得益彰、妙不可言！

在这节课上，没有那些形式化的掌声鼓励，没有小红花、小星星之类的物质刺激，也没有司空见惯的"太棒了"、"你真行"、"谁来当一会儿小老师"这样的夸奖表扬。时间是下午第二节课，学生是最容易开小差的一年级小朋友，是什么原因使学生学得这样兴趣盎然，而且从始至终都这么投入呢？我想，除了环环相扣的设计、开放自主的教学空间，最主要的就是课堂气氛了。课上，徐老师就像是在和学生聊天、游戏，哪里看得出是在上课呢？倒像是一位大哥哥领着孩子们一起参观动物学校的旅游活动，学生当然乐在其中。当两个学生在口算 $4+4+4+4$ 出错时，徐老师会心地笑了："这道题目确实有点难，我们一起算，好吗？4 加 4 等于 8，8 加……"课例中略宁静、和谐的气氛就像春雨一样悄悄地滋润着学生的心田，播撒下希望的种子，催生出创新的萌芽。课尾，当徐老师让学生说说在生活中遇到的乘法问题时，学生的思维是那样的活跃，想象的空间是那样的广阔。

三、静待——花开无声

在经历了观察、操作、对比等多种途径感知"几个几"后，徐老师开始和学生一起"认识乘法"，而"感知乘法的简便"是这节课最独到、最精彩的地方。

师：一共有多少台？你是怎样知道的？（此时，呈现的电脑图，每组 2 台，4 组。）

生：我是用加法算的，$2+2+2+2=8$。

师：这间电脑教室有多少台电脑呢？是几个几？用加法和乘法你会列式吗？（此时，呈现的电脑图，每组 2 台，8 组。）

生：是 8 个 2，加法是 $2+2+2+2+2+2+2+2=16$，乘法是 $2 \times 8=16$ 或 $8 \times 2=16$。

师：请看这间教室，现在有多少个 2？用加法怎样列式？（此时，呈现的电脑图一下子变为 100 组，仍然每组 2 台。）

生：2＋2＋2＋2＋2＋2＋2……（有的学生渐渐地不说了，有的学生叫了起来，还有的学生憋住气在继续说，脸涨得通红，终于也停了下来。）

在上面的片段中，徐老师始终微笑着地在那里注视着学生，当绝大多数学生都停下来，只有几个憨憨的学生还在那里摇头晃脑地说着"加 2 加 2 加 2……"，当台下的听课教师、台上的学生有的在窃笑时，徐老师还是在那里静静地等待，认真地倾听。学生的差异是客观存在的，而对每一个学生的尊重真的就融在了这静静的等待之中了。难怪有人说，等待是一种尊重，是一种希望，是一种鼓励，是一种关怀。一点没错啊！

由于学生是初次认识乘法，很难体验乘法计算的简便。如果教学中轻描淡写地一笔带过，在学生的头脑中也会如流星般转瞬即逝。而徐老师在教学时通过创设对比强烈的情境，从"4 个 2"到"8 个 2"，再到"100 个 2"，让学生在强烈反差中感知求几个几用乘法写比较简便，也初步感受到学习乘法的必要性。在这强烈的对比中，在这静静的等待中，知识的获得，技能的习得，能力的提升，情感的体验都悄悄达成，如同花朵无声地绽放在学生的心中。

在新课程背景下的数学课堂中，满眼是缤纷的色彩、热闹的场面；满耳是激烈的争辩、廉价的表扬。听了徐老师的这节数学课，有了一种返璞归真的感觉，让我不禁眼前一亮：

呵！新课堂，静中也风流！

徐　斌　认识乘法

205

精彩，源于细节

陈梅红[①]

徐斌老师《认识乘法》一课细腻而又不乏创意的整体设计、平和而又不乏活泼的教学风格给我留下了深刻的印象。但最吸引我，最能引发我心灵深处感悟的，却是徐老师高超的细节处理艺术。令我深深地感受到，有效的课堂教学，绝不仅仅在于整体的教学设计是否巧妙合理，更在于每一个模块的具体实施，乃至每一个细节的调控是否得当。

一、等待是一种美丽

引入乘法的环节，每个学生对通常几个几相加用乘法计算比较简便的体验可谓入木三分。

其实，在《认识乘法》的教学过程中，类似徐老师这样创设"100张电脑桌共有几台电脑？"的情境的教师也有很多，但在教学时，大多不能像徐老师那样沉得住气。当有一两个学生有所感悟时，教师往往马上就会切入正题："这位同学，你怎么停下来了？能说说你的想法吗？"于是，绝大多数学生奉命停下来，仔细倾听那几位"发现者"的高见，并且以"接受者"的姿态来学习他人的精彩经验。这样的教学也可以说是"探究式"、"发现式"的，课堂上也是热热闹闹的，并不时会有一些所谓的"亮点"闪现。但静下心来想想，这样的"发现"、这样的"探究"充其量只是少数思维敏捷的学生的"专利"而已，而绝大多数学生还没等有所悟、有所发现，已经被告知他们的探究活动必须停止了。这样所谓的探究、发现其实已异化为一种变相的"填鸭式教学"——等一些学生有所发现，然后来"喂"那些尚未发现的学生。久而久之，必定会造就大多数学生思维的惰性，以及学习的自信心、积极性的下降，极不利于多数学生的长远发展。

而徐老师就做得很好，他从每一位学生的发展出发，给予全体学生充分的时间和空间，真正让每一位学生充分体验，在深刻体验的基础上自主地提出问题、分析问题，思考解决问题的策略。这样的等待是美丽的，它是一种信任——相信学生人人会有发现，也是一种责任——应该让学生人

① 陈梅红，江苏省无锡市玉祁实验小学数学教师。

小学数学名师名课·经典篇

人都有发展。

二、预设但不拘泥

[**教学片段一**]（上文课例中略）

师：几个几相加，我们可以用加法计算，还可以用一种新的方法来计算。

生：乘法！

师：你们怎么知道的？

生：学习材料上。

生：文具盒上。

生：父母告诉的。

师：4个2用乘法怎么列算式？谁知道？

生：$2 \times 4 = 8$

师：还可以怎么写呢？

生：$4 \times 2 = 8$。

师：在乘法算式里边，各部分都有自己的名称的。看材料自学，它们分别叫什么？

徐　斌——认识乘法

学生的学习基础、生活经验各不相同，因此，每一节课所呈现的情形是决不会完全相同的。当徐老师准备介绍乘法时，部分学生已经脱口而出了。可见，这个班已有部分学生对乘法的知识有了一定的了解和基础。徐老师不为自己的预案所限制，果断地根据学情调整了自己的教学方式，给学生提供舞台，请学生尝试写出4个2的乘法算式。事实证明，多数学生完全能自己解决。乘法算式的各部分也以学生自学后汇报交流的形式放手让学生自主解决。

这虽然只是一个极其细小的环节处理，但也给我们带来了深刻的启示：教学活动需要预设，而且应该根据学生已有的知识经验尽可能周详地预设。但是，教师在实际教学过程中决不能局限于课前的预设，无视学生的实际情况，一味将学生的思维拉到预设的框框中，而要根据学情灵活地调整自己的教学节奏和方式，尽可能为学生的有效学习创造条件，让学生愉快地学，主动地学，创造地学。

三、活泼不失严谨

这节课可以说是低年级数学课中的典型课，笔者曾多次听过该课的公开课。因此许多环节，我都是从对比的角度来倾听和学习的。在徐老师的小结中我注意到比一般的教师多了一个词语——"有时"。他是这样说的："像这样相加的数都一样的时候，也就是求几个几，用加法解可以，用乘法解也可以。有时，用乘法解比较简便。"

确实，在计算4个2、100个2这样个数较多的相同加数的和时，乘法可以体现出加法所无法比拟的简便性。但在计算2个4、2个5之类的情况时，这种简便性并不明显。

由此，徐老师治学的严谨可见一斑。这一细节也许并不起眼，甚至于有人可能会不屑地说一声"多此一举"。但我觉得，数学本身就是严谨的，所谓"失之毫厘，差之千里"，这种严谨的治学精神正是数学教师应该好好学习的。

四、放手但不放任

[**教学片段二**]（上文课例中略）

师：先听老师每次拍几下，拍了几次。（师拍手）老师拍了几个几？

生：3个3。

师：求一共拍了几下？可以怎么列算式？

生：3＋3＋3＝9。

生：3×3＝9。

师：谁到上面来拍，给大家算一下？

生：我来。

师：你拍的时候要注意什么？

生：不要一下拍3下，一下拍4下。

师：对！每次要拍得一样多，而且，拍的每次的中间要停一下，你想好每次拍几下了吗？要和老师的不一样。大家准备好，开始！

拍手游戏，在《认识乘法》的巩固环节中几乎每个教师都会用，但用的效果不尽相同。徐老师对拍手游戏的指导，看似寻常，细细品味就会发现实则用心良苦。

教师是学习活动的组织者、引导者和合作者。徐老师对拍手游戏的指导给了我们一个很好的榜样。他没有事无巨细地将拍手时的注意点一说了事，也没有盲目地放任学生不假思索地胡乱地拍拍，而是先放手让学生自己说说拍的时候要注意什么。当学生已经注意到了每次拍的下数应该相同时，徐老师及时地给予表扬肯定，然后在学生思考的基础上，再以合作者的身份提示学生所没有想到的——"每次的中间要停一下"，"要和老师的不一样"。这样的指导看似不经意，但有实效，既使学生主动养成行动前先思考的好习惯，又及时指导到位，避免了时间和教学效果上无谓的浪费。

徐老师的这一细节处理，给我们一个启示：我们在教学中要找到放手与引导的平衡点，应该放手的时候要大胆放手，应该引导的时候也要及时地引导。每一个环节都让学生自己探索、讨论，不仅是没必要的也是不现实的。适当的引导，不仅不会降低学生的探索能力，而且在学习习惯、学习态度、学习思路等方面会给学生更多、更好的引领，为学生的发展奠定更好的基础。

只看徐老师《认识乘法》的教案，也许你会觉得平平常常，但听徐老师的课，你就会觉得别有滋味。这其中最大的奥秘，便在于其高超的细节处理艺术。听徐老师的课，令我们感悟：教学，不仅仅要关注粗线条的整体设计，更要关注实施过程中每一个细节。正是这一个个看似不起眼的细节，体现着教者先进的教学理念，更体现着教者深厚的教学功底。

徐 斌 ｜认识乘法

让学生在数学活动中建立乘法概念

徐 斌

　　《全日制义务教育数学课程标准（实验稿）》在"课程实施建议"中指出："数学教学是数学活动的教学，是师生之间、学生之间交往互动与共同发展的过程。"这堂课之所以取得了较好的教学效果，我以为主要是把学生的数学学习过程当做了数学活动的过程，让学生在充分的活动中学习数学，享受数学活动带来的快乐与成功。反思自己的教学，我觉得有四点体会。

一、在具体情境中认识"几个几"

　　到动物学校参观，门口中有相同加数相加和不是相同加数相加的算式，进行整理；接着，组织学生按群数出鸡和兔的数量，列出连加算式，对几个相同数连加有初步的感性认识；再让学生人人动手操作圆片，将刚刚形成的感性认识加工成动态表象，在亲自操作中体验几个几；然后，引导学生从不同的角度观察花片，分别列式求数量，在比较中进一步理解几个几的实际含义。学生通过看图数数—操作体验—比较感知，在鲜活的具体情境中初步建立起"几个几"的表象。

二、在现实问题中引入乘法

　　通过解决"一共有多少台电脑"这个实际问题，在数数、连加等方法后，自然引出乘法，让学生了解乘法产生的背景。至于乘法各部分名称、读写方法等数学事实，让学生通过看书自学和交流来解决。数学概念的教学容易陷入枯燥灌输的泥潭，只有赋予抽象概念以实际含义，并以学生已有的知识经验和学习方法为基础，通过学生自学、讨论、交流，形成"学习共同体"，培养学习兴趣和合作意识。

三、在强烈反差中感知求几个几用乘法写比较简便

　　由于学生是初次认识乘法，再加上未系统学习乘法口诀，学生暂时不能体验乘法计算的简便。教学时通过创设对比强烈的情境，从"4个2"

到"8个2"，再到"100个2"，让学生实际列式并数一数、写一写，学生在具体的数和写的过程中体会到求几个几是多少，有时用乘法写算式比较简便，为今后进一步感受学习乘法的必要性打下基础。

徐 斌——认识乘法

四、在应用中培养学生的乘法意识

有效的数学教学应着力培养学生的数学意识，让学生初步学会运用数学的思维方式去观察、分析现实社会，去解决日常生活和其他学科学习中的问题，增强应用数学的意识。乘法意识作为数学意识的一种，在学生初步认识乘法时就应该进行培养。整堂课中，结合乘法知识的学习，始终注意培养学生自觉沟通几个几的生活经验和乘法的联系，让学生不断联系生活实际，用乘法的眼光去观察生活现象，解决实际问题。尤其是课末，让学生到生活中寻找乘法现象，学生联系生活实际，展开丰富想象，说出了许多有趣的乘法现象。在这样的过程中，学生的乘法意识潜移默化地得到了培养。

在课堂教学实践中我也认识到，学生的学习过程是无法预设的。教师不可能完全按照课前设计的内容，也不可能完全按照既定不变的程序按部就班，而应随着课堂的推进，充分利用学生的知识经验和心理规律，创设一个又一个生动有趣、直观形象、开放的数学活动情境，让学生在观察、操作、猜测、合作、交流、反思等活动中逐步体会数学知识的产生、形成和发展的过程，获得积极的情感体验，感受数学的力量，同时掌握必要的基础知识与基本技能。

教学时，我感觉有两点困惑之处：一是由于是首次接触乘法算式，在读写乘法算式时，有不少学生很不习惯，出现了一些错误，比如"2×3"写成"2+3"，"4个3"写成乘法时成了"4+3"等；二是学生对乘法算式中各部分的含义不很清楚，如"4个2"写成"4×2"后，对乘法算式中"4"和"2"分别表示什么意思表达不出来。在教学过程中，我虽然发现了以上两个问题，但顾虑到学生首次学习乘法概念，过分进行抽象强化恐不利于一年级学生有效学习，因此陷入两难境地，但最终我还是没有过多地进行抽象概括和形式上的强化。

贾友林 ——7的乘法口诀

对学生视而不见的人，对自己也是盲目的。

贾友林

贲友林，中学高级教师，特级教师，现任教于南京师范大学附属小学。曾被评为"江苏省青年教师新秀"、"江苏省优秀教育工作者"、"江苏省特级教师"。2000 年，参加全国第四届小学计算机辅助教学观摩课评比获二等奖；2001 年通过层层选拔，作为江苏省的唯一代表，参加全国第五届小学数学优化课堂教学观摩课评比获一等奖。在《人民教育》《中国教育报》等报刊上发表文章 600 多篇。三次获江苏省"教海探航"征文评比一等奖。专著《此岸与彼岸——我的数学教学手记》由江苏教育出版社出版。先后应邀到全国近 30 个省市上课、讲学。《江苏教育》《成才导报》《小学教学参考》《小学教学》，南京电视台等传媒先后对其成长经历给予推介。

贲老师自 1990 年参加工作以来，一直脚踏实地站在教学第一线，经历了小学一至六年级各个年级的数学教学，行走在教学改革与实践的前沿，在教学中注重以学生的视角，看待教育的现象，发现教育的问题，思考教育的价值，自觉追求有创意的成功的课堂教学和有个性的深透的教育思考，逐步形成"朴实、细腻、深刻、自然"的教学风格。

原来数学如此丰富

—— 贡友林教《7 的乘法口诀》

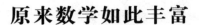

　　《7 的乘法口诀》是第一学段"数与代数"领域"表内乘法"的内容，是在学习了 2~6 乘法口诀，掌握了编制乘法口诀的策略和方法的基础上进行学习的，是口诀教学的延续，是今后学习表内除法和多位数乘、除法的基础。本节课，贡老师创造性地运用生活中的资源，如白雪公主、七个小矮人，西游记、古诗《枫桥夜泊》、古代医学等吸引学生兴趣的素材，创设了生动活泼的教学情境，围绕"观察气球上的数，你发现了什么？""大家能编 7 的乘法口诀吗？""读一读 7 的乘法口诀，发现一些规律了吗？""学习了 7 的乘法口诀有什么用呢？"四个主要问题，引导学生积极迁移，自主完成口诀的探究和编制。在编制乘法口诀中完成对口诀内部算理结构的探究，在交流口诀的特点中完成对口诀间的外部联系的整体思考，使学生的认识由朦胧走向深刻，由具体感知走向清晰认知。可以说，本课是对乘法口诀传统教学模式的突破和超越，体现了生活情境与数学思考的和谐共舞，彰显了乘法口诀服务于计算的"工具性"和本身所具有的"知识体价值"的和谐统一。

一、引入

　　师：请看屏幕（屏幕先后动画出示白雪公主、七个小矮人，如下图）。森林里，有一位漂亮的公主，是谁呢？她有几位好朋友，又是谁呢？

生：白雪公主和七个小矮人。

师：数一数，七个小矮人都来了吗？
（随着学生数数，屏幕先出示 1 至 7，再
在气球中出现 7、14、21 三个数，如
右图。）

师：七个小矮人他们每人手拿一只
气球。观察气球上的数，你发现了什么？

生：后一个数比前一个数多 7。

生：第一个数是 7；第二个数是 7 + 7，两个 7 相加是 14；第三个数是
21，3 个 7 相加是 21。

师：接着往下写，是哪些数呢？（学生回答 28、35、42、49，屏幕中
出示各数，如右图。教师追问是怎样
想的。）

师：我们一起把这一列数读一读。
（学生读 7、14、21、28、35、42、49。）

师：这些数都与几有关系呢？

生：7。

师：对！这一列数都与 7 有关系！
（板书"7"。）

师：从这一列数中，我们能看出：1 个 7 是多少？2 个 7 呢？"21"是
几个 7？几个 7 相加得 28？……（学生回答后教师组织学生看着屏幕中的
数说一说：1 个 7 是 7，2 个 7 是 14……）

师：今天这节课如果我们学习乘法口诀，将学习——（随着学生回
答，完成课题板书"7 的乘法口诀"。）

二、展开

1. 试编

师：大家能编 7 的乘法口诀吗？相信大家！我们每位小朋友先想一想，

再在小组里说一说，然后每个小组请一位同学把大家编的乘法口诀写下来。能编几句就编几句，如果有困难，可以看一看屏幕上的这一列数，再编口诀。（学生小组活动。）

2. 汇报

师：现在请各小组先汇报你们编写的几句乘法口诀。（各小组的汇报都是编写了七句。视频展示其中一个小组所编的口诀，其余学生辨析所编的口诀是否正确，并检查本小组编写的口诀是否正确。根据学生的汇报，教师在黑板上出示口诀卡片。）

3. 排序

师：小朋友真不简单，自己编出了"7的乘法口诀"，大家欣赏自己的劳动成果，再自豪地读一读7的乘法口诀，发现一些规律了吗？

生：每句口诀的前一个字依次是"一、二、三、四、五、六、七"。

生：每句口诀的第二个字都是"七"。

生：得数依次多了7。

师：对，这是从上往下看！如果从下往上看，得数依次——

生：少7。

师：怎么样？如果我们现在就记住这七句口诀，大家愿意试一试吗？我们大家自由读读记记。（学生读、记"7的乘法口诀"。）

师：我们一起来背一背，有没有信心？（学生背口诀。）

4. 交流

师：在背的时候，感觉"7的乘法口诀"哪几句容易记？哪几句难记一些？

生："一七得七"好记。

生："七七四十九"也好记。

师：对！"一七得七"、"七七四十九"，首尾两句容易记。

生：我觉得"三七二十一"也容易记，因为"二十一"特别好说。

师：是的。"不管三七二十一"这一句在生活中说得比较多。我们小朋友对《西游记》一定不陌生。（屏幕出示《西游记》图片和相关文字，如右图。）

师：这段文字中有两句乘法口诀，你发现了吗？（根据学生的回答，上段文字中的"七七四十九"、"三七二十一"闪烁后由黑色变为红色。）

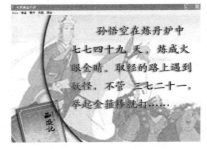

师：看来，难记的乘法口诀有三句，"四七二十八"、"五七三十五"、"六七四十二"。你用什么方法记呢？

生：三七二十一，再加七，就是"四七二十八"了。

生：二七十四，两个十四是二十八，四七二十八。

生：七七四十九，减去一个七，就是六七，就是四十二。

生：四七二十八，加七，五七三十五。

生：五六三十，加一个五，五七三十五。

师：哦！用我们以前学的乘法口诀，来帮助记忆今天新学的乘法口诀。真棒！

5. 记忆

师：大家刚才交流的记口诀的方法很多，我们多读读、多动脑筋，一定能记熟口诀。大家看着气球上的数，一起说口诀。（教师随机指屏幕上气球中的数，学生根据得数说口诀。接着，教师与学生、学生与学生对口令。学生填写课本例题中的口诀。）

三、应用

1. 游戏

（1）"对号入座"

师：学习了7的乘法口诀有什么用呢？根据口诀能算出哪些乘法算式的积？我们做一个游戏——送算式"回家"。（教师将 1×7、2×7……7×7、7×1、7×2……7×6 等13张算式卡片分发给各小组，学生把它们贴到相应的乘法口诀后面。黑板上形成板书，如下。）

一七得七	1×7	7×1
二七十四	2×7	7×2
三七二十一	3×7	7×3
四七二十八	4×7	7×4
五七三十五	5×7	7×5
六七四十二	6×7	7×6
七七四十九	7×7	

师：检查一下，是否有算式送错了家？

生：还有一张卡片没贴。

师：是吗？

生：全了！全了！七七四十九，只能算一道乘法算式。

生：其他几句口诀，都能算两道乘法算式。

师：我们小朋友自己发现问题，大家帮助解决问题，真能干！

（2）"转转盘"

师：接下来，我们再一起参加一则挑战自我的游戏——转转盘（如右图）。算对了，转盘才能转动。我们用抢答的方式。算式出示后，大家算好了就站起来，站起来就说，直接说得数。好吗？（学生情绪激昂。转盘出示 7×3、7×4、

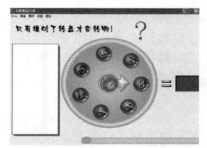

7×6……学生抢答。抢答完毕，教师引导学生比较刚刚抢答的部分题目。）

师：请大家观察、比较刚才算过的题目，我们发现 4 个 7 比 3 个 7 多——

生：7。

师：5 个 7 比 6 个 7——

生：少 7。

2. 欣赏

（1）七言诗与"7 的乘法口诀"

师：7，是个神奇的数。早在古代人们与 7 结下不解之缘。（屏幕出示唐诗《枫桥夜泊》，并配乐朗诵。）

师：大家看到的这是唐代张继写的一首诗，与咱们苏州有关，我们三年级即将学习。你能用哪一句口诀算出这首诗共多少字？

生：四七二十八。

师：对！每句七个字，这样的诗，又称七言诗。

（2）七巧板与"7 的乘法口诀"

师：这是由 5 副七巧板拼成的"刻舟求剑"的寓言故事图（屏幕出示右图）。这 5 副七巧板一共有多少块？

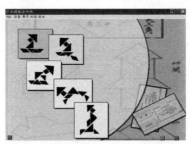

生：五七三十五。

（3）古代医学与"7 的乘法口诀"

师：大家跟我一起，边读这段文字（如右图），边完成填空。（师生读图。）

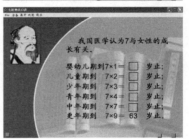

师：你多大啦？知道你到什么期吗？

生：我 8 岁，儿童期。

师：你妈妈呢？

生：36 岁，中年期。

师：知道外婆多大吗？（在该女生说出 58 岁时，其余学生判断出她的外婆到了更年期。）

3. 练习

师：从古至今，人们生活在数的世界中。在实际生活中，在我们周围，还有哪些现象与 7 有关？能用 7 的乘法口诀解决哪些问题？（结合学生的回答，教师在多媒体上相机采用对话、图文等形式出示下列诸如计算一周喝水多少杯、7 音琴键的数量及几只七星瓢虫黑斑的个数等有趣的生活问题。学生逐一列式计算解决以上问题。）

师：还记得七个小矮人吗？（屏幕出示七个小矮人画面，与课始准备题的画面相同，并以游动字幕形式出示儿歌，同期配音：1 个矮人 1 张床，7 个矮人 7 张床；1 个矮人 2 只碗，7 个矮人 14 只碗……学生情不自禁地跟着读起来。）

师：你能接着编这首儿歌吗？大家课后有兴趣的话，再继续编，好吗？这节课就到这儿，下课！

享受创造的快乐

张兴华①

《7的乘法口诀》是乘法口诀分段教学中第二段的第一课。贾老师创造性地开发课程资源，充分发挥学生已有的2~6的乘法口诀的学习经验，引导学生的思维积极迁移，自主完成对7的乘法口诀的探究和编制。学生自主经历观察、推理、尝试、操作、交流、记忆、欣赏等数学活动，获得丰富的活动经验，体验数学学习过程中创造的乐趣。

课始，通过儿童喜闻乐见的白雪公主和七个小矮人故事，促进他们快乐地观察、推理、记忆，情绪化地经历着探求几个7叠加是多少的过程，为后继的自编口诀作好了准备。

建构主义学习理论认为，知识不是由灌输而获得的，而是学习者在一定的情境中，借助必要的信息资源主动建构的。贾老师鉴于学生已有的2~6乘法口诀的学习经验和几个7叠加是多少的经验，放手让学生自主探究和编制7的乘法口诀。"先想、后说、再写下来"，"能编几句就编几句"，贾老师让学生在独立思考的基础上再合作交流，保证了学习活动是个体劳动与群体支持的有机结合。口诀的试编与汇报，照顾了学生的差异，提出了弹性要求，这里充满了老师对全体学生的宽容、激励和指导。

如果说，编制每一句乘法口诀，是对口诀内部算理结构进行的探究，那么，在编制口诀之后引导学生交流7的乘法口诀的特点，则是对口诀间的外部联系进行的整体思考。学生在朦胧地感知七句口诀的基础上，探究口诀间的有机联系与特点，认识便由朦胧走向深刻，由具体感知上升到抽象概括。

"在背的时候，感觉'7的乘法口诀'哪几句容易记？哪几句难记一

---

① 张兴华，全国优秀教师，小学数学特级教师，江苏省首批名教师、江苏省有突出贡献的中青年专家、享受国务院特殊津贴的专家。长期从事小学数学教学，并进行教学心理的研究，为我国学科心理学的建立作了铺垫。

些?""你用什么方法记呢?"这是贲老师调度儿童的相关经验,让他们自主地想办法记住口诀:首句、耳熟能详的三七二十一,儿童偶像孙悟空,在炼丹炉内练就火眼金睛的七七四十九天,从已有的口诀推理、以旧引新……整个记背口诀的过程,调动了学生思维活动,其效果是死记硬背所不可企及的。

用口诀算乘法算式的积,如果按部就班地逐句教学,既枯燥,又费时。贲老师从学生的知识经验出发,设计了"送算式回家"的游戏。在短短的教学时间里,给学生拓展出较大的思维空间,提供了充裕的交流展示机会,学生的思维被激活至最佳状态。游戏形式的练习,是符合儿童的心理需求。紧接"送算式回家"之后的"转转盘"游戏,既富有童趣,又具有挑战性,使学生感到计算不全是单调枯燥的。课堂教学,动静交错,张弛有序。

在口诀的应用环节,教师对教材中的习题进行了加工,或"包装",或"开发"……围绕"7"做足了文章。网开八面的生活素材,高附加值的问题设计,学生在应用7的乘法口诀得以解决问题的过程中,知识得以巩固,视野得以拓宽,孩子们真切感受到生活中处处隐含乘法口诀,数学就在身边。重现7个小矮人的画面,并据此让学生听儿歌编儿歌,既进一步巩固了7的乘法口诀,又与课始的情境相呼应,师生沉浸在欢快的学习氛围中。课结束,意犹存。

纵观全课,学生学得轻松欢快、扎实有效,创建了一种开放的、浸润的、积极主动的课堂文化。学生经历着被挑战的快乐感,享受着自己创造的成功,思维是活跃的,身心是愉快的,发展是全方位的。

换一个角度来看这节课。对教师来说,无论是上课教师,还是听课教师,我们也同样能感受到这节课的精致精彩,独具匠心,由此享受到创造带来的快乐。

少些"追风" 多些思辨

贾友林

2004 年金秋时节，省小学数学教学专业委员会开展青年教师教学展示活动。这次活动，我选择了《7 的乘法口诀》作为教学内容。

为何选择上《7 的乘法口诀》这节课？课程改革自 2001 年起如火如荼地展开，伴随着新课改，我从一年级起带班，使用课程标准实验教材。当年，我正教完二年级数学，对二年级数学教学内容中有代表性的"乘法口诀"的教学有了一些自己的想法。

在二年级如何教乘法口诀，不少教师都熟悉这样的教学模式：以教 6 的乘法口诀为例，先做准备题：6 的连加，再让学生看挂图，师生一起编出一至两句口诀，接着学生看课本中的插图，照样子试编其他几句口诀，最后学生读口诀、背口诀。从 2 的乘法口诀到 9 的乘法口诀，教师都按此套路重复地施教，几乎一成不变。以至到教学 7 的乘法口诀时，学生都已明白这一节课先要干什么，然后再干什么，对一节课的教学步骤可谓了如指掌。学生的学习毫无生气与挑战，教师的教学毫无新意与创造。

如何改进乘法口诀这样机械重复的教学套路呢？我把自己的探索与想法在这节课里呈现出来。在课程标准苏教版教材中，7 的乘法口诀恰恰是一个单元起始课。于是，这成了我这次展示课教学内容的选择。

这节课展示之后，好评如潮。然而我对磨课的经历感悟深刻：课堂，需要"思想"，少些追风，多些思辨。

以这节课"引入"设计为例。如何引入？我一直在琢磨。当寻觅的目光聚焦于一个星期有 7 天时，心中有些"得意"：这和学生的生活息息相关，是多么贴近生活的教学素材啊！由这样的现实问题引入，"符合"新课程理念。于是，我的设计是呈现问题：一个星期是多少天？两个星期呢？三个星期呢？并通过填表呈现 1~7 个星期的天数，继而提问："1 个 7 是多少？2 个 7 呢？21 是怎么得到的？几个 7 相加得 28？……"

试教如上展开，效果却不如愿。学生时而游离、时而冷漠，乃至于木讷的眼神告诉我，创设这一现实情境，未能激起学生的一丝兴趣。这给我的激情与期待迎面泼了一盆冷水。课一结束，很是纳闷的我迫不及待地追问学生，为什么在课堂伊始显得没精打采？他们沉默不语。为了打破窘境，我和他们聊起了与课堂无关的话题，在不经意间问他们喜欢看什么电视节目，他们七嘴八舌说到"蓝猫"、"哪吒"、"汤姆和杰瑞（猫和老鼠）"等尽是动画片中的角色。我若有所悟！回家后又问上二年级的女儿，与7有关的动画片或童话故事有哪些，女儿脱口而出："7个小矮人。"课堂引入，我有了新思路。这真是：当一扇门关上时，孩子的话为我打开了一扇窗。

为什么情境"符合"文本要求，却不受儿童欢迎？道理，我们早就明白：我们成人认可，儿童未必认同。创设情境，教师不能一相情愿、自以为是，要考虑儿童的心理需要，用儿童而不是成人的眼光来观察他们的内心世界和外部环境，用他们易于亲近的、易于接受的途径、方法来设计教学。算几个星期各有多少天，这是现实问题，但这种现实更多地指向成人的现实，对儿童来说却不一定有意义。

再次试教，我的设计改为先和学生简略地聊聊"看过哪些童话故事"，然后用多媒体出示白雪公主和七个小矮人的图片，让学生数一数小矮人是不是7个，接着让学生计算7的连加……学生的眼神亮了，小脸红了，片刻之后，他们的神情又回到常态。

我又一次追问自己：如何调整设计，让学生的注意力集中到数学问题上来？我有了第三次"行动"，有了如上课堂教学实录中那让学生"心动"的"引入"教学片段。

课后，听了南京大学郑毓信教授的一场报告，他的一段话引发我对上述教学片段进行对照性反思："好的'情境设置'应满足一个基本要求：就相关内容的教学而言，特定情境的设置不应仅仅起到'敲门砖'的作用，即仅仅有益于调动学生的学习积极性，还应当在课程的进一步开展中自始至终发挥一定的导向作用。"

"白雪公主和七个小矮人"对这节课知识的学习并没有太多的作用，至多是蕴涵7，但对于小学低年级的学生来说，这块"敲门砖"以喜闻乐见的童话故事为背景，以美丽画面的视觉冲击，成功地起到了组织教学的作用，学生"一见而惊，不忍弃去"。7的连加的准备题改编成找规律、再填空：7、14、21、（   ）、（   ）、（   ）、（   ）；富有挑战性的数学问题贯穿于儿童熟悉的白雪公主和七个小矮人的故事中。学生快乐地观察、推理、记忆，情绪化地经历着探求几个7连加是多少的过程，为后继的自编口诀作准备。这是否可以解释为"在课程的进一步开展中自始至终发挥一定的导向作用"呢？

我又对第二次试教后的失败与第三次教学后的成功进行对照性反思——白雪公主和七个小矮人的故事，为学生的学习活动创设的是场景，而非情境。在这一场景中，呈现"找规律，再填空"的数学问题，才让学生步入了我们数学课所追求的有着"数学味"的情境。数学中的"情境"与现实生活中的"场景"是两个内涵不同的语词。"场景"更多地指涉活动主体置身于其间的物质的、外在的、客体的存在对象，注重的是外在的"场"。"情境"更多地关涉活动主体所拥有的"心理的、内在的、主体的"体验和氛围，更重视主体内心的感受。如果说场景是物理意义上的存在，那么情境应表现为心理意义上的存在。场景具有客观性，是一个看得见、摸得着的教学背景，它可以是现实生产、生活材料，也可以是学科问题等。当场景切入学生的经验系统，使学生的心理发生与"数学"层面相关地互动，学生也就从场景进入数学教学所要创设的情境。当学生的数学学习活动抛锚在情境中，表现为激发学习兴趣，唤起对知识的渴望与追求，伴随着积极的情感体验关注数学问题，并进行思考与求索。由此观之，课堂教学情境不应当只存在于课堂教学伊始，而是充满课堂教学的整个时空，只要有学习活动的进行，就有相应的学习情境，它应当是多维度、全方位的。由此我联想起王策三教授的一句话："凡是有成效的教学或教育，均需要有与其目标相应的情境，这是规律性的事情。"

《7 的乘法口诀》教学画上了句号，但课后的思考添加的是省略号。对上述教学实践的再度审视与批判，我们读出了这一看似完备的情境的又一个缺口。"7 个小矮人与白雪公主"、"找规律再填数"都构成了本情境的必要场景，但问题是，前一场景事实上与数学问题基本没有关联，或者说还是一种油和水的关系，其意义又该如何去把握？如果删除这一场景，而直接通过后一个对学生较有挑战性的数学问题构成的场景引入，课堂又会是怎样的情形？再者，上述教学片段中两个场景之间的连接，是否可以作这样的解释：根据低年级学生的年龄特点和心理特征，借助没有数学意味、却是学生兴致盎然的"题外话"场景，引出具有数学意味的"正题"场景，从而更有效地引领学生走向数学情境？当然，这个"题外话"场景，是一把双刃剑，数学课中应用它，或许在"热闹"中"跑调"了，也许在"情趣"中"步入正道"。这个"度"，得教师把握！

为什么要创设情境？此刻的思考，在一节课的一波三折之后，已由最初的盲目"追风"走向了思辨。作为一节如何组织学生对乘法口诀加强理

贾友林 ｜ 7 的乘法口诀

解和记忆的数学课，在口诀编制之前我们需要对口诀中的得数加强感知。情境的创设，是否引发动力支持，提供背景支撑？

我又追问自己：我对"情境"是如何理解的？一时，我竟不清楚上面的理解是否"有理"？窘迫之际，我钻进书堆，找到如下两段文字：在乔纳森主编的《学习环境的理论基础》一书中，对情境作过这样的描述："情境是利用一个熟悉的参考物，帮助学习者将一个要探究的概念与熟悉的经验联系起来，引导他们利用这些经验来解释、说明、形成自己的科学知识。"荷兰数学教育家弗赖登塔尔在《数学教育再探》一书中也提出关于情境的理论，他认为情境可以是以下几种："场所，即一个有意义的情境的堆积；故事，即它可以是一个真实的故事，也可以是一个经典的或虚构的特别例子；设计，即被创造的现实；主题，即一个与现实带有多种联系的数学定向的学科分支；剪辑，即从各种印刷品上发现大量数学的人们遇到的麻烦。"

我们要警醒自己：不要囫囵吞枣地接受一些时髦口号或概念，不能装腔作势地搬弄自己尚未真正弄懂的一些术语和理论。对于我们来说，"情境"也许还是未解之结。这样，我们又开始了对数学教学中的"情境"以及"创设情境"的新的思考与探索的旅程。我们也许正是在这样学习与实践的互动中和行动与反思的结合中逐步走出迷惘。

蔡宏圣 —— 24时记时法

行走在数学的"温情"和"冷峻"间！

蔡宏圣，中学高级教师，江苏省特级教师，现任江苏省启东市教育局教研室副主任。1999 年起参加苏教版小学数学教材修订工作，2000 年起参加苏教版义务教育课程标准实验教科书《小学数学》的编写。所撰论文曾获中国教育学会小学数学专业委员会论文评比一等奖，先后在《课程·教材·教法》《人民教育》《中国教育报》等教育类报纸杂志上发表论文 180 多篇，出版教育类书籍 30 多种。近来，受邀在北京、山东、安徽、贵州、青海、广西、甘肃等 20 多个省市区讲学。《江苏教育》《小学数学教学》《小学教学》等期刊以封面人物、专题人物报道等形式作过介绍。

　　蔡老师身上有着鲜明的理性气质。课如其人，他的课具有深刻、新颖、灵动的特点。深刻，源自其善于把握所教内容的理性本质，充分彰显数学课堂的学科特性；新颖，来自于其对教学内容的独到理解，原创性的教学细节处理；灵动，是其教育观念中自觉的儿童立场的凸显。在数学和儿童间，他努力探寻着平衡，追求着浅显中见深刻、平和中现经典的教学境界。课毕，往往有教师醒悟："原来，这节课还可以这样上！"

造"尺"　用"尺"　弃"尺"

——蔡宏圣教《24 时记时法》

　　《24 时记时法》是第一学段"数与代数"领域"常见的量"的内容，是在学生认识了钟面，学习了时、分、秒有关知识的基础上进行教学的，是以后进一步学习有关时间方面的计算的基础。蔡老师拥有令人难以企及的将平淡无奇的素材进行深度挖掘的深厚功力，把"时间"作为一种测量对象，以测量本质的宽广视角进行教学设计，因而时间如同长度、面积等维度一样均成了可测对象，看不见、摸不着的时间就物化成了客观性的"时间尺"。蔡老师俨然是一位魔术师，在"造尺"、"用尺"、"弃尺"之间穿越历史与现实，巧妙地将抽象的"24 时计时法"进行着精妙、理性的演绎，其"数学味"时时弥散，润泽生命，芳香悠远……

　　课前谈话：交流熟悉，观看小品《不差钱》的片段。

一、造"时间尺"

　　师：小品里，小沈阳说"眼一睁，眼一闭，一天就过去了"，这里的"眼一睁"和"眼一闭"分别说的是什么时候？

　　生：眼一睁天亮了，是白天，眼一闭是晚上。

　　师：白天与夜晚的自然现象和我们居住的地球的运动有关。请大家看大屏幕：地球在围绕着太阳旋转的同时，也在不停地自转。被太阳照到的时候就是白天，照不到的时候就是夜晚。早在几千年前，人类的祖先就发现了白天和夜晚周而复始地重复着，因此把一个白天和一个夜晚合在一起称为一天。但那个时候，只用"日"和"夜"来表示时间，你觉得能说清楚确切时间吗？

　　生：说不清楚。

师：因此，人们想了很多法子来测量时间。比如说用日晷来测太阳下物体的影子来定时间。那没有太阳的日子里怎么办？所以又发明水钟、滴漏，直至钟表。（课件中出示相应的图片）有了钟表，测量时间就精确多了，所以，现在人们问一天有多少时间，你肯定说——

生：24 个小时。

师：对。虽然地球自转的速度和角度都有变化，但长期看，地球自转一周的时间大约是 23 小时 56 分。为了方便，大家约定一天有 24 小时。

师：哎，我们已经认识过了钟表，都知道一般的钟表面上都有 12 个数。这两者间不是矛盾了吗？

生：老师，不矛盾，钟表上的时针一天转两圈的。（教师随学生回答，板书"转两圈"。）

师：要知道一段时间有多长，我们用钟表来计时。但说起"有多长"的测量，很容易使我们想起尺子。今天我们也来造一把这样的"时间尺"，把一天时针转的两圈刻度，分别取下，拉直，就得到了两把短尺，如下图。

师：既然说是尺，就得有刻度。这里最后的刻度线上标 12（课件分别显示刻度 12），大家都没有不同意见。那起点处呢？

生：标上 0。

生：钟表上没有 0，最小的刻度是 1，所以标上 1。

师：哈哈，钟表上最小的数是 1，起点处就标上 1，那就上当了。看看我们的学生尺就明白了。（举出学生铅笔套里的学生尺。）

生：起点处应该标上 0，不是 1。（随学生回答，在两把尺的起点处标上 0。）

师：大家闭眼想象一下，如果把已经标上刻度"0"、"12"尺子还原到钟表上的话，你发现了什么？

生：刻度 12 的地方也是刻度 0。

师：嗯，很好。不是钟表上没有刻度 0，而是和刻度 12 重合在一起了。要表示一天的时间，两把短尺必须变成一把尺子。下面有两种方式（如下图），你觉得哪种方式表示一天的时间更合适？

方式 1：

方式 2：

生：第一种方法。

生：我不同意，这样它中间那段就没有时间了。应该合在一起，用第二种方法。

师：对啊，我们时时刻刻生活在时间里，怎么能没有时间呢？（课件演示，两把短尺合在一起）大家注意观察，第一圈的刻度 12 和第二圈的刻度 0，如果两把短尺合在一起成一把长尺的话，你又能发现什么？

生：长尺上中间的 12 也是 0。

生：第一圈结束的时候也就是第二圈开始的时候。

师：那难道长尺只能像屏幕上那样标刻度吗？（停顿）能不能像学生尺这样标刻度呢？（边说边拿起学生尺。）

生：可以的。（学生们跃跃欲试。）

师：慢，我们想清楚再动手。和已经标好刻度的长尺比一比，按新的标法，哪些刻度是不变的，哪些刻度是变化的？会怎么变？

生：第一圈的刻度可以不变，第二圈的刻度要重新标。

师：好，怎么个重新标法？

生：就是从 12 开始接下去标。

师：好，动动手。[学生在练习纸上标刻度（练习纸上，上下对齐给出了两条线段，一条如上图，另一条只给出了第一圈的刻度）。随后，引导学生对原来第二圈的刻度 3、6、9、12 进行交流，并重点交流"同样是刻度 12 后面的第三个刻度为什么一个标刻度 3，另一个标刻度 15？"最后，分别赋予"12 时尺"和"24 时尺"的名称。]

师：说起时间，我们还经常使用"上午"、"傍晚"、"下午"、"晚上"、"深夜"、"凌晨"、"早晨"等这些表示一定的时间段的词。这些词表示的时间段分别在第几圈？在时间尺上排一排它们的序。（学生在练习纸的"时间尺"上排序。）

二、用"时间尺"

师：到这会儿，有些同学心里可能嘀咕了，这两把尺有用吗？我们来看屏幕。（课件出示一个钟面显示 7 点，并配上"吃早饭"和《新闻联播》片头的画面）为什么都是 7 点，老师有可能在吃早饭，也有可能在看新闻联播呢？

生：因为一天里有两个 7 点，一个是早上的 7 点，另一个是晚上的

231

7 点。

师：你的回答很棒，说清楚了虽然钟面上时针都指着"7"，但实际上那是两个完全不同的时刻，钟面把它们分清楚了吗？

生：没有。

师：好，时间尺可以派上用场了。在两把尺上，分别找找这两个时间的刻度，再联系平时生活中的说法，想想这两个时刻是怎么表示的？

生：可以说成"早上7时"和"晚上7时"。（学生在黑板"12时尺"上指明这两个刻度。）

师：嗯，加了表示时间段的词。哎，不过为什么要加词呢？（板书"加词"。）

生：都是7时，不加词就分不清楚了。

师：对，在"12时尺"上我们可以很清楚地看到，这是两个不同的时刻（指着这两个刻度），但都用了"7时"来表示，不加词还真不行！实际上，这个方法大家不陌生，我们日常生活中都这么用着。不过，平时用的时候往往省略了这个词。比如，妈妈问你几点了，你肯定就说10时了，不会说是上午10时。因为在问话的时候，大家都知道是上午，所以就省了，但规范地使用这个方法，可不能省表示时间段的词。

师：那在"24时尺"上找到这两个刻度了吗？怎么表示这两个刻度？

生：在"24时尺"上，一个是7时，一个是19时。（学生上台在"24时尺"上边说边指。）

生：哦，怪不得叫19时啊！我看见电视上就是这样标的。

师：哎，在"24时尺"上为什么不用加词了？（板书"不加词"。）

生：一个是7时，另一个是19时，就不用加词了。

师：哈哈，你的言下之意是：用数目本身来表示时间，不混淆了，自然就不用加词了，这不是明摆着的事情吗？

生：嗯，是的。

师：回顾一下，有两把尺，我们就有了两种记录时间的方法。"12时尺"记录时间的方法我们不妨就称为12时记时法，也可以叫做普通记时法，那"24时尺"记录时间的方法——

生：叫24时记时法。（教师分别板书两种记时法的名称。）

师：下面来个小练习。先在"12时尺"上找出下面这些时刻（如下）的刻度，再在"24时尺"上找出相对应的刻度，然后填一填24时记时法怎么表示这些时刻。全部填完后，思考怎样把12时记时法的时刻改成24时记时法的时刻。

凌晨 2 时——（　　　）

上午 9 时——（　　　）

下午 5 时——（　　　）

深夜 11 时——（　　　）

（练习完毕后，学生进行交流和总结，并完成跟进的练习，如下图。）

1. 用 24 时记时法表示图的时刻。

2. 这一路公共汽车最早是几时几分开出？最晚呢？

下站：水西门

首站　新街口
末站　富丽山庄
服务时间：5:40—22:30

3. 妈妈去秦皇岛，她下午几时前到南火车站比较合适？

49C066939　　　　　　　　　南京

南　京 ——→ 秦皇岛　　1346次

13:37开　　12车005号中铺

全　价　271.00元

限乘当日当次车
在3日内到有效

三、弃"时间尺"

师：我们是从认识 1 天开始今天的学习的，让我们回到这个话题上来。"12 时尺"和"24 时尺"都可以用来表示一天，每一天是从什么时候开始，什么时候结束？

生：从 0 时开始，到 24 时结束。

师：那 0 时我们在做什么？

生：应该在睡觉。

师：绝大多数同学可能没有"0 时"的印象。让春晚的零点钟声帮助你勾起一点回忆吧。（课件播放"春晚 0 点倒计时"视频。）

师：如果把黑板上"24 时尺"缩短些用来表示今天的时间（边说边

在黑板上画上一条线段），那怎么表示"昨天"和"明天"呢？谁能到黑板上画一画？（一个学生在已画线段的两端分别加画了一条线段。）

师：能把表示今天和昨天、明天的线段分开吗？

生：不能。

师：那连在一起的三条线段你又发现了什么？

生：昨天的 24 时也就是今天的 0 时，今天的 24 时也就是明天的 0 时。

师：对，就像一天中时针转的两圈，第一圈的结束之际也就是第二圈的开始之时那样，时间就是这样连续在一起。哪位同学能在表示"昨天、今天、明天"的线段中，接着表示出后天、大后天？（学生在"明天"的线段上接上表示后天、大后天的线段。）

师：那大后天呢？能一直这样画下去吗？

生：不能。时间可以一直有的。

师：同学们，刚才的画，大家能体验到"时间尺"虽然很形象，让我们看清楚了两种记时法的道理，但如果真的就用它来测量时间的话，那会是很麻烦的事情。历史上，我们的祖先曾经走过那一段路。大家看（如右图），古代有一种刻漏，主要由几个铜水壶组成，又叫"漏壶"。除了最底下的那个，每个壶的底部都有一个小眼。水从最高的壶里，经过下面的各

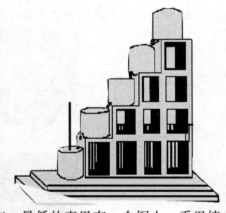

个壶滴到最低的壶里，滴得又细又均匀。最低的壶里有一个铜人，手里捧着一支能够浮动的木箭，壶里水多了，木箭浮起来，根据它上面的刻度，就可以知道时间。但想想，这个木箭能无限制地浮起来吗？对，到了一定的时间，就需要把最下面铜壶里的水倒回最上面的铜壶，周而复始地再进行计时。由此，我们理解了祖先发明的机械钟表，时针固定后周而复始地旋转（课件出示各式各样时针旋转着的钟表），计量时间很方便。

师：很多时候，我们看到的钟表都是这个样子的，无意中就觉得一定是这样的。地球自转一周约 24 小时，那是一定的。那么钟表转一圈是 12 个小时也是一定的吗？或者说，钟面上只能显示

12 时记时法的时刻吗？

生：钟面上标上 1~24 的数，就可以直接看 24 时记时法的时刻了。

师：有了新的想法，就会创造出与众不同的钟表，大家看，屏幕上出示的手表新品。真是应了这句话：不怕做不到，就怕想不到。敢于提出新的想法，理应得到大家的赞赏，把掌声送给他！

师：今天我们借助时间尺，了解和掌握了两种记时法，大家可以进一步关注生活中两种记时法的运用。下课。

蔡宏圣——24时记时法

在"解构"与"建构"中实现有效学习

刘加霞[①]

关于 24 时记时法,学生已有哪些生活经验和知识储备?如何既有效利用已有生活经验又解构重组这些生活经验促进学生对时间本质的理解?为实现此目标,应该设计哪些有教育价值的数学活动?设计有价值的数学活动需要教师对时间本性作怎样的追问与深思?在仔细品味蔡宏圣老师执教的《24 时记时法》一课后,这些"问号"都将得到诠释与破解。

在教学《24 时记时法》之前,有教师曾经作过小调查,结果发现:97% 的学生表示在不同的场所看到过像 19:00 这样记时间的方法(仅限于电脑、电视、手机、电子表等),知道一天当中钟表的时针要转两圈;80% 的学生知道 19:00 是 7:00,17:30 是 5:30;16% 的学生能准确写出 19:00 就是晚上 7:00,17:30 就是下午 5:30。针对一个钟面上的 9:00 而言,78% 的学生能写出这一时刻具体所做的事情,13% 的学生能准确清晰地表达出上午 9:00 和晚上 9:00 这两个不同的时刻。

由此可见,学生对 24 时记时法并不陌生,有一定的生活经验,也有部分学生知道 24 时记时法和 12 时记时法之间的转换关系。该教什么?怎么教?确实,当把 24 时记时法仅仅作为事实性知识来教时,24 时记时法的教学非常简单:24 时记时法不外乎是时间的另一种表示方法,与 12 时记时法之间的转换就是加、减 12 的计算问题。

但学生是否真的理解了蕴藏在其中的许多"为什么"?是否能初步感知看不见摸不着,古往今来让无数科学家、数学家、哲学家都在探讨的"时间"的本性?

当我们了解了"时间"的本性,了解了学生对于"时间"的疑问与困惑,真切感受到人类探索"时间"的脚步永无停息之时,24 时记时法的教学就能够更加厚重。蔡宏圣老师所追求的和谐的数学教学正是源于对这些

---

① 刘加霞,详见第 38 页介绍。

本质问题的不断追问。

一、了解学生学习路径中的疑难与困惑，鼓励学生追问"为什么"

和谐至上的教学必须了解学生真正的疑与惑，正如苏霍姆林斯基所说："如果你所追求的是那种表面的、显而易见的刺激，引起学生对学习和上课的兴趣，那你就永远不能培养起学生对脑力劳动的真正热爱。"对于24时记时法，教师容易陷入误区，认为学生有生活经验，因而，教学内容很简单（不外乎是加、减12的计算）。当教师满足于学生知道的一些零散的事实性知识、满足于学生仅仅处于一种"了解是什么"，而不能回答"为什么"的状态时，这样的教学必然是一种"肤浅"的教学，达不到和谐的意境。

那么，学生学习时有哪些疑难与困惑？其中哪些疑难与困惑需要甚至必须在课堂教学中暴露而不是掩盖起来？因为将学生学习路径中的困难与障碍遮盖起来不等于学生没有困难，掩盖学习路径中的困难必然不能使学生真正主动、积极地参与到学习中来。源于这一教学理念，教师需要思考三年级学生对于时间的疑难与困惑：

（1）不同进制之间的转换问题。由于时间的进制更复杂，既有时、分、秒之间的六十进制，也有二十四进制和十二进制等，这与学生习惯了的数的十进制记数法不同，因此两种记时法之间的转换与计算经常出错。

（2）学生是否关注到钟表上没有"0"刻度？为什么没有？为什么钟表上的数"12"既可以表示"0"时，也可以表示"12"时，还可以表示"24"时？"0"时与"24"时有什么关系？24时记时法与12时记时法中只需要对"时"进行加、减12的计算，分与秒则不需要进行转换。为什么？

（3）为什么用"钟表"作为度量时间的工具？学生真的认识"钟表"吗？是否存在"正是因为太熟悉所以才不了解"的现象？钟表本身就是一个复杂的度量工具，只不过低年级教学中考虑到学生的认知特点与知识储备，没有凸显出钟表的复杂性，没有让学生暴露学习钟表的难点与问题。钟表的复杂性体现在钟表表盘是三套刻度系统的"复合"：记"时"的系统，时针指向几就是几时；记"分"的系统，分针指向几，就是几乘5得多少分；记"秒"的系统与记"分"系统完全一致。

（4）度量时间的工具为什么是钟表而不是一把长长的、直直的尺子？教学中是否要追问钟表作为度量时间工具的合理性与优越性？

（5）更进一步追问，"时间"有哪些特性？通过24时记时法的教学，

237

能让学生初步理解和感悟时间的哪些特性？

（6）是否暴露学生学习路径中的疑难与问题取决于教师的教学价值判断，掩盖疑难与困惑的教学必然是事实性知识的教学，充分暴露疑难与困惑的教学必然是和谐的教学。正如赞可夫所言："教学一旦触及学生的心理需要，这种教学就会变得高度有效。"蔡老师的教学显然是选择后者的结果。

二、经历"造尺"到"弃尺"，理解时间的本质

时间是一种量，具有"量"的特征（有度量单位、结果是度量单位的个数、有限可加、可减性等）。但由于时间看不见摸不着，教师和学生都容易忽视时间的可度量性，而仅仅把"钟表"当做"时间"的代言人，会认钟表，借助于钟表来计算时间。如前所述，深入追问下去，钟表本身就是一个复杂的工具，如果不直观形象地理解钟表如何刻画时间的本质、不追问为什么用钟表来度量时间，则 24 时记时法的教学仅仅是一种生活常识的教学，事实性知识的教学，学生就不能理解"时间"的本性与深层教育价值。

因此，蔡老师在执教《24 时记时法》时，充分运用了学生熟悉的度量长度的"尺子"（直线）以及一天钟表要转两圈的生活常识，将弯曲的钟表刻度"拉直"为"时间尺"，由两条"12 时尺"变为 1 条"24 时尺"。在此过程中教师的设问和追问，澄清了学生认识的误区，或者说是学生从来不曾有意识关注的问题，例如：

师：对啊，我们时时刻刻生活在时间里，怎么能没有时间呢？（课件演示，两把短尺合在一起。）大家注意观察，第一圈的刻度 12 和第二圈的刻度 0，如果两把短尺合在一起成一把长尺的话，你又能发现什么？

生：长尺上中间的 12 也是 0。

生：第一圈结束的时候也就是第二圈开始的时候。

看似不经意的追问"两条 12 时尺到底如何拼接"，让学生体会到了时间的连续不可分割性。

在如何标注"刻度"的教学环节中，教师是这样处理的：

师：既然说是尺，就得有刻度。这里最后的刻度线上标 12（课件分别显示刻度 12），大家都没有不同意见。那起点处呢？

生：标上 0。

生：钟表上没有 0，最小的刻度是 1，所以标上 1。

师：哈哈，钟表上最小的数是 1，起点处就标上 1，那就上当了。看看我们的学生尺就明白了。（举起学生铅笔套里的学生尺。）

生：起点处应该标上0，不是1。

师：大家闭眼想象一下，如果把已经标上刻度"0"、"12"尺子还原到钟表上的话，你发现了什么？

……

师：好，动动手。[学生在练习纸上标刻度（练习纸上，上下对齐给出了两条线段，一条如上图，另一条只给出了第一圈的刻度）。随后，引导学生对原来第二圈的刻度3、6、9、12，进行交流，并重点交流"同样是刻度12后面的第三个刻度为什么一个标刻度3，另一个标刻度15。"最后，分别赋予"12时的尺"和"24时的尺"的名称。]

上述"将曲化直，再将直化曲"以及将两条"12时尺"转化为"24时尺"的标注刻度的活动，让学生重新认识了钟表的构造（学生可能从未关注到钟表上没有"0刻度"），初步理解了时间的周期性特征。

如果不设计上述"解构"与"建构"钟表的过程，学生对钟表、对时间的认识仍将处于生活经验的层面，学生原来知道什么，下课后还是知道什么。

"24时尺"虽然直观形象，有助于学生理解时间的度量特征，但度量时间为什么不用这样长长的"时间尺"呢？蔡老师又通过让学生画可无限延长的"时间尺"以及介绍古代计量时间的"漏壶"、观察机械钟表周而复始的旋转，体会钟表作为度量时间工具的优越性——既能刻画时间的局部周期性，又能刻画时间的永无停息的运动性。

这样的教学就不仅仅是知识、技能的教学，更重要的是在解构知识的过程中，让学生在打破"习以为常"的惯性思维中获得知识技能，掌握思考问题的方法，培养学生不断追问的思维习惯与技能。将抽象的时间特性转化为学生可见、可触摸、可理解的活动。这样的教学才是有效的、有价值的教学。

蔡老师之所以能设计出这样有层次、有价值的学习活动，源于蔡老师对所学概念本质的追问：什么是"时间"？"时间"有哪些特性？"钟表"为什么能够度量、记录时间？

时间的本质特征有：（1）流动性。时间永远是流动的，世间万物随着时间的流逝而运动，时间是永恒的"自变量"，与运动关系密切。（2）不可逆转性。时间不可逆转，过去的就永远过去。过去、现在和将来密切相连，但它们的位置顺序不能颠倒。自然与社会正是沿着时间的上升路线，从新到老永远发展下去。（3）连续不可分割性。连续不可分割性指任意两个时刻之间都有无数个时刻，时间是不可间断的。（4）局部周期性。时间可以以12时为一个周期，或者以24时为一个周期，也可以以一年为一个周期等，这一切源于地球既绕太阳公转，同时又在自转，自转一周的时间

239

就是一天（大约 23 小时 56 分，近似看成 24 时），地球的自转与公转周而复始，永不停歇，因此时间既有流动性与不可逆转性，也有连续不可分割性和局部周期性。

三、人类的探究与创新永无止境

在蔡老师的教学中，以度量时间工具的变迁为"隐线"，潜移默化中让学生感受到人类的探究与创新永无止境。只有体验到探究与创新的奇妙，才能真正激发学生数学学习的愿望，这些才是数学的根本动机所在。

在蔡老师的课上，不经意间就让学生体验到了度量时间工具的变迁：

但想想，这个木箭能无限制地浮起来吗？对，到了一定的时间，就需要把最下面铜壶里的水倒回最上面的铜壶，周而复始地再进行计时。由此，我们理解了祖先发明的机械钟表，时针固定后周而复始地旋转（课件出示各式各样时针旋转的钟表)，计量时间很方便。

很多时候，我们看到的钟表都是这个样子的，无意中就觉得一定是这样的。地球自转一周约 24 小时，那是一定的。那么钟表转一圈是 12 个小时也是一定的吗？或者说，钟面上只能显示 12 时记时法的时刻吗？

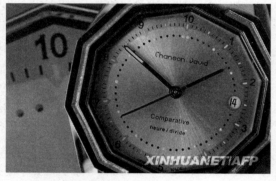

甚至还可以追问，是否有 10 个刻度的钟（手）表呢？有了新的想法，就会创造出与众不同的钟表，大家看，屏幕上出示的手表新品。真是应了这句话：不怕做不到，就怕想不到。敢于提出新的想法，理应得到大家的赞赏。事实上，真有发明 10 个刻度的钟表的创造者。这种钟表的"利"与"弊"是什么？仍可引导学生逐步深入探究。人类的探究与创新是永无止境的！

在"坚守"和"润泽"间演绎和谐

蔡宏圣

"24时记时法"是江苏版三年级上册第49页的教学内容。在此之前，学生已经认识了钟面，学习了有关时、分、秒的知识。这个教学内容主要引导学生在具体的生活情境中认识24时记时法，主动探索24时记时法的规律，发现并理解普通记时法和24时记时法之间的联系与区别，学会把用24时记时法表示的时间与用普通记时法表示的时间进行转换。

每一节课，都是教者一定教育思想的表现形式，只不过有些更无意识些，有些更清晰鲜明些。就本课而言，其内在的意义在于——和谐，可以给课堂注入更深远的力量。

最早被人们留意可以用来显示时间的是太阳和月亮的起落。但形成比较明确的时间概念，起最关键作用的还是对连续的太阳起落进行划分。这可以从时间的"时"在印欧语系中就有"分割"和"划分"的意思得到印证。据史料记载，苏美尔人喜欢用12作为计数基准，这有着深远的数学意义：12可以有多个约数，计算起来更为方便。就这样，他们把一天分为24小时，一年分为12个月。笔者资料有限，无从考证钟表上为什么偏偏用了12个数，而不直接用24个数。但在时间计量的历史背景中，我们已经能大致厘清一天、钟表、记时法三者间的关系。"一天"的规定是本源，钟表是计时的一种工具，记时法是表达计时结果的方式。

鉴于以上的分析，我们也就能理解这样的教学现象：两种记时法，究其实质分别是12以内和24以内的记数；它们间的转换，就是30以内加减12的运算。这些对三年级的学生来说，应该是易如反掌的事情。但在实际学习过程中，学生却晕乎乎的！什么缘故？就是"天"的时间观念在更深层次上妨碍着他们的学习。也就是说，只有当学生琢磨清楚了这个时刻是"一天"这个单位时间段里的那个时刻时，他们才能准确地用记时法表示出来，可见，"记时法"只有回归"天"的时间系统中才能显现其本来的意义，教学要追求也应该追求"时间感"和"记时法"间的和谐。可以由此引申出的意义是，一方面数学学习中纯形式的技能只有放在更宽广的相关背景中，学生对此才能有更好地理解和掌握；另一方面宽广背景的确立并不随意，而应有利于更好地凸显纯形式技能的本来意义。

为什么另外要用记时法来表达计时的结果？其原因在于明明是两个不同的时刻，但在钟表上用同样的钟点来表征。也正是这样的原因，教师一般都是在钟表上讲解记时法的原理。仔细想想，学习记时法的时候，钟表并不是不可缺少的。生活中有看着钟表，进行两种记时法转换的情境。但更多的时候，这种转换需要钟表吗？看车票上的出发时间、报纸上的节目预告、公交的服务时间、商店的营业时间，以及种种涉及时间的告示、通知，进行记时法之间的转换都离开了钟表，那为什么学生学习记时法非要借助钟表呢？历史积淀而成的现行的钟表形式，若绝对地割裂了那个积淀的历史过程的话，钟表实际上并不能很好地阐释更多的时间特性，反而令学生生出了那么多的"为什么"来。因此，丢开钟表，引入"时间尺"（相对起点、固定单位、明确方向、无限延长），让记时法的内涵和相互间关系更加直白，也就成了自然而然的尝试。

引入"时间尺"更深远的意义在于，时间虽然看不见摸不着，但量的客观性不容置疑，量要计量，自然也就需要计量的工具，钟表是这样的工具，但为什么偏偏是钟表这样的工具呢？如果像学生尺那样的尺子行吗？为什么不行？工具总是和所测量对象的特性相匹配的，如果把为什么是钟表作为测量时间的工具搞清楚了，那学生自然对时间特性的理解更深入了。因此，"造时间尺"、"用时间尺"、"弃时间尺"的过程，实质是在展示"历史"和"现实"、"记时原理"和"记时方法"间的和谐，其价值在于，学生内心世界中诸多的"为什么"能有机地随着教学的推进，得到一定程度的解释。教的终极意义不在于穷尽真理，而在于润泽生命。在课堂中，教师应该保护继而进一步激发学生对世界的好奇、对未知的向往、对困难的勇气、对发现的惊喜、对成长的感动！

仅仅用一个课例想承载和谐之于数学教育的全部意义，那是不现实的。但这不妨碍一个典型的课例，可以将数学教育中"和谐"的某方面要义演绎通透，相对上文所说的两点，那就是：和谐是坚守所教知识的理性内涵或数学本质基础上的多元统一，其主旨是润泽课堂中的生命。

更深入地看，所揭示的和谐要义的两个方面"坚守"和"润泽"，也是辩证统一的。某一个教学内容，能发散、挖掘出用来润泽学生生命的元素有很多，但就数学学科而言，应该首先紧扣"思维"、"理性"等关键词，特别是在多元资料的取舍中把握住这点更重要。实际上，两者的辩证统一也揭示了数学教育中"和谐"的另一方面意义，即和谐绝不是"和稀泥"，它必须有理性（数学）的内核。

例如，本课例最后的教学环节在诠释"循规"与"突破"的和谐。用记时法表示，要遵循现有约定的方式，不敢有其他想法是因为传承下来的东西都是如此（钟面上标 12 个数）。于是，大家都觉得应该是这样的，不能是其他样子了，思维也就僵化了。粉碎套在思维上的枷锁，让学生体会到"不怕做不到，只怕想不到"，注入"敢于思考"的品质，平淡的"24时记时法"也就展现了新的价值。

再如，历史视野中人类探索"时间"、"计时方法"的资料非常多，但为什么只是课例中的资料进入了课堂？就是因为它们能更好地使学生心中的"为什么"得到释然，而且又能较好地和"记时法"的教学有机地结合在一起。在备课中，收集资料时除了"历史视野"外，还有"文学视野"、"儿童视野"等。历史上，古人曾经用过十二时段记时法，各个时段的名称分别是"夜半、鸡鸣、平旦、日出、食时、隅中、日中、日昳、晡时、日入、黄昏、人定"，这些时段名称散见于相关的古诗中，例如"姑苏城外寒山寺，夜半钟声到客船"、"日出江花红胜火，春来江水绿如蓝"、"夕阳无限好，只是近黄昏"。儿童视野中，有关"时间"的儿童诗也稚气可爱。但在最后的定夺中，"重读古诗"和"儿童诗欣赏"的环节都忍痛割爱了，并不是说它们对于学生来说没有价值，而是在一节课的单位时间里，已经很难再容下其他内容了，为了凸显所教知识的理性内核，取舍之间只能割爱。

蔡宏圣｜24 时记时法

243

吴正宪 — 估算

没有什么比保护学生的自尊心、自信心理重要!

没有什么比尊重个性、真诚交流更重要!

吴正宪

吴正宪，特级教师，现任北京教育科学研究院基础教育教学中心小学数学教研室主任，国家基础教育课程教材专家工作委员会委员，教育部中小学教材审查委员会审查委员，全国小学数学教学专业委员会副理事长，北京市政协常委，民进中央委员。她的《创设儿童喜爱的数学课堂的实践》实验项目分别获得全国基础教育教学课程改革成果一等奖和北京市政府基础教育教学成果一等奖。她先后出版了《吴正宪与小学数学》等多本著作，主持了教育部全国小学数学教师远程研修，在《人民教育》等刊物发表文章多篇，在全国近 30 个省市进行了学术报告，听众规模超过数十万。她还应邀到英国、日本进行教育教学交流，产生了较好的国际影响。她是享受国务院政府特殊津贴专家、曾获"全国模范教师"、北京市政府"人民教师"、"北京教科院职业道德标兵"等称号。

　　吴老师在多年的教学实践中创造了学生喜爱的数学课堂，坚持教书育人，使传授知识、启迪智慧、完善人格三者有机地结合起来，形成了向儿童提供"好吃"又有"营养"的数学教育思想，创设了独具特色的八种课堂教学模式。她还创新教师团队研修机制，探索互动分享、合作学习、共同发展的现代团队研修模式，聚集众智创建优质研修资源库，提供了新课程下教师专业发展、能力建设方式的变革范例，成为了广大一线教师专业发展的重要资源，对全国一线教师产生了积极影响。

注重意识　渗透策略

——吴正宪教《估算》①

　　《估算》是第一学段"数与代数"领域的内容，是解决数学问题中一种有别于精确计算的重要策略。《估算》教学是发展学生数感的有效途径之一，有利于提高学生的计算能力和解决问题的能力。吴老师的《估算》没有华丽的粉饰登场，没有震撼的视觉冲击，而是在一次次轻松的对话中不经意间展开了"为什么要估算？""估算与精确计算如何选择？""怎么估算？"等问题的思考与探索，在看似随意轻松的数学活动中培养学生自觉的估算意识，帮助学生形成估算的策略，形成正确的估算评价观。本课展现了吴老师对数学教育价值的深层次思考，体现了吴老师的教学艺术与人格的双重魅力。课中，吴老师敏锐地捕捉学生的每一次思维灵感的闪现，及时把握这稍纵即逝的教育契机，"随风潜入夜"般地加以放大、点拨、提升、指导。课堂中的疑问、惊讶、沉思、喜悦交织成了一幅动人的美妙乐章，学生陶醉其间的同时，数学理解和精神世界都得到了发展与提升。

一、质疑激趣

　　师：同学们，有关估算的知识我们在二年级时就已经学过，今天，我们继续来研究有关估算的问题。（板书"估算"。）

　　师：关于估算，在过去的学习过程中你碰到过什么困难？还需要解决什么问题？凡是有关估算的问题，你都可以提出来，我们一起来研究，好不好？

　　生：写估算结果时为什么不用等号，而要用约等号？（教师板书"约等号"。）

---

　　① 本课例由李继东、许淑一整理记录。

师：这个问题提得好！还有吗？

生：我想问一下，估算是在什么时代开始使用的，什么人最早用的？

师：你的问题是"估算是谁发明的？"。

生：为什么要进行估算？

生：估算对我们有什么用处？

师：也就是估算到底有什么用？（教师板书"为什么"、"有什么用"。）

生：怎样能够又快又对地进行估算？

师：你的问题是，估算有什么好的方法？（板书"怎么估"。）

师：大家提了这么多、这么好的问题。曾经有一个学生向我提过这样一个问题："吴老师，在什么情况下我们就要估一估？在什么情况下，我们就可以精确计算啊？"同学们，你们遇到过这样的问题吗？（众学生点头。）

师：好，我们就带着这些问题，一起走进数学课堂，看看今天这些问题能不能得到解决。

二、巧妙运用情境，体现"精""估"价值

师：请看大屏幕。（屏幕上出现了青青和妈妈一起在超市购物的录像。）

师：同学们，你们一定有过和爸爸妈妈一起购物的经历吧？我们来看一看，青青在购物过程中遇到了什么问题？（课件显示：青青和妈妈选了五种商品，妈妈的问题是"我只带了 200 元钱，够不够买这五种商品呢？"，收银员的问题是"我到底该怎样把这些数据输入到收银机中呢？"。）

师：我和你们讨论一个问题，在下列的哪种情况下，使用估算比精确计算更有意义？请同学独立思考，作出判断。（屏幕显示：①当青青想确认 200 元是不是够用时；②当销售员将每种商品的价格输入到收银机中时；③当青青被告知应付多少钱时。学生用手势表示。大部分学生选择①，而有少数学生选择②和③。）

师：谁愿意作为代表到前面来说一说你的想法？（选①、②、③的三位代表到讲台前。）

师：我们先请"二青青"（吴老师把选②的同学亲切地叫做"二青青"）的代表来说一说吧，你们为什么这样选择？

生：因为 186 元最接近的整百是 200 元。

师：干脆我就往收银机中输入 200 吧，行不行？

生：不行。

师：为什么不行？

生：如果输入 200 我就要交 200 元了，输入的时候应该是准确值，不应该是估算出来的值。

师：那你还用估算吗？

生：不估了。

师："二青青"说不估了，那么"三青青"，你本来花了 186 元，就给二百元好吧！

生：不给。

师：那为什么不给了？估一估，给二百元好了。

生：不行，付钱时，花多少就得付多少，不能多也不能少，还是得精确算出来。

生：（有一个学生插话）没找钱，青青就吃亏了！

师：那么，我问一下"一青青"，你是怎样想的？

生：我可以把 186 直接估成 190。

师：可以不可以啊？

生：可以，这几种商品大概多少钱，可以去估一估。

师：对啊，当收银员告诉顾客要付多少钱时一定是一个很准确的数，而要确认带 200 元钱够不够时，采用估一估的方法，知道五种商品大约花了多少钱就可以了。同学们，是这样的吗？（学生点头，会心地微笑。）

三、探究估算方法的多样性，自主解决问题

师：（课件显示"曹冲称象图"）仔细地观察，你们有什么发现？

生：大象和石头同样重。

师：你们是怎么知道的呢？

生：把大象和石头分别放在船上时，标记与水面的位置是一样的。

师：好眼力呀，他一下子就发现这条红色的标记是在同一个位置上，说明它们的质量是相等的，只要称称石头就可以得到大象的质量。他们一共称了六次，你知道这头大象大约有多重吗？（课件显示如下表格。）

次数	1	2	3	4	5	6
质量	328	346	307	377	398	352

师：你能估计一下这头大象有多重吗？怎样估计？有没有同学愿意把你估的结果或算的过程写在黑板上？其他同学在练习本上简单记录自己的计算过程。（学生开始活动，几名学生上前板书出自己的估算方法，教师巡视。）

1. 整理估算方法

（学生的"板演"是无序的，教师在提炼总结中却是有顺序的。）

（1）小估

师：（圈出"300×6"）这是谁写的？能够把你的估算方法解释一下吗？

生：我觉得可以把每次称得的石头质量看成300千克，就把所有的数都估成300，再乘6。

师：为什么乘6啊？

生：因为有6个数，所以用300乘6，等于1800。

师：这位同学，他不仅能写出算式，他还能用语言清晰地叙述出他的思考。他把6个数都看成300，300乘6，可以不可以？

生：可以。

师：本来这些数据都是三百多，可是这位同学把这些数据都估小了，你们能把他这种方法取个有特点的名字吗？

生：小估。

师：小估就小估呗！挺有特点的，我们就把这种方法叫"小估"，好不好？

生：好！（教师板书"小估"。）

（2）大估

师：（圈出"400×6"）这是谁估的？请说说你的想法。

生：我把它们全都估成400，因为有6个数，所以再乘6，就是400乘6等于2400，单位是千克。

师：人家是往小里估，他的方法是——

生：大估。

师：大估，你这方法也不错，名字也很贴切。（板书"大估"。）

（3）大小估

师：（圈出"$300 \times 3 = 900$，$400 \times 3 = 1200$，$900 + 1200 = 2100$"）我们来看这个同学是怎样估的？人家要么大估，要么小估，你又大估又小估，什么意思？

生：前面三个数比较接近300，我就给它估成300；后三个数比较接近400，我就给它估成400，然后再把算出来的得数加起来，是2100。

师：说得真清楚！这种方法可以吗？

生：可以。

师：他这种估法，你们能给它取个名字吗？

生：大小估。

师：好，我们就叫它"大小估"。（板书"大小估"。）

（4）中估

师：（圈出"350×6"）这是谁写的？你是怎么想的？

生：我把每次称得的石头质量看成 350 千克。

师：你为什么把这 6 个数都看成 350 呢？

生：虽然这 6 个数有的比 350 大，有的比 350 小，但是它们都接近 350，我就取了一个中间的整十数。

师：听懂了？这些数有的比 350 大，有的比 350 小，所以他不往小的估，也不往大的估，那这个特点很鲜明了，可以叫——

生：中估。（教师板书"中估"。）

（5）四下五上估

师：（圈出"330＋350＋310＋380＋400＋350"）这里还有一位，后面不写了，你是怎么想的？（学生欲言又止。）

师：遇到困难了！但是我想通过对这个算式的讨论，大家一定会有意外的收获。你为什么把 328 看做 330 呢？能告诉小朋友吗？

生：我就是把 28 估成 30 了。

师：那你怎么把 352 估成了 350 呢？

生：352 比较接近 350。

师：说话听音，锣鼓听声。你们听出了它的意思吗？

生：听懂了！

师：看来，在这位同学的心中，一定悄悄地有着一个自己定的标准。当最后一个数字是 8 时，你就——

生：往上升。

师：当最后一个数字是 2 的时候，你就——

生：不要了。

师：那么你如果遇到个位上是 6 呢？7、8、9 呢？

生：往上升。

师：如果是 1、2、3、4 呢？

生：往下降。

师：如果是 5 呢？

生：都可以。

师：看来同学们心中也都有了标准，就是遇到个位上是 1、2、3、4 时就——

生：下降。

师：遇到个位上是 5、6、7、8、9 时就——

生：上升。

师：其实这是一个非常好的方法，你们知道这种方法叫什么名字吗？

生：上下估。

师：上下估！什么时候下？什么时候上？

生：1、2、3、4下。

生：5、6、7、8、9上。

师：再简单点，到几就下？

生：四就下。

师：到五就怎么样？

生：五就上。

师：那么我们就可以给它起名字叫——

生：四下五上估。（师板书"四下五上估"。）

生：我好像记得一个词叫四舍五入。

师：大家都已经把掌声送给你了，真的有一个词，叫四舍五入。（师板书"四舍五入"。）

师：同学们估算的时候用到了四舍五入的方法，以后我们还要学习它。

（6）调凑估

师：（面对黑板上"300×7"的算式）300×7，为什么不是300×6而是300×7呢？明明是6个数，怎么整出7个数啊？你是怎样想的？

生：表面上看有6个数，把它们全部看成300后，剩余的部分凑在一起也差不多是1个300，这样就是7个300了。

师：你为什么这样估？

生：我想它一定比6个300更接近准确值。

师：你的意思是将多出来的部分调整调整、凑合凑合，加一加，又多了一个300。

生：对。

师：在估的过程当中，调一调、凑一凑，因此整出一个与众不同的7个300。这种估法你们能起一个名字吗？

生：凑估。

生：调凑估。

师：有道理，在凑的过程中还有了一些调整，这一凑一调就使估的结果更接近准确值了，看来这个与众不同的方法还很重要啊，干脆叫调凑估吧。你们的表现真精彩，我建议把掌声送给你们自己！（学生掌声响起。）

（7）先精后估

师：这还有一位特殊的同学呢！

师：（圈出"328 + 346 = 674，674 ≈ 700……"）你是怎么想的？

生：我是先把前面两个加起来，得出结果 674，大约等于 700。

师：你是先要精确计算，然后再估数，那这种方法可以叫——

生：先精后估。（学生笑。）

师：刚才上课时大家问估算有什么方法，怎样估，我们一起来总结一下。（学生随板书有序说出：小估、中估、大估、大小估、四下五上估、调凑估……）

师：你看估算的方法有好多啊！但是刚才我看到有同学是精确计算的，尽管慢，可也得出了结果。其实我们要慢慢地积累经验，在学习估算的过程中，会碰到很多情况，同学们选择的方法都是可以的。

师：在同学们进行估算的时候，我的电脑也在悄悄地工作着。（电脑屏幕先后显示：20108 千克、2108 千克。）

师：第一次算出的结果是 20108 千克，第二次算出是 2108 千克，你认为哪一个准确值可能是正确的？（学生用手势表示，大部分选二。）

师：为什么你们大部分同学都选二呢？

生：两万多千克就是 20 多吨，没有那么重的大象。

师：他从实际出发，现实中没有那么重的大象，你们有没有不同的解释？

生：我想说的是，第二个得数比较接近我们估的得数。

生：我是大估的，大估结果才 2400 千克，怎么可能比大估的结果还大呢？

师：聪明啊！你们借助刚才估算的结果作出了解释。

师：第一位同学发现，我们估的数都在 2000 左右，不可能有两万多，用自己的经验选择了第二个答案，这种从经验出发去学习的方法是很好的。第二位同学是从大估的结果来判断的。这几个同学的发言都挺有道理，还有的同学从实际出发，大象不可能那么重；有的同学借助大家估算的经验；还有的同学从估算的角度去思考问题，估算又一次帮助我们进行了选择。同学们，你估的结果和 2108 相比，你想对刚才自己的估算结果作一点评价或思考吗？

生：我估的是 2110。我觉得我估得还挺准，因为和答案比较接近。

师：你是怎么估的？

生：我是四下五上估的。

253

生：我用的是调凑估，估的结果也很接近准确值。

师：很好，"小估"和"大估"在哪里？说说你们的感受。

生：我是小估，我估得有点小了。那些数当中有一个是398，我把它估成了300，与实际结果差得就远了，如果我把它估成400就更好了。

生：我用的是大估，我估得有点大了。我把307这样的数看成400了，估得有些大了。如果缩小一点儿，可能就估得准确一点了。

师：你们很善于思考，其实你估的结果是可以的，但是你还能在与他人的比较中发现问题，进行调整，这是很好的学习方法。

四、灵活运用估算，体会估算价值

师：还有同学提出这样的问题："我们既学了精确计算，又学估算干什么？"我们就带着这个问题继续来研究，请看屏幕。（电脑屏幕显示题目：每辆车有56个座位，有7辆车，350个同学坐够不够？）

生：够。

师：你们是怎么估的？

生：我是大估的。把56估成60，$60 \times 7 = 420$，$420 > 350$ 所以够。

生：我是小估的。把56估成50，$50 \times 7 = 350$，$350 = 350$ 看成50个座位也够了。

师：这里小估一点可以，大估一点也可以。请看（课件显示：$56 \times 7 \approx 420$），这里"56×7"是等于420呢，还是接近420？

生：是大约等于420。

师：所以，我们要用——

生：约等号。

师：好！这种情况，我们是把56往小点估成50好呢，还是往大估成60比较好？

生：往小估比较好，大估有时会不够坐，本来每辆车只有56个座位，如果估成60个，万一来的人多了，就有可能不够。

师："万一"这个词用得好。本来只有56个座位，估成60个，那4个座位有吗？

生：没有。

师：7辆车就多了28个座位。本来没有这28个座位，万一人数再多一点，就有可能不够。所以我们在估的时候要向这位同学学习，要考虑"万一"的情况，这样比较保险。其实学数学的人，需要养成一种严谨的思考习惯，要考虑到"万一"的情况。在这种情况下，你们说小估好还是大估好？

生：小估好，小估保险。

师：（电脑屏幕显示公路桥图）这座桥限重 3 吨。一车上装有 6 箱货物，一箱 285 千克，车重 986 千克，这辆车能安全通过吗？

生：把 285 估成 300，$300 \times 6 = 1800$，车重 986 千克可以估成 1000 千克，$1800 + 1000 = 2800$，这桥限重 3 吨，还余 200 千克，加上司机体重，也能过。

师：说得真好！这里我们用大估还是小估比较好？

生：用大估比较好，大估比较容易。

生：用大估比较好。估成 300 千克都能安全通过了，285 千克肯定能过。

师：刚才这两个问题，一题小估点比较好，一题大估点比较好，要是碰到其他情况，你到底是用大估呀，还是小估？

生：我们要看情况，用大估合适就用大估，用小估合适就用小估。

师：是啊，你说得真好。我们总结了这么多估算的方法，确实要看具体情况而决定用什么样的估算方法。

五、课堂小结

师：同学们，这一节课就要结束了，你们有哪些收获？

生：我知道了估算要选择合理的方法，在不同情况下，该大估的要大估，该小估的要小估。

生：我觉得估算有好多方法，我都学到了，我很开心，我觉得用估算做一些题很简便。

生：我觉得估算特别奇妙，能解决我们生活中的实际问题，而且我们要灵活运用。

师：灵活运用就是智慧，你的感觉很深刻！现在我们来看看你们课前提出的问题：人们是什么时候开始估算的？你们把吴老师问住了，我真不知道——

生：我知道是阿拉伯人发明的。

师：谢谢你！到底是谁先发明的估算呢？你们还可以回去自己查一查资料。下课吧。

生：别下课，我们还想继续上……

吴正宪——估算

255

"尴尬" 的估算并不尴尬

刘加霞[①]

一、有效教学的根本：我们带着问题一起来研究

培养学生的估算意识、估算能力以及灵活地选择合理的估算方法解决问题是《全日制义务教育数学课程标准（实验稿）》提出的重要目标之一，落实到教学中就是要重视估算教学。然而，很多一线教师却"害怕"估算教学，常常在教学中（尤其在低年级）遇到这样的尴尬："老师，学估算没什么用处，只是您让我们估我们就估，只在课堂上写作业时有用。""那么多的估算方法，到底哪个对啊？"感觉估算教学与我们的美好期望相去甚远！是教师的教学有问题，还是新课程标准提出的要求太高，抑或估算就是"只在课堂上有用"？但是，为什么吴老师能将"尴尬"的估算变为"快乐"的估算？是因为吴老师非常有人格魅力，还是因为她是全国著名特级教师？这一系列问题迫使我们来思考、来追问："估算"到底怎样教才能有效？一般说来，估算教学尴尬的首要原因是学生体验不到估算的必要性，不能自主选择何时估算、何时精确计算。教学常常是为了估算而估算，为了估算方法的多样化而多样化，将估算看做一种具体的技能来教。例如，教学中常常让学生解决这样的问题："每个足球 78 元，买 2 个足球，请你估计 150 元够吗？""估算 388 + 120、388 + 110 的和各是多少？""一班学生 238 人，二班学生 158 人，399 个座位够吗？"由此，教学的现实必然是"老师让我们'估'我们就'估'，老师让我们精确计算我们就精确计算"。

返观吴老师的教学，她首先提出问题："关于估算，在过去的学习过程中你碰到过什么困难？还需要解决什么问题？"当学生的问题还不充分时，吴老师又机智地借其他学生之口提出另一个重要的问题："大家提了

---

① 刘加霞，详见第 38 页介绍。

这么多、这么好的问题。曾经有一个学生向我提过这样一个问题：'吴老师，在什么情况下我们就要估一估？在什么情况下，我们就可以精确计算啊？'同学们，你们遇到过这样的问题吗？"

吴老师的提问朴实自然，这个问题既基于学生已有的学习经验又顺应了教学的根本：真正的思维基于"问题"。正如杜威所言："真正的思维（反省思维）起源于某种疑惑、迷乱或怀疑。思维的发生不是依据普遍的原则，而是由某种事物作为诱因而发生。"学生的问题真实自然：为什么学习这个内容？有什么好的学习方法？我们能否了解事情发展的来龙去脉？当学生带着这样的问题来学习，而教师的教学设计又满足了学生的这些"基本需要"时，教学必然是有"过程"的，教师与学生必然都是有体验的、真正参与的，从而也是有收获的。正是基于这种朴素与自然，整个教学过程中师生的交流对话、思维活动如山川中的小溪流水，清新、流畅，毫无矫揉造作之势，给听课者带来莫大的享受。

二、探究多种估算方法："估算"的大教育价值观

估算教学的另一核心是如何处理估算方法的多样化，即课堂教学中是否有必要将多种估算方法一一呈现？学生可否想怎么估就怎么估？如何评价学生的多种答案？其教学价值仅仅是为了得出一个正确答案吗？在吴老师的教学中，基于学生对"数"的感觉和运算的理解，师生共同探讨得出多种不同的估算方法，如小估、大估、大小估、中估、四下五上估、凑调估。吴老师轻松、幽默、自然的语言，使得学生对估算的多种方法有了深刻的理解。后来，我听过另一位教师的"估算"课，也许是借鉴了吴老师的估算教学，她也让学生给自己的估算方法"起名字"，但当时给听课者的感觉不是幽默而好像是搞笑。为什么呢？除了吴老师对学生发自内心的爱、吴老师与学生之间的和谐融洽的关系外，更重要的是吴老师的估算教学渗透、传递给学生的是一种大教育价值观：学习数学多有趣啊；数学学习一点儿都不难，我们自己就在创造数学（数学学习观）；别看就是简单的估算，它需要灵活运用学过的知识，数学知识之间都是有联系的（数学观）。

尤为重要的是，在吴老师的课堂上，她引导学生对多种估算方法进行了"二次反思"。对多种估算方法的"二次反思"，其教育价值是培养学生的元认知能力：对自己或他人认识过程的再认识，即"二次"比较分析各种估算方法的优势与不足，学会了解、监控、调节自己的思维过程，逐步学会认识自己、欣赏他人。这种"二次反思"对提升学生的思维水平、培养学生优秀的人格品质都具有重要的意义，而这一点常常为一线教师所忽

吴正宪 ——估算

视。吴老师在处理估算方法多样化时正是抓住了"多样化"的上述教育价值，所以课堂氛围幽默自然，教学效果卓有成效。而另一位教师强调的仅仅是不同的估算方法，是作为一种技能教给学生的。

因此，要做大气的小学数学教师。而"大气"就是要在多思考教学行为背后的大教育价值观，而非局限在简单的技能、技巧的运用上。幽默是一种智慧，智慧来自于真诚与善良！在厘清教学目标与隐性的教学价值、激发起学生学习的愿望后，设计有效的问题是实现探究性学习的必由之路。吴老师设计了"青青购物"、"曹冲称象"、"春游租车"、"安全过桥"等情境，这些看似平凡的情境为什么在吴老师的课堂上如此精彩？

首先，这些情境都是学生非常熟悉的。在熟悉的并能够引发思考的情境中学习，学生感觉非常自然，能够有思维的真正投入，并且体验到解决数学问题是一件非常有趣、非常有用的事情。

其次，这些情境的目的性非常明确。"青青购物"感受估算与精确计算的价值；"曹冲称象"，探究、发现各种不同的估算方法，培养学生的数感，"二次反思"提升学生的元认知水平；"春游租车"与"安全过桥"，感受不同的估算方法适合解决不同的问题，解决问题时要根据需要进行灵活选择。总之，一个目标：在估算中感受、体验"具体问题具体分析"的深刻道理。

再次，这些看似平凡的情境之所以精彩，源于老师适时的追问与反问："为什么不是 300×6，而是 300×7 呢？""你是怎么想的？""你想对刚才自己的估算结果做一点评价或思考吗？"由此可见，好问题必须基于学生的生活经验与学习经验，好问题必须有明确的教学目标，好问题必须能够引发学生积极的思考，即好问题必须落在学生的最近发展区内，能够给学生"跳一跳，够得到"的感觉。

纵观整节课，吴老师尊重学生的主体地位，为学生探索新知创设条件；她尊重学生的个人感受和独特见解，敏锐地捕捉学生在课堂情境中的每一次思维灵感的闪现和稍纵即逝的教育契机，并不着痕迹地加以指导、点拨、放大。课堂中有疑问、有猜想、有惊讶、有沉思，有经历探究的刺激，有茅塞顿开的喜悦，学生的理解过程和整个精神世界得到发展与提升。

吴正宪 —— 估算

发展学生的估算意识和策略

吴正宪

　　"估算在日常生活中有着十分广泛的应用，教师要不失时机地培养学生的估算意识和初步的估算技能……小学阶段应重视口算，加强估算，提倡算法多样化。"《全日制义务教育数学课程标准（实验稿)》（以下简称《标准》）提出有关估算教学的要求时，广大一线小学数学教师在困惑中开始了探索与实践。但是由于理论研究的缺乏、课程设计及实践经验的不足，教师在估算教学和评价中遇到了许多困惑，一线教师（特别是农村地区的教师）不停地向我询问："课程标准增强了小数教学中估算的分量，有没有必要用这么长的时间来学习估算？""估算对学生真的很重要吗？""估算教学重点要抓什么？""怎样培养学生的估算意识？"还有教师提出："估算有没有统一的评价标准？"……面对一线教师在"估算"教学中的困惑，我曾多次做过专题讲座，阐述我的"估算教学主张"。教师们听了也很有收获，但当一位一线教师说："到我们自己的课堂还是不知所措"时，我萌发了自己要亲自执教"估算"的念头，把课堂作为一个研究的资源和载体，与一线教师共同研究探究。

　　于是，我开始了估算教学的思考与设计。

　　我首先做了两件事，一是读课标、读教材，二是进行学生的现状调研。

　　我反复阅读《标准》，找来不同版本的教材进行研读。"教师要不失时机地培养学生的估算意识和初步的估算技能。"我一字一句地品读着"不失时机"、"估算意识"、"估算技能"……如何"不失时机"？我开始了思索……

　　我调研了学生，强烈地感觉到学生主动估算的意识差，常常出现题目中明确提出估算要求的情况下才估算，即"让我估，我才估"；学生利用估算解决实际问题的能力弱，表现在不知在什么问题情境中选择用估算来解决问题更合适，往往处于被动的学习状态……

　　有了对教材的解读，对学情的调研，我确定了本节课的教学目标：培养学生主动估算的意识，提高学生自主选择估算与精确计算解决问题的能力，鼓励学生用多种方法估算……

就这样，我开始了估算教学的课堂实践。

上课伊始，我首先请学生提出在估算中遇到的困难和需要研究的问题，一个个问题脱颖而出："写估算结果时为什么不用等号，而要用约等号？""为什么要进行估算？""估算对我们有什么用处？"……此课就在学生的一个个问题中拉开了帷幕。

我选择的第一个讨论问题就是：

在下列的哪种情况下，使用估算比精确计算更有意义？

1. 当青青想确认 200 元是不是够用时；

2. 当销售员将每种商品的价格输入到收银机中时；

3. 当青青被告知应付多少钱时。

往日的课堂教学，我很可能在同样的情境下只提出"妈妈带 200 元够吗？请你估一估"，今天我提出的"在下列的哪种情况下使用估算比精确计算更有意义？"正是解读课程标准"不失时机地培养估算意识"的具体实践。我借鉴了 TIMSS 的国际数学测试题目，力求培养学生在具体情境中选择"估算"的判断能力。

课堂中学生在"估大象的体重"问题时出现了多种估算的方法——"大估"、"小估"、"中估"、"调凑估"、"四下五上估"，面对多种估算方法，我并没有及时评价，而是引导学生在与"准确值"的比较中反思自己的估算方法，帮助学生积累经验。在此过程中让学生学会倾听，学会自主反思，学会欣赏接纳同伴的经验。

本节课在引导学生利用估算进行问题解决时，我精心设计了"估一估座位够不够？"、"能安全通过小桥吗？"两个有意义的问题情境，通过"在什么情况下小估（大估）比较合适？"的讨论，让学生体会选择估算方法对问题解决的重要，从而使学生将数学知识活用，即"具体情况具体分析"，提高了学生估算技能和解决问题的实际能力。

《估算》的课堂教学引发了一线教师的广泛讨论，我得到了不少教师和专家对估算教学的认可和鼓励。每每看到教师的这些文章和体会，对我都是一个很大的鞭策，它促使我更加深入地思考和研究。

我认为根据学生的现状和教材的要求，在《估算》教学中应注意以下几点：

1. 培养学生自觉的估算意识

估算教学，不是单纯地教给学生记住一种估算的方法，应当是通过估算的教学来培养学生近似意识，让学生逐步去理解估算的意义，不断丰富估算的经验。

（1）教师要重视估算，并把估算意识的培养作为重要的教学目标。在教学设计时，我们要把培养学生的估算意识、近似意识作为重要的教学目标来实施。

（2）要精选好问题，让学生去体会估算的必要性。只有选好题目、提出好问题，学生才能自觉体会到估算的价值，学生具备了对估算价值的体验后，他的估算意识才能不断增强。

（3）鼓励学生利用估算来验证计算结果。估算的意识应该从点点滴滴做起，学生在用计算器或精确笔算时，可以先用估算的方法确定大致的取值范围。

（4）引导学生在问题情境中合理选择估算或精确计算。我们要想办法搜集或捕捉一些好的素材，在具体的问题情境中让学生去感受哪些问题解决需要近似值，哪些问题解决一定要算出精确值。

2. 帮助学生形成估算的策略

（1）凑整法。凑成一个整十整百的数。

（2）取一个中间数。几个数求和，都比较接近谁，就让这个中间数乘几。

（3）利用特殊数作参照。如 126×8 可以想到 125×8。

（4）寻找区间。即寻找它的范围，也叫去尾进一。

（5）两个数，一个估大，一个估小，或者一个估一个不估。

（6）先估后调。

3. 形成正确的估算评价观

鼓励学生用合适的方法进行估算，要对学生积极引导和评价。

（1）根据实际问题的需要，选择合理的估算策略。

（2）对于算式的估算，不能简单地把估算结果是否与精确值最接近作为唯一的标准，只要能够落在区间内，就视为合理。对不同年龄的学生，要有不同的评价标准。低年级的估算结果落在区间内，但是范围比较大也可以，高年级要引导学生不断进行再反思再调整，使估算结果落在更趋于合理的位置上。

（3）注重对数量级的把握。

《估算》课堂实践的过程，正是思考的过程、研究的过程，愿与一线教师共同探索与实践，为孩子创设有价值的估算学习。

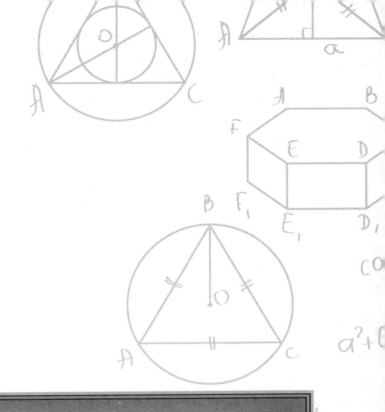

▶ 综合之实践指向

　　有一种智慧叫情境智慧，这是一种在全新环境中综合运用个体知识与经验创造性解决陌生问题的智慧。之所以称之为"智慧"，是因其不可复制，不可模仿，只能在经历、体悟、磨炼中形成，只可意会不可言传，是一种直抵心灵深处的成长诉求。回归学科课程，数学综合运用领域为这种情境智慧的创生提供了现实可能。本领域吸融了数学的所有核心元素：深度探究、思想方法、抽象概括、形式化表达……把这种深刻和力量运用于解决各种纷繁复杂的问题情境，或解决现实问题，或登上更美的数学彼岸，这就是一个令人怦然心动的智慧创生之旅。

　　沉浸其中的研究者，经历其中的求知者，无不在享受着数学教育的智力冲击而带来的快感。

刘延革 — 简单推理

小学数学教学的内容都是最简单的、最基本的，
但是越是最简单的往往越是最本质的！

刘延革

刘延革，中学高级教师，北京市东城区教育研修学院研修员，北京市学科带头人。2001年代表北京参加全国第五届小学数学课堂教学评优课获一等奖。多篇论文在全国、市论文评比中获一等奖；多篇案例、随笔、论文刊登在《小学教学》《中小学数学教学》等杂志上；参与了由中央教育科学研究所组编的国家新课程指定教材的编写；被中国教育学会、北师大、内蒙古教育学会等教育机构聘为特约讲师，前往全国各地几十所城市进行教学支教。

刘老师在平时教学研究中，注重整体把握教材，突出数学本质；注意研究学生的认知规律和学习心理；能够摸索教育、教学规律，科学、艺术地运用教学方法，抓住学生心灵，调动学生的积极性和主动性。逐步形成了"细腻"、"严谨"、"深刻"、"自然"的教学风格。

生活中的推理

——刘延革教《简单推理》

> 《简单推理》是刘老师自己创编的一节关于培养推理能力的五年级的数学实践活动课，学生在第一学段已学习过简单的推理，在此将进一步感受推理的价值，继续巩固推理的简单方法。教学中刘老师选取了大量的生活素材，学生在根据生活经验进行推理和运用数学知识解决问题的过程中，经历了观察、猜测、分析、判断等数学思维活动，学生充分体验了推理的全过程。刘老师的课，看似平淡却不乏思维的涌动，看似简单却富含理性的思考，可以说是"简约而不简单"。

一、课前谈话

师：孩子们，下午好！

生：老师好！

师：谁已经猜出我就是上课老师了？你是怎样知道的？

生：我看见您刚才拿着麦克风。

师：他抓住了这个细节判断出我是上课的老师。谁从不同的角度也猜出来了我就是上课老师？

生：听课老师都坐在后面，而您却站在前面，所以我认为您是上课的老师。

师：嗯！只有我在前面忙碌着，一会儿肯定是我来上课。（学生点头称是。）

师：还有从不同角度观察出我就是上课老师的吗？

生：我看见您在黑板那儿忙着擦黑板。

师：我在擦黑板呢！因为一会儿我要用它。

师：同学们很善于观察，通过看到的这些信息判断出我就是上课的老

267

师。接下来，刘老师就和同学们一起上一节数学课。

二、初步感受推理过程

师：同学们想知道站在你们面前的刘老师多大了吗？

生：（齐声）想！

师：先凭借你的生活经验观察一下老师，你觉得我会多大？

生：我觉得您 42 岁。

生：我觉得您 35 岁。

生：我觉得您 37 岁。

生：我觉得您 32 岁。

生：我觉得您 34 岁。

师：现在有跟猜到的年龄明显不同的吗？

生：我觉得您 40 岁。

师：刘老师今年到底多大呢？给你们两条信息，你再来分析一下。（电脑出示，如右图。）

刘老师今年的岁数
正好是4的倍数。
刘老师工作18年了。

生：我认为您是 36 岁。

师：说说理由。

生：因为是 4 的倍数，您的年龄可能是 36 或 32 岁，然后，您工作了 18 年，如果是 32 岁的话，您应该是 14 岁开始工作，14 岁太小了，所以您是 36 岁。

师：她先有了一个大概范围 30 多岁，然后根据第一条信息，找到了 32 岁和 36 岁，然后根据生活经验觉得我 32 岁不可能，最后选定了是 36 岁。很好！还有不同的答案吗？

生：我认为您 40 岁。因为您 22 岁才大学毕业，工作了 18 年，我觉得是 40 岁。

师：出现了两个答案，认为我 36 岁的同学觉得我 18 岁开始上班，认为我 40 岁的同学觉得我 22 岁上班，一个是高中毕业，一个是大学毕业，这两个开始工作的年龄在我们日常生活中是不是都有可能？

生：对。

师：我是 60 年代出生的人，你再来判断一下。

生：40 岁。

师：好！回顾一下刚才猜测老师年龄的过程。首先，我们凭借着生活经验观察、猜测刘老师的年龄，然后根据第一条信息排除了不是 4 的倍数的年龄，再根据第二条信息补充上了 36 岁，最后又根据老师补充的条件，推断出刘老师今年多大？

生：40 岁。

师：同学们经历了观察、猜测、分析、判断等一系列的过程，这个过程我们就是作了一个简单的推理。（板书"推理"。）

师：在日常生活中，我们经常要对周围的事物进行观察、选择、判断，进而通过推理作出决策，这就是用推理的方法在解决问题。

二、运用推理解决问题

1. 根据生活经验进行推理

（课件出示如右图。）

师：两个箭头分别指向哪儿？

生：上海，北京。

师：这是来往于两地之间的一辆大巴车，如果这两个人想前往上海，他们能否搭乘这辆车？

生：不能！

师：为什么？

生：通过观察我发现这辆车是在内侧的，这说明它是开往北京的。

师：你是通过哪个信息把路分成内外侧的？

生：路中间的黄线。

师：他观察到路中间的黄线，车既然在黄线的那一侧，说明车肯定是开往北京的。还有从不同角度判断的吗？

生：我观察到冲着北京箭头的方向是车头。

师：这位同学又给我们指出了一个重要的思考方向：判断哪边是车头？同学们可以根据车头、车尾的区别思考一下。

生：车头有反光镜，车尾没有。

师：（竖起大拇指）快看看，车露出的那一端有反光镜吗？

生：没有。

师：说明反光镜肯定在另一边，也就说明车头是什么方向？

生：北京方向的。

师：还可以从哪些地方判断它是开往北京的？

生：大巴车的门是在右边，而这辆车我们看不到门，说明门在另一侧，这辆车就是开往北京的。

师：太好了！又给我们提供了一个思考的角度。通过观察车门的位置

269

也可以帮助我们判断出车行驶的方向。

师：同学们从不同的角度观察，得到的答案却是一致的。回顾整个过程，我们推理这个问题时是凭借着生活经验，也就是对车的了解来思考的。你们说生活经验重要不重要？

生：重要。

师：真的很重要！生活经验也是我们学习数学知识非常重要的基础。

2. 运用数学知识进行推理

师：一个刚刚毕业的大学生，来到一家广告公司，他向接待他的小姐提了一个问题：我想问问贵公司员工的每月收入是多少？接待小姐怎么回答的？（课件出示如右图。）

生：我们公司员工每月平均工资 1500 元。

师：他又在想什么？（学生小声读信息）单凭收入而言，他去不去这家公司？

生：不去。

师：理由？

生：因为她说公司员工每月 1500 元，这样大学生就会每月一分不剩。

师：这位同学认为：大学生给自己定的消费是 1500 元，而进公司之后挣 1500 元，没有结余了，所以不去！你有不同意见吗？

生：我觉得她说平均工资是 1500 元，那没准有的人工资高，像他刚大学毕业，没准 3000 元呢！3000 元肯定够了。

师：这个同学提到了一个重要的概念——平均工资，什么叫平均工资？

生：所有人的工资加起来除以总人数。

师：也就是说不是每个员工拿 1500 元，而是一个公司工资的平均值。在这个公司的员工中肯定有拿 1500 元以上，也会有拿到 1500 元以下的。（面对刚回答的学生）你的观点是他拿 3000 多元钱，也就是拿到平均工资以上，有不同意见吗？

生：我不同意，我觉得他刚刚毕业进入这个公司不可能拿到那么高的工资，一开始可能还不够 1500 元呢，所以我觉得不能去这家公司。

师：她的意见是一个刚刚毕业的大学生进入工作单位后，他拿到的工资应该是平均工资以下。我们来交流交流，什么人能拿到平均工资以上的？

生：工作经验比较丰富。

生：年限比较长的、职位比较高的人吧！

师：你们觉得刚刚毕业的大学生进一家公司应该拿到平均工资以上还是以下？

生：以下。

师：去不去这家公司工作？

生：不去！

师：同学们在推理这个问题的过程中，不光用到了我们的生活经验，也用到了所学的数学知识，也就是对平均数概念的理解。所以，生活经验和数学知识都是重要的，我们在日常生活学习的过程中要不断去积累它们，然后灵活运用它们帮助我们解决各种问题。

三、学习推理简单方法

（课件出示如右图。）

师：一场激烈的赛车比赛正在进行着，你都知道哪些信息了？（学生读题）请同学们排列一下此时这几辆车的前后顺序。（学生独立解决，教师巡视指导。）

> C车驾驶员是一位法国人。
> B车在A车前2千米处。
> C车在D车后10千米的地方。
> A车以每小时200千米的速度行进着。
> D车在A车前5各米处。

师：已经有答案的同学，思考一下你能不能用清晰简洁的语言把你的思考过程说出来。

生：我的答案是 DBAC。

生：B 车在 A 车前 2 千米处，就说是 B 车在前，A 车在后。然后看 D 车在 A 车前 5 千米处，所以 D 车肯定比 B 车快，现在的顺序是 DBA。又因为 C 车在 D 车后 10 千米的地方，所以肯定是 C 车最慢。

师：她的语言表达非常清晰。我们再来看看这位男生是怎样思考的？请他把思考的方法给大家呈现在黑板上。

生：我是用画图的方法（如右图）。

师：同学们觉得他的方法怎么样？

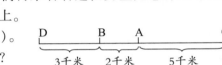

生：挺好的。

师：怎么好？

生：我认为他这种方法比较直观，一下就能看出来是怎样的顺序。

271

生：这样看着画比凭空想清楚，不容易重复，不容易乱。

师：真好，也就是说画图能看着上一个环节推理的结果继续往下想，这样比较直观，思考起来就显得轻松一些。怎样使这幅图一看就知道谁在前？谁在后？

生：标上顺序。

生：写上终点、起点。

生：画一个箭头。

师：哪个更好？

生：画箭头！（学生上前操作。）

师：一个小小的符号，就把我们想说的话表达得很清楚了。回顾刚才这位同学推理的过程，他从第几个条件入手的？接着又用了哪个条件？

生：先用第二个，再用第五个条件。

师：为什么不用第三个条件？

生：第三个条件与第二个条件没有任何联系，用不上。

师：第二个条件与第五个条件有什么联系？

生：都有 A。

师：同学们推理这个问题用了几个条件？

生：3 个。

师：同学们在解决问题的时候一定要睁大眼睛，认真地观察摆在我们面前的这些信息，选择有用的条件来用，用的时候还要紧紧抓住条件和条件之间的关系。遇到比较抽象的问题，还可以用画图的方法帮助自己思考，这样可以清晰地看到条件和条件、条件和问题之间的关系。你们说推理有没有方法？

生：有。

师：真的！推理是有方法的。

师：快看看下一个问题，又会用到推理的什么方法呢？

师：一个国际联谊会，彼得、孙慧、汤姆、木子、玛丽被分配到了一桌，他们每一个人都会两种语言，谁挨着谁坐便于他们交流呢？请看信息。（课件出示如下信息：孙慧是中国人，会说英语；法国人彼得，会说日语；汤姆会说法语，是美国人；木子是日本人，会说汉语；玛丽会说西班牙语，是法国人。）学生思考，教师巡视。

师：看看这些同学的做法（投影展示学生作品），他在做什么？

孙：中、英

彼：法、日

汤：法、英

木：日、汉

玛：西、法

生：他在整理条件。

师：你觉得他的做法怎么样？

生：我觉得把条件列举出来，可以使我们看得更清楚。

生：把信息整理出来更方便我们思考。

师：也就是说我们在解决问题的时候，面对这些纷繁复杂的信息，应该先把它们进行整理和简化，这样可以清晰地看到条件之间的关系。请同学们参照整理好的信息继续把任务完成。有了自己答案的同学可以互相交流。（学生思考、交流。）

师：哪位同学说一下你的答案？

生：我是从孙慧入手来想的，孙慧挨着木子用中文交流，木子挨着彼得用日语交流，彼得挨着玛丽用法语交流，玛丽和汤姆也用法语交流，汤姆和孙慧用英语交流。

生：我是从最特殊的条件入手的，也就是只有玛丽一个人会西班牙语，她只能用法语交流，所以汤姆和彼得是挨着玛丽。再看汤姆还会英语，所以孙慧挨着汤姆。彼得还会日语，所以木子挨着彼得。

师：这个同学从最特殊条件入手想，一下就安排出来几个人的座位？

生：3个。

师：然后只需安排哪两个？

生：木子和孙慧。

师：你们觉得这个方法怎么样？

生：太好了！

师：怎么好？

生：非常方便，快捷！

师：从特殊的条件入手可以比较快地找到答案！你们说推理有没有方法？

生：有！

师：随着以后的学习，你们还会学到许多有关推理的方法，推理这部分内容有没有意思？

生：有！

师：能说说这节课的体会或者收获吗？

生：做事要有条理，要分析具体问题，并有次序地做。

刘延革 | 简单推理

273

生：明白了解决一个问题是有多种方法的，但有一种是最优的，应该选最优的方案去解决问题。

生：生活中多观察多思考，对于我们做数学题也是有帮助的。

生：对复杂的信息要简化，这样可以使我们能更好地看清楚关系。

师：同学们有了收获，就是刘老师这节课的收获。下课！

所有行为的背后都是推理

刘加霞[1]

逻辑推理是一种重要的思考工具，任何人都能意识到它的重要性。在日常生活中，一个人的思维可以出偏差，可以有不合逻辑的小错误。但在学习和工作中则不同，如果没有逻辑推理能力，则会出现逻辑混乱，导致错误的结果等严重的问题。尤其在当今和未来社会中，人们面对纷繁复杂的信息经常需要作出选择和判断，进而进行推理、作出决策。因此，专门的逻辑思维训练，无论对学生还是对要求提高工作能力的每个人来说都是十分有必要的。

推理一般包括合情推理和演绎推理。合情推理是从已有的事实出发，凭借经验和直觉，通过归纳和类比等推测某些结果。演绎推理是从已有的事实（包括定义、公理、定理等）出发，按照规定的法则证明（包括逻辑和运算）结论。在解决问题的过程中，合情推理有助于探索解决问题的思路，发现结论；演绎推理用于证明结论的正确性。在推理过程中要遵循逻辑的基本定律：同一律、矛盾律、排中律，否则就会得出荒谬的结论。"同一律"指的是：在同一思维过程中，每一思想与其自身是同一的。用公式表示：A 是 A。"矛盾律"指的是：在同一思维过程中，相互否定的思想不能同时为真，必有一假。用公式表示：A 不是非 A。"排中律"指的是：在同一思维过程中，相互矛盾的思想不能同时为假，必有一真。用公式表示：A 或非 A。

在小学阶段主要是发展学生的合情推理的能力。刘老师执教的《简单推理》（五年级）就是借助学生的生活经验和知识经验，在具体的情境中进行观察、猜测、分析、判断等思维活动，从而发展学生的推理能力。

一、根据学生特点与教学目标选取教学素材

有效数学学习的关键是学生能够自主、主动地参与到数学学习活动

---

① 刘加霞，详见第 38 页介绍。

中。学生参与学习的程度，与最初接触学习对象时所产生的情感和意志要素密切相关。如对学习对象的喜好、成功的学习经历、适度的学习焦虑、成就感以及对数学与数学学习价值的认可等。虽然不同的个体，其情感和意志要素不完全相同，但相同年龄段的学生却有着整体上的一致性，通过阅读文献资料，我们知道不同年龄段学生在整体上有比较明显的差异：

（1）小学低、中年级的学生更多地关注"有趣，好玩，新奇"的事物。因此，学习素材的选取、呈现以及学习活动的安排都应当充分考虑到学生的实际生活背景和趣味性（玩具，故事等）。

（2）小学中年级、高年级的学生开始对"有用"的数学更感兴趣。此时，学习素材的选取、呈现以及学习活动的安排更应当关注数学在学生的学习（其他学科）和生活中的应用（现实的，具体的问题解决），使他们感觉到数学就在自己的身边，而且学数学是有用的，必要的（长知识，长本领）。

（3）小学高年级、初中的学生开始有比较强烈的自我意识和自我发展的愿望，因此对与自己的直观经验相冲突的现象，对有挑战性的任务很感兴趣。素材的选取除去关注数学的用处以外，也应当设法给学生经历"做数学"的机会（探究性问题、开放性问题），使他们能够在这些活动中发展自我，初步形成"我能够，而且应当学会数学的思考"的愿望和能力。

除了上述"理性思考"外，为了"创设现实而有吸引力的学习材料"，刘老师在课前作了学生调研，了解学生在数学课上对什么样的问题比较感兴趣。

学生的回答是：熟悉的问题（有生活体验，"能说上话"）、有难度的问题（有挑战性）、开放性的问题（多种解决方法）、有时代气息（新鲜事物）的问题。

本节课所用的素材就是根据学生的年龄特点和心理特点以及教学目标进行设计的，都是学生在日常生活中能够见到的、熟悉的事情。

（1）坐车问题。在城市中经常有"上班追车"情况。让学生经历"搜集相关信息，进行推理"的过程，培养搜集有效信息进行推理的能力。

（2）找工作问题。理解"平均工资"，感受到所学习的数学知识能帮助解决实际问题。

（3）赛车问题。电视中经常会出现赛车的情景，生活中经常会遇到排序的问题。另外，增加了多余条件，让学生学会选择有用信息进行推理。强调"画图"这一重要的问题解决策略。

（4）安排座位问题（开会和吃饭）。将条件的顺序打乱，整理信息后进行推理。强调找问题解决的"突破口"——从特殊条件入手是解决问题的重要方法。

总之，教学素材的选取不仅仅凭借教师的经验来主观选择，还要通过文献资料阅读来研究学生心理、生理特点、兴趣爱好，更要对学生进行实际的调查研究，更要时刻不忘记教学目标是什么，从而选择恰当的教学资料实现有效的教学。

刘延革 ｜ 简单推理

二、教学中让学生经历"过程"，培养推理能力

能力的发展绝不等同于知识技能的简单习得，能力的形成是一个缓慢的过程，它不是学生"懂"了，也不是学生"会"了，而是学生自己"悟"出了道理、规律和思考方法等。这种"悟"只有在数学活动中才能得以进行，因此教学过程中必须给学生提供探索交流的空间，组织、引导学生经历观察、实验、猜想、验证等数学活动过程。

刘老师的这节课就给学生提供了充分的从事数学活动的时间和空间。每一个问题提出后，学生都有自主探索的时间，他们在看一看、想一想、试一试的思维活动中进行，教师不作任何提示，使他们有了独立观察、分析、判断的思考空间。当思考有了答案或遇到困难时，再进行讨论，在交流中解除困惑、明确思想。汇报时，启发学生能用数学的语言清晰地、有条理地表达自己的思考过程，做到言之有理、落笔有据。

更为重要的是刘老师在解决完一个问题后，总要留出时间和学生一起进行"回顾、反思、总结、提升"：

师：好！回顾一下刚才猜测老师年龄的过程。首先，我们凭借着生活经验观察、猜测刘老师的年龄，然后根据第一条信息排除了不是 4 的倍数的年龄，再根据第二条信息补充上了 36 岁，最后又根据老师补充的条件，推断出刘老师今年多大？

生：40 岁。

师：同学们经历了观察、猜测、分析、判断等一系列的过程，这个过程我们就是作了一个简单的推理。

"回顾"的是问题解决的过程（条件、问题、思维过程），"反思总结"的是问题解决的方法和策略。只有经历这样的过程，学生才能掌握方法，提升问题解决的反思能力。

三、转变学生的数学观，强化数学的理性精神

数学是什么？柯朗在《什么是数学》中提出："数学，作为人类思维的表达形式，反映了人们积极进取的意志、缜密周详的推理以及对完美境界的追求。它的基本要素是：逻辑与直观、分析和构造、一般性和个别性。虽然不同

的传统可以强调不同的侧面，然而正是这些互相对立的力量的相互作用，以及它们综合起来的努力才构成了数学科学的生命、用途和它崇高的价值。"显然，逻辑严谨性、推理性是数学的基本特征。那么，学生如何感受这些特征？

数学不应当是独立于学生生活的"外来物"，不应当是封闭的"知识体系"，更不应当是由抽象的符号所构成的一系列数学事实，如概念、定理、公式、法则等（在学生们的头脑中"数学"除了计算就是数量关系）。

通过这样的推理教学，让学生感受数学除了基础知识和基本技能以外，还包括作为解决问题的数学（数学是一种工具）、作为交流的数学（数学是一种语言）、构成思维方式的数学（是一种意识、观念、精神、态度）和作为艺术的数学（严密的逻辑关系、规律美、图形美），等等。拓展了数学学习的主题绝不是单纯的数学事实（结论性、结果性），扩展了学生对"数学"的认识。

这实际上就是转变学生对数学的态度，即数学观的转变。数学观是"第三维目标"中"态度"目标的重要内容，"态度"是一个内涵非常丰富但理解起来又非常笼统的概念，对学生的学习效果及其成长所起作用非常大，但在教学中如何落实则困难重重。

首先，我们要清楚"态度"的内涵。很多研究者（例如奥尔伯特、杜威、克伯屈、弗里德曼等）都对"态度"进行了深入细致的研究。概括起来说，"态度"是影响个体行为选择的内部状态，是个体对自我、他人以及这个世界的看法或者是个体的信念系统。具体来说，弗里德曼从以下几个角度对"态度"的内涵进行了分类：对求知的态度；对交往的态度；对学科的态度；对学习方式的态度；对自我发展的态度。由这几个维度不难理解"态度"的内涵，刘老师这节课培养的就是对数学学科的态度以及如何学习数学的态度。

其次，"态度"的培养必须经历"过程"。情感、态度与价值观是紧密结合在一起的，在积极的情感基础上，产生正确的态度与价值观，这三者的培养是充分的数学活动过程中形成的，否则就是"说教"，很难使学生产生积极的情绪、情感，态度与价值观的养成也就流于形式。正如著名心理学家马斯洛所说，不要以外部"行为"代替"感受和体验"，必须经历"体验"的过程，经历这一过程，才能有"态度"的培养。刘老师这一课，正是让学生充分经历了前面所分析的"过程"，为此才能真正有"态度"的培养。

为什么上《简单推理》

刘延革

　　逻辑推理在生活中无处不在，培养学生的推理能力是数学教育的重要目标。《全日制义务教育数学课程标准（实验稿）》（简称《标准》）中明确指出：推理是数学的基本思维方式，也是人们学习和生活中经常使用的一种策略。

　　《标准》首次将"推理能力"单独作为学习的内容，而不仅仅渗透在其他的学习活动中，将这一隐性的、长远的、不易于直观感知其存在和作用的推理能力明确地推到了"台前"。并强调，推理能力的发展应贯穿在整个数学的学习过程中，推理能力不是与生俱有的，需要通过学习锻炼才能形成和提高。

　　为了落实《标准》中提出的这一教学目标，各版本教材（基本上都在低年段）中都编写了专为训练推理能力的教学内容。但在高年段，各版本教材中都不再单独编写训练推理能力的教学内容，将推理能力的培养融入到其他教学内容中。

　　那么，小学高年级是否有必要再单独设计《推理》一课？设计这一课的教学目标是什么？选取什么样的"推理问题"来达成教学目标？

　　我认为，学生在低年级虽然学习了一些简单推理的内容，高年级的学习中也在不断培养学生的推理能力。但是，学生并没有认识到推理既是一种思维方式，也是一种重要的解决问题策略，而且推理的过程中是有方法辅助的。这些内容的学习对学生是有必要的，并且只能在高年段的学习中学生才能认识和感受。基于上述的认识，我在五年级的学生中作了大胆的尝试，教学中我选取了大量生活中的素材，让学生经历运用推理解决问题的过程，学习推理的简单方法，感受推理内容的趣味与价值。

周卫东 —— 找规律

我一直在追求一种境界，那就是促进学生心智的觉醒、智慧的萌发和人性的形成。

周卫东

周卫东，江苏省小学数学特级教师，南京师范大学客座教授，现就职于南京师范大学附属小学。江苏省"333"工程培养对象。他在省、市各类课堂教学竞赛和基本功竞赛中多次获一等奖，应邀在北京、上海、杭州、太原、长沙、广西、南京等十多个省、市讲学近百场，受到广泛好评。他的教育教学及管理事迹多次在《江苏教育》《中国教师报》《小学数学教学》《学校管理》等报刊、媒体推介。在《江苏教育》《小学学科教学》等核心刊物发表论文200余篇。

　　周老师倾心于"扎实、灵动、启智"型课堂教学的研究并取得丰硕的成果。多年的实践磨砺，使他的课堂逐步形成"朴实、灵动、睿智"的教学风格。他的课朴实，他的话很少，没有华丽的辞藻，点评也是言简意赅；他的课灵动，学生发言时的每句话、每个字都会进入他注意的界面，形成预设框架内的精彩对话与生成；他的课睿智，有"数学味"，源自对数学本质的理解，对数学源头的探寻，对知识间联系的洞察，源自对学情的体贴与把握，对学生的"可能"世界的科学定位，对课堂追求永远持一种"将要"的姿态。

在生活中找寻数学的本味

——周卫东教《找规律》

周卫东 | 找规律

《找规律》是苏教版五年级下册的内容，旨在结合具体情境，引导学生探索并发现简单图形覆盖现象中的规律，进一步培养学生发现和概括规律的能力，并感受数学学习的乐趣。周老师安排了三次"找规律"的探索过程。第一次的"找"以操作积累感性经验，第二次的"找"以操作的表象为支撑，第三次的"找"是在大量感知、丰富积累后，逐步归纳，层层寻找，在理解中概括，在比较中抽象。整个"找"的过程经历了朴素的动手操作、丰富的表象思考、简约的列式计算、抽象的数学模型这样一个动态生成的过程。周老师不仅关注结果，而且关注找规律的方法，关注学生的"按顺操作"、有序思考，及时引导学生围绕数学要素"每次框的个数""平移几次""有多少种情况"进行深入思考，运用分析、比较、"变化与不变"、符号化等数学思想方法进行规律的概括与表达，体会数学知识内在的机理，学生的思维之花在"找规律"的活动中尽情绽放。看似寻常的课堂中，我们感受到周老师富有智慧的"精耕细作"，品味到淳厚的数学味。

一、情境引入，揭示问题

师：（播放"体育彩票开奖"的现场录像）同学们，请看屏幕……

师：这是我们熟悉的场景，仔细观察，你看到了什么？

生：我看到了体育彩票在开奖。

生：我看到8、6、0、9、2、6、9这几个数字。

师：看来，同学们对这样的画面并不陌生，这是体育彩票在开奖呢！刚才有同学看到这一行数字。数数看，一共有几个数字？你知道这些数字有什么用吗？

生：这是中奖号码，如果买的彩票跟这个号码一样，就可以中特等奖。

生：中500万！

师：噢，大家对彩票的知识了解得还真不少呢！其实，彩票除了特等奖以外，还有一等奖、二等奖，一直到最小的五等奖。如果选对两个连续的数字，就可以中五等奖了。现在我们来看看这期彩票（电脑出示8、6、0、9、2、6、9），选对了哪两个数就可以中五等奖？

生：8和6。

生：9和2也可以。

师：彩票中其实也有数学问题（出示问题，如右图），请同学们思考，中五等奖的彩票一共有多少种情况呢？（学生交流。）

选对两个连续的数字可以中五等奖。
五等奖的彩票一共有几种情况？

| 8 | 6 | 0 | 9 | 2 | 6 | 9 |

二、动手操作，积累经验

1. 第一次探索

师：找到答案了吗？一共有几种情况？

生：一共有6种情况。

师：6种情况，大家同意吗？有没有别的答案？

师：确实是6种情况。但老师更关心你们是怎么找到这6种情况的？

生：我是用方框框的（每个学生都有一个透明的方框）。先框住左边的8和6，是一种，然后框住6和0……一直到6和9，一共是6种情况。

师：他是用方框来框的，有没有其他方法？

生：我是在上面画圈的，一共有6个圈。

生：我每一种情况都写下来，比如86，60，09……一共有6种情况。

师：噢，刚才有同学用方框来框。老师电脑上也有一个框，谁来给大家演示一下？（电脑演示。）

师：我们一起来看一看。他是怎样框的？这样框有什么好处？

生：他是先框住最左边的8和6，然后向右平移一格。一直移动到最右边，一共是6种情况。

师：这样有什么好处呢？

生：这样框，不会重复，也不会遗漏。

师：是啊，这样按照顺序就可以一个不落，把每种情况都框出来。

（板书"按顺操作"。）

师：看来用方框框的方法确实不错，你们也能像这样框一框吗？不过，老师有个要求，这次框的时候，大家数一数，方框从左到右一共平移了几次，有几种情况？

生：一共平移了5次，有6种情况。

师：都是这样的结论吗？有没有发现什么问题？

生：平移了5次，怎么会有6种情况呢？

师：确实是啊，怎么会出现这样的情况呢？

生：方框一开始就框住了8和6两个数，8、6是一种情况，但没有平移。以后每平移一次就是一种情况。

师：通过刚才的研究我们发现，中五等奖就相当于每次框两个数，方框从左到右要平移5次，一共有6种情况。

完成板书：

每次框的个数	平移几次	有多少种情况
2	5	6

2. 第二次探索

师：刚才我们研究了五等奖彩票的中奖情况，如果是中四等奖呢？你认为怎么才能中四等奖？

生：就是选对连续的三个数字。

师：是啊，也就相当于每次框3个数。如果每次框3个数，有几种情况呢？请同学们先猜一猜。

生：我认为还是6种情况。

生：我认为应有5种情况。

师：同一个问题出现了两种答案，谁对谁错呢？还需要我们——通过实践来检验。请同学们用自己喜欢的方法来找到答案，好吗？（学生交流。）

3. 第三次探索

师：刚才我们又研究了中四等奖的情况，如果是中三等奖和二等奖呢？三等奖就是相当于每次框——4个数。二等奖——每次框5个数。

师：那中三等奖和二等奖各有几种情况呢？看看屏幕，你能在头脑中想象出需要平移几次、有多少种不同的情况吗？

生：每次框4个数，需要平移3次，一共有4种情况。

生：每次框5个数，需要平移2次，

| 8 | 6 | 0 | 9 | 2 | 6 | 9 |

一共有 3 种情况。

师：需要平移 3 次，看看这张图，平移 3 次，你能在图上找到这 3 次吗？你是怎么看出来的？

生：我看到第一次要平移到 2，再平移到 6，最后到 9。这样就需平移 3 次。

师：那平移 2 次呢？

师：我们再来看一看图片，你认为平移的次数跟什么有关？

生：跟剩下的数字有关。

生：剩下 3 个数需要平移 3 次，剩下 2 个数就需要平移两次。

生：也就是剩下了几个数，就需要平移几次。

师：是这样吗？那现在我们来看一看，如果框两个数，需要平移几次呢？

师：框 3 个数呢？由此，我们是不是能看出些规律呢？

生：只要看到剩下几个数，我们就知道要平移的次数了。

三、分析比较，概括规律

师：刚才我们一直在研究一共有多少种情况，看看黑板上的表格，联系屏幕上的图形，我们来思考一下，有多少种不同的情况，究竟跟什么有关呢？请大家先独立思考，想好后再和小组的同学讨论讨论。（学生思考讨论后汇报交流。）

师：一共有多少种情况跟什么有关？

生：有多少种情况跟平移的次数有关。

生：有多少情况总是比平移的次数多 1。

师：是这样的吗？那如果平移 100 呢？有多少种情况？

师：如果有 200 种情况，需要平移几次呢？

师：刚才同学们都发现了有多少情况跟平移的次数有关。那平移的次数又跟什么有关呢？

生：跟每次框的数字有关，框得越多，平移的次数就越少。

师：刚才我们发现平移的次数，跟每次框住的数都在不断地变化。在这个变化当中，有没有什么不变的呢？

生：它们的和都是 7。

师：看来我们要知道有多少种不同的情况，关键是要知道方框平移几次，而方框平移几次，关键是要看剩下几个方格。而剩下的方框，我们可以用总数减去框了几个数。是这样的吗？

师：找到规律了吗？下面我们用找到的规律来解决一些问题，好吗？

四、巩固内化，发展智力

1. 研究第 56 页的"试一试"（经过改编、加工）

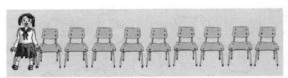

（1）每次给相邻的 5 个小方格盖上红色的透明纸，一共有多少种不同的盖法？

（2）如果花边有 13 格呢？

师：试着比较这两题，有什么区别呢？

师：虽然每次盖的数相同，但总数不同，所以有几种盖法也不同。结合刚才同学们所做的以及黑板上的数据、算式，你能归纳这其中不变的规律吗？（小组交流，汇报。）

师：如果用 a 表示总个数，用 b 表示每次框的个数，有几种不同的情况？怎样表示呢？

生：$a - b + 1$。

2. 研究"休假问题"

王叔叔在一家外企上班，公司给他每个月有 4 天的连续休假。5 月份，王叔叔准备用这 4 天休假出去旅游，你认为王叔叔在安排日程时有几种情况？（学生研究并交流。）

3. 研究第 59 页"练习十"的第 2 题（经过改编、加工）

师：（出示书中的插图，把总数改成 10 个）一共有多少种不同的坐法呢？（学生答略。）

师：但是到礼堂一看（出示右图），发现第一张椅子被一个同学给坐了，现在还是有 9 种不同的坐法吗？（学生答略。）

师：（出示右图）如果这个小朋友坐这儿呢？你还能解决吗？

师：看得出，同学们真聪明！这样的问题，同学们都能轻松地解决，不简单！

4. 研究游戏中的问题

师：最后，老师还给大家带来了一个同学们喜欢玩的游戏。这是俄罗

287

斯方块，在游戏中这个方块会往下掉，一直掉到最下边。联系今天学习知识，你能提出问题吗？

生：这个方块掉到最下边，它的位置有多少种不同的情况？

师：会解决吗？

生：9 - 2 + 1 = 8 种。

师：同意吗？我们一起来看一看。
（电脑演示，如右图。）

师：我们都知道，这个方块会变化。
（把方块顺时针旋转 90 度。）看看，现在
掉下来还是 8 种情况吗？

生：是 7 种，用 9 - 3 + 1 = 7。

师：同样的方块，为什么一会儿是 8 种，一会儿是 7 种呢？谁能解释一下。（学生答略。）

师：看来这个小小的游戏里面也蕴藏着我们今天找规律的知识呢。

五、总结反思，拓展延伸

师：通过这节课的学习，你有哪些收获呢？

师：如果我们不把俄罗斯方块看成游戏，而是看成一个方格图，那么这个方块在整个方格图上的位置又有多少种情况呢？其实，这就是下一节课我们要研究的内容，有兴趣的同学课后可以继续研究。

"三找"，找到了什么？

阎　勤[①]

規律是隐藏在大量同类现象背后的共同本质，找規律重在"找"，"找"的过程是找規律教学的着力点，即是浓墨重彩之处。周老师着力让学生充分体验規律的形成过程，通过三个阶段的"寻找"，步步深入，层层递进，找出規律。

一、在操作中找方法

在播放体育彩票开奖录像后，让学生用自己的方法进行试探找出五等奖可能有几种情况，并初步得出"一共平移了5次，有6种情况"的结论。这可谓是第一阶段的"找"。

第一阶段的"找"是引导学生用平移的方法去解决问题，得到答案。教学中，周老师放手让学生自主寻求如何去解决问题。学生有的框一框，有的圈一圈，有的写一写，方法多样化、个性化。在反思操作过程中，学生通过交流发现了用平移的方法不容易"乱"，即不重复、不遗漏，把操作与思考结合起来，使学生领悟数学的方法和策略。在研究四等奖时，学生利用前面操作的经验，大胆猜想，运用直觉思维作出判断，再用平移的方法验证猜想，发展了合情猜想的能力。这一次的"找"处于具体形象阶段，学生在操作中积累感性经验，在交流中感知有序思考以及用平移的方法解决问题的优越性，形成了丰富的动作思维。在动作思维和抽象思维中间应该有一个中介、一个桥梁，于是自然引领学生进入第二阶段的"寻找"。

二、在表象中找算理

直观固然重要，但它往往只是认识的起点，最终还必须摆脱它。表象

---

① 阎勤，江苏省数学特级教师，南京师范大学附属小学校长，"南京市基础教育名家"，享受国务院特殊教育津贴。在全国20多个省、地区讲学200多场，出版《坚守爱的课堂》等教育专著。

周卫东——找規律

的建立有助于更快地摆脱具体事物的束缚，向抽象思维过渡。因此，周老师设疑：能不能不操作，在脑子里直接移一移，能很快找出平移几次吗？这样，从直观操作过渡到了表象操作，把平移的操作进一步简约。学生在想象中移动方框，不是机械操练、简单重复，而是主动思考、积极探索，在平移中发现"平移的次数＝剩下的个数"，让操作活动真正内化，并建立起清晰鲜明的表象。为后面规律中的"总个数－每次框的个数"解决了"为什么"的问题，这也是图形覆盖规律的算理。接着，让学生运用刚刚获得的结论回头去验证四、五等奖，完善了表象提升，在更高的层面上内化直观形象。第二阶段的"找"以操作的表象为支撑，让学生能"知其所以然"，找出算理，逐步逼近规律的本质，发展了形象思维。这时，学生需要将所获得的表象进行加工处理，需要从理性上把握其中的规律，因此，有了第三阶段的"找"。

三、在抽象中找规律

学生在具体情境中理解了算理，能很快列出算式解决问题，其思维不是仅仅停留在直观的算理上。学生亲身体验了将实际问题抽象成数学模型的过程，这样在以后解决问题时能更快更好地运用所学知识。在解决"彩票"问题后，学生已经初步找出了规律，周老师没有让学生进行抽象概括，而是让学生运用这种初始模式计算"花边题"，在实际运用中进一步理解算理。"总个数相同，每次框的个数不同；总个数不同，每次框的数相同"，这样丰满、丰富的材料，依次呈现出来，便于学生全面分析、比较，剔除非本质属性，顺理成章找到规律，抽象出一般算法，使感性认识上升为理性认识。第三次的"找"不是让学生在匆匆忙忙中得出结论，而是在大量感知、丰富积累后，逐步归纳，层层寻找，在理解中概括，在比较中抽象。

"三次寻找"经历了朴素的动手操作、丰富的表象思考、简约的列式计算、抽象的数学模型这样一个动态生成的过程，学生在"找"中掌握了科学的研究方法，发展了思维能力。

"找规律"教学要处理好的两个关系

蒋康华[①]

周卫东老师执教的这节课给我们很多的启迪。

一、能处理好过程与结果的关系

首先，规律是一个结果，这个结果应该是有"灵魂"的，这个"灵魂"就是数学知识内在的机理。这节课中，周老师能准确把握本课中最核心的问题，诸如"多少种情况跟什么因素有关"、"为什么多少种情况＝平移的次数＋1"、"为什么平移的次数＝总数－每次框住的数"等，展开教学活动，使学生对问题、对规律达到了理解的水平，而不只是凭借表格中数据本身外在的联系来获得结果，有效地避免了死记结果、浅层模仿等现象，从而使知识具有可攀性。

其次，找规律不仅仅关注一个结果，更要关注过程。《找规律》的教学要求浓缩起来就是四个字"重找会用"，"找"的过程是一个多层活动的过程，是一个感悟的过程，是一个学生智力升华和思维发展的过程。比如，能果断地放弃教材例题中按 1～10 的自然顺序的素材，而引入生活中"彩票中奖"的材料，避免了因自然数的顺序可能带来的非本质联系，提高了思维的强度，让学生的思维指向规律的本质。这节课的核心问题是"一共有多少种情况"，而回答这个问题，"要平移多少次"是一个绕不过去的"坎儿"。但"平移"只是为了帮助建立表象，是为了让学生达到用不着移！教学中，周老师尽可能地淡化学生对"平移"的依赖，让学生先想象后操作，试探"要平移多少次"和"有几个不同的和"的结果，在研究总长不变，每次框不同数的情况下，对规律存在的背景进行拓展，使规律内在的本质联系"显山露水"，并更具普适性。

二、能处理好数学与生活的关系

从数学化的角度看，有横向和纵向两种。本课中的数学知识无论是

---

① 蒋康华，江苏省小学数学特级教师，全国优秀教师，江苏省盐城市教育科学研究院副院长，苏教版教材编审，在全国 20 多个省、地区讲学 100 多场。

"来处"还是"去处"，既能以横向数学化的方式在生活世界里生成，也能做到以纵向数学化的方式在符号世界里重塑。

周老师从生活中学生常见的彩票开奖情境开始，激发学生的学习兴趣和求知欲望，在知识的应用阶段带领学生回归到生活世界，研究了"花边题"、"休假题"、"座位题"等，使学生生活中的数学因子充分激活，很好地体现了"儿童数学"的特点。同时，他又没有囿于生活，在研究"花边题"中具体数据的基础上，引进了用字母来表示规律的做法，帮助学生建立关于"图形覆盖现象"的解题模型，体现了浓烈的"数学味"。课末的"俄罗斯方块"游戏更使我们看到了周老师独特的设计视角和广泛的生活阅历，使学生的想象、思考、创造等智力因素得以充分展现，他们经历的是学习之旅、思维之旅，更是精神升华之旅。

三思而后行

周卫东

本课所授内容为苏教版五年级下册的"找规律"，旨在结合具体情境，引导学生探索并发现简单图形覆盖现象中的规律，根据"图形平移的次数"推算被该图形覆盖的总次数，同时在经历自主探索与合作交流的过程中进一步培养学生发现和概括规律的能力，并感受数学学习的乐趣。在教学时，我进行了以下几个方面的思考。

一、本课的切入点在哪里

以什么样的情境作为问题的切入点，是我们备课组思考的第一个话题，是选择现实生活情境，还是选择五年级教材中呈现的基于抽象数学知识的情境？很显然，从表层上看，生活情境易于激发学习兴趣，但如何不让情境流于形式，而具有数学价值，能激发探究欲望呢？经过充分思考后，我最后选择以体育彩票中奖情况作为切入点，主要源于以下考虑：

例题呈现的是 10 个连续的自然数，这个材料本身具有特殊性、偶然性。学生在探索时更直接、更容易，思维会产生惰性。我们认为情境应当具有一定的认知空隙，其探索空间应处在学生的"最近发展区"。体彩的 7 个号码是一串没有规律的数，它为学生的思维增加了难度，也即有一个寻找总数给数字编号的思考过程，这样对于促进学生思考的全面和完善有着积极的作用。

找规律在生活中是有原型存在的，生活中的很多现象蕴涵着图形覆盖的规律。我们让鲜活形象的体育彩票代替沉闷抽象的数学材料，不仅提高了学生学习的兴趣，更重要的是让学生经历从现实世界抽象出数学问题的过程。当学生遇到问题"五等奖有几种情况"时，学生需要把这一生活问题转变成这样一个数学问题：每次框两个连续数，有几种情况。而书本中的例题直接呈现的是现成数学问题，相比体育彩票少了一个提炼的过程。从"数学的、生活的、趣味的"这几个方面来考虑问题的切入点，易于沟通生活经验与所学知识的联系，有助于学生领悟规律的实质。

二、本课的着力点在哪里

规律是蕴藏在大量同类现象背后的共同本质，找规律重在"找"，找的过程应是本课的着力点，也是浓墨重彩之处。本课学生的"寻找"分这样的两个层次：第一次的"找"处于具体形象阶段，是一个操作、经历和体验的过程。课上提供充足的探索时间，引导学生寻找解决问题的方法，在操作中积累感性经验，在交流中感知有序思考，体会用平移的方法解决问题的优越性，这时学生的思维应该是处于动作思维阶段。在动作思维和抽象思维中间应该有一个桥梁、一个中介。于是，安排这样一个环节：能不能不操作，在脑子里直接想一想平移的过程。从直观操作过渡到表象操作，把平移的操作进一步地简约，一步一步促使学生剥除规律的外壳，逐步逼近规律的本质。这次"找"遵循学生的认知规律，这其中学生经历了丰富的数学思考，由一开始纯粹的"找答案"渐渐向自觉行为转变。

第二次的"找"是一个抽象概括的过程，学生在这一过程中探寻实质、形成模型。学生经历了大量的感知、具备了丰富的积累后，需要从理性上把握其中的规律，这也是数学的本质。因此，这个"找"不是蜻蜓点水式的一掠而过，而是引导学生多方向、多角度观察、比较表格中的数据，寻找在不断变化的数量背后的规律。在观察后，我给予学生充足的时间进行交流，这时学生的思维不仅仅是停留在直观的算理上，而且能抽象出一般的算法，用字母表示数量之间的关系，从而形成规律，构建模型。整个"找"的过程经历了朴素的动手操作、丰富的表象思考、简约的列式计算、抽象的数学模型这样一个动态生成的过程。

三、本课的训练点在哪里

找规律重在会用，会用规律不是机械、反复地操练，而是自觉、灵活地运用规律，并在运用中加深对规律的理解，发展学生思维，从而使其体会数学的价值和魅力。针对这样的思考，训练材料的选择突出一个"变"字，即注重变化，讲究变式。首先，思维度的变化。遵循学生的学习心理规律，问题的思维含量层层递进，由易到难，习题的排列顺序由单项到综合不断变化。如"花边题"既是继续探索的材料，又是配合例题的练习，使学生积累解决问题的经验；"休假题"是以文字形式出现，材料更具真实性，更贴近生活，没有了形象的支撑，更能使学生的抽象思维得到提升，而且能进一步体会规律的实际应用价值；"座位题"是一道变式题，需要有两次思考，考查灵活应用知识的能力；"俄罗斯方块"是本节课的延伸，下节课的"孕伏"，学生跳一跳够得到。这样的设计使学生打开思路，跳出机械解题模式，培养学生思维的灵活性和深刻性。其次，呈现注意多样化。有直观图出示的，也有文字形式出示的，不同形式的出示都与它的训练要点、目标息息相关，直击学生的思维，能不断地催生"增值效应"。

周卫东 —— 折线统计图

我一直在追求一种境界，那就是促进学生心智的
觉醒、智慧的萌发和人性的形成。

周卫东

周卫东，详见第 282 页介绍。

简单统计图　催生智慧源

——周卫东教《折线统计图》

　　"折线统计图"是第二学段"统计与概率"领域的内容，是在学生已经掌握了收集、整理、描述、分析数据的基本方法，会用统计表和条形统计图来表示统计结果，并能根据统计图表解决简单的实际问题的基础上进行教学的，是学生今后学习复式折线统计图的基础。本课，周老师循着"引发—激疑—构建—促思—沟通"的活动主线，步步为营、拾阶而上，完成了对折线统计图的基本构成要素和主要特点的初步建构。紧接着，周老师安排了"操作应用—选择深化—辨析升华—沟通延展"的系列练习，进一步完善了对折线统计图功能特征的认识。本节课平实顺畅，平实中不乏思维的启迪，顺畅中不时溅起智慧的浪花。

一、创设情境，谈话引入

　　师：同学们，请看屏幕，仔细观察。　（投影课本中的主题图及统计表。）

某地 5 月 21 日白天室外气温情况统计表

时间	7：00	9：00	11：00	13：00	15：00	17：00	19：00
温度（℃）	12	16	22	24	20	15	6

师：预测一下，咱们今天学习的内容可能与什么有关呢？

生：可能与统计有关。

师：为什么这样说呀？

生：屏幕上有一张表格，还有两位同学在统计气温。

师：大家都有这样的感觉吗？

师：好的，今天，我们就来学习与统计有关的内容。（板书课题"统计"。）

二、冲突激疑，自主构建

1. 引发

师：从这张统计表中，你能知道哪些信息？（学生汇报。）

师：观察得都挺仔细的，那你会解决这个问题吗？（出示问题："在接近的两个时刻里，气温升得最快的是几时到几时，降得最快是几时到几时呢？"学生思考片刻后汇报。）

生：我认为气温升得最快的是 9 时到 11 时，降得最快是 17 时到 19 时。

师：怎么知道这个答案的呀？

生：因为 7 时到 9 时上升了 4℃，16 − 12 = 4℃，9 时到 11 时上升了 6℃，22 − 16 = 6℃，11 时到 13 时上升了 2℃，24 − 22 = 2℃，所以 9 时到 11 时气温上升得最快。

生：15 − 6 = 9℃，所以 17 时到 19 时气温下降得最快。

师：大家都是用什么方法得出答案的呢？

生：是用减法计算出来的。

师：假如不计算，我们能直接看出问题的结果吗？

生：不能！

师：确实如同学们所说，不能直接看出，必须通过计算的方法。（板书"计算"、"不能直接看出"。）

2. 激疑

师：同学们，学习数学不能停留在现有的水平，要有新的思考。比如还是这个问题，想象一下，如果不通过计算的方法，有办法直接看出问题的答案吗？（等待片刻后，学生汇报。）

生：做成统计图，画正字的方法，做成条形统计图、折线统计图，等等。（教师板书"统计图"。）

师：看来，众说纷纭，各抒己见，究竟用什么方法好呢？我们来向书本请教。请大家把课本打开，自学第 94 页。（学生自学。）

3. 构建

师：合上课本，咱们一起回忆一下，课本中给我们绘制了一张——

生：折线统计图。（板书"折线统计图"。）

师：好，我们请电脑来帮忙，看看这张统计图是怎么形成的？（电脑按图的名称、日期、横轴、纵轴、网格线、点线等部分动态显示折线统计图形成的过程，教师适时解释。）

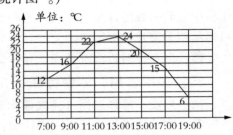

单位：℃

某地5月21日白天室外气温情况统计图

师：仔细观察，刚才这两个问题（投影）不计算你能作出准确的判断吗？（再度出示问题："在接近的两个时刻里，气温升得最快的是几时到几时，降得最快是几时到几时呢？"引导学生思考。）

师：请大家把自己的想法在小组里面讨论一下。

师：你是怎样判断的？

生：我发现9时到11时的线段所占的格子最多。

生：我认为9时到11时的线段最长。

师：其他同学的感受呢？

生：这条线段所占的格子最多也最长，也可以说最陡。（教师板书"陡"。）

师：线段上升得越陡表示上升越——

生：快。

师：同样，下降得越陡表示降得越——

生：快。（教师点击课件，陡的线段闪烁，同时并板书"陡——快"。）

师：哦，反过来说，那平缓说明上升得比较——

生：慢。

师：下降得平缓也说明降得比较——

生：慢。（教师板书"平——慢"。）

4. 促思

师：同学们，思考再深入一点，比较一下折线统计图和统计表，谁能更清楚地看出气温的变化情况？为什么？

生：折线统计图不需要复杂的计算，就可以直接看出气温的变化情况。

师：行，这就是折线统计图的特点，它能准确清楚地表示事物的变化

299

情况。（板书"变化情况"。）

5. 沟通

师：你有没有在其他地方见过类似这样的图？（学生交流。教师投影生活中见到折线统计图，如病人的心电图、股票分析图等，根据学生介绍可出示相关图片加深印象。）

师：现在你对折线统计图，有什么话想说？

三、多层应用，体会特征

第一层次：操作应用（完成课本 95 页"试一试"）

师：刚才我们认识了折线统计图，了解了它的特点和作用。现在，我们一起来绘制一张折线统计图，好吗？（学生独立完成之后，教师相机请学生到台上展示。）

师：你能给大家说说完成统计图时要注意些什么？

生：点准，线直，写上日期和数据。（教师相机板书。）

师：这儿有一张完整的统计图，一起来看（点击成完整的折线统计图），从统计图中你知道了什么？（学生交流。）

第二层次：选择深化

师：同学们，想继续研究下去吗？这里有三个折线统计图。（出示南极等三地同一天早、中、晚三个时刻气温变化情况统计图。）

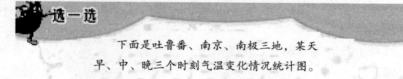

下面是吐鲁番、南京、南极三地，某天早、中、晚三个时刻气温变化情况统计图。

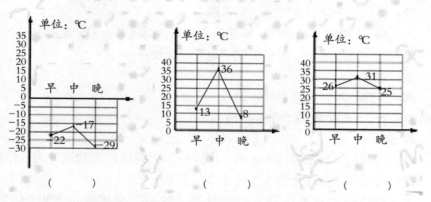

师：这三幅折线统计图分别描述的是哪些地方呢？请认真思考，并在小组里讨论一下。

生：第一个图应该是南极。

师：你能结合统计图中的数据说得更具体些吗？

生：统计图里早上是零下 22℃，中午是零下 17℃，晚上是零下 29℃。肯定很冷。南京和吐鲁番不是这样的。

师：你怎么知道是零下的？

生：图上写的 –22、–17、–29 都是负数，所以是零下。

师：那第二个图呢？

生：第二个图是吐鲁番。

师：能说得具体些吗？

生：因为吐鲁番的奇观是"早穿棉袄午穿纱，晚围火炉吃西瓜"，说明早上和晚上很冷，中午很热，所以是吐鲁番。

生：说明早晚温差很大。

师：温差很大是什么意思？

生：一天中气温从早上的 13℃ 升到中午的 36℃，又从中午的 36℃ 降到晚上的 8℃，变化太大。

师：其实这是折线统计图的一个非常大的优势，它可以让我们很容易看出数据的变化情况。既然图 1、图 2 分别说的是南极、吐鲁番，那第三个图就是南京了。你能联系南京气候的实际情况说一说吗？

生：南京的气候热的时候多，从图中可以看出：早上 26℃、中午 31℃、晚上 25℃，气温都很高。

师：学了今天这节课，你有什么收获？

第三层次：辨析升华

师：（出示"想想做做"的第 2 题中的统计表）请大家根据统计表中的数据，在作业纸上完成统计图。（作业纸上的统计图对课本中的折线统计图作了修改，学生在作业纸上绘图。）

师：（投影图 1）这是同学们绘制的作品，请仔细、认真地观察这张图，你们有没有话想说？

生：有点不好看。

生：整个折线的位置居上，不美观。

生：不便于进行数据分析。

师：都有这样的想法吗？那怎么办

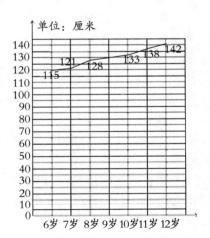

图 1　小明 6～12 岁每年生日身高情况统计图

呢？大家想想办法。

生：我们可以把下面多余的部分去掉。

生：把多余的部分删掉。

师：刚才两位同学说"去掉"、"删掉"显然是不合理的，怎样表达既科学又合理呢？

生：可以用"隐藏"，把 0～100 的网格线隐藏起来。

生：还可以用"折叠"。

师："隐藏"、"折叠"，多好的词！我们请电脑来帮忙，好吗？（多媒体动态演示图 1 变成图 2 的过程。）

生：耶！

师：图中哪里表示隐藏或折叠呢？

生：图中歪歪扭扭的部分。

生：图中弯弯曲曲的部分。

师：是这样吗？（多媒体闪烁表示省略部分的折线。）

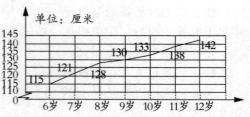

图 2 　小明 6～12 岁每年生日身高情况统计图

师：再认真仔细地观察这幅图，面对图 2，你还有没有话想说？

生：现在还不是很完美。

生：现在虽然多余的部分去掉了，但图中表示数据的折线没有变，还是不能清楚地看出数据的变化状况。

师：都有这样的想法吗？那还要怎么办呢？

生：可以把每一格的间距拉大，就容易看清楚它的变化情况。

师：是这样吗？（多媒体再次演示图 2 变成图 3 的过程。）

师：现在你能从统计图中清楚地知道什么？（学生交流。）

第四层次：沟通延展

师：看得出，大家研究的

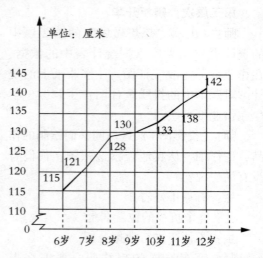

图 3 　小明 6～12 岁每年生日身高情况统计图

气氛更浓了，老师很想和同学们对今天的内容作进一步的研究。请看：小明学了折线统计图后觉得它的优点特别明显，就到商场作了个调查，并绘制了一张折线统计图。你觉得这张折线统计图合理吗？（教师出示以下统计图，让学生自由地观察。）

师：你有什么看法？

生：我觉得折线统计图是表示一种数量数据的变化，而这张统计图里有四种数量。

生：我觉得把电视机与洗衣机连起来没有道理，同样，把冰箱与空调连起来也没有道理。

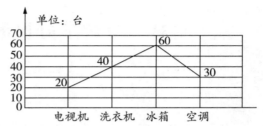

图4　光明商场三月份家电销售情况统计图

生：我认为不可以用折线统计图来表示。

师：那应该怎么办呢？

生：用条形统计图。

师：是这样的吗？（多媒体演示由线扩展到面，再形成条形统计图的过程。）

师：同学们，做了这道题，我们又遇到了一个新的问题，那就是……

生：何时用折线统计图，何时用条形统计图？

师：对，这个问题，咱们下节课再来研究，好吗？

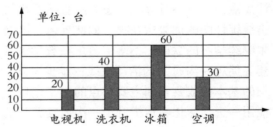

图5　光明商场三月份家电销售情况统计图

对一节数学好课的几点评价

张良朋[①]

当我认真读完眼前的这份《折线统计图》教学的课堂实录，脑海中跃出了四个大字——轻松顺畅。

能把一节数学课上得如此"轻松顺畅"，周老师花费的心思肯定不少。

这节课的教学思路新颖别致。上《折线统计图》之前，学生已经有了《条形统计图》的学习经验，因此上这一课时，多数教师都会组织学生先用条形统计图表示一组统计信息，而后做个转折切入"正题"。而周老师却在课的开端跳过了条形统计图，以教师导问的方式促使学生生成新的关注焦点——不通过计算，怎样能直接看出气温升降变化的幅度。这不正是折线统计图的优势所在吗？如此导入，既凸显了教学的重点，又引发了学生继续学习的欲望，不落俗套。在教学展开阶段，循着"引发—激疑—构建—促思—沟通"的活动主线，步步为营，拾阶而上，完成了对折线统计图的基本构成要素和主要特点的初步建构。紧接着，周老师安排了"操作应用—选择深化—辨析升华—沟通延展"的系列练习，生动鲜活的练习素材，各有侧重的练习功能，帮助学生逐步完善了对折线统计图功能特征的认识。课尾的一问，颇有"课终了，意未尽"的效应。

这样的教学就像是在拼图：先拼上最关键、最大的那一块，然后把其余的部分依次拼到合适的位置上去，最终拼合成了一幅完整的图像。学生对折线统计图特征的整体建构就是在这样的活动中逐渐浮出水面的。

不能忽视的是，教师课前做了充分的准备工作是教学活动"轻松顺畅"的重要保障。这主要表现在：（1）周老师对《折线统计图》一课的知

---

① 张良朋，淄博师范高等专科学校数学教法教师，淄博市小学数学学科带头人，淄博市"十佳师德标兵"。曾获山东省小学数学评优课一等奖，山东省第六届高校优秀教学成果一等奖。在《中国教育报》《人民教育》《上海教育科研》等报刊发表教研文章百余篇。

识点了如指掌、烂熟于心，对每个细节的安排处理都达到了胸有成竹的程度。（2）周老师十分熟悉学生的认知特点和年龄特征，对学生的临场反应作了周到细致的预设，并预备了相应的引导措施。（3）周老师重视数学思想方法的渗透及学法指导，如"学习数学不能停留在现有的水平，要有新的思考。比如还是这个问题，想象一下，如果不通过计算的方法，有办法直接看出问题的答案吗？""同学们，思考再深入一点，比较一下折线统计图和统计表，谁能更清楚地看出气温的变化情况？为什么？"这样的引导语，对创设良好的思考氛围、引领学生的思维活动发挥了"推波助澜"的功效。（4）周老师精心考虑了介入的时机和方式，他善用各种教学媒体，优化组合多种教学方式，让学生的学习变成了一次"轻松顺畅"的旅行。

周卫东｜折线统计图

小小统计图　蕴涵大智慧

陈惠芳[1]

纵观整节课，可以说是简单统计图，智慧催生源。教学目标的定位，走出了数学知识技能的单行道，全面指向学生数学素质的综合发展，并且贯穿在整个教学活动过程之中。

智慧地"启"。 "学起于思，思源于疑。"心理学认为，疑最容易引起探究反射，思维也就应运而生。由课始分析统计表，不能直接比较不同时刻气温的变化。启发学生学习数学不能停留在现有的水平，要作出新的思考。于是，新课中学习折线统计图的制作，学生了解其特点、作用，教师结合学生熟悉的、身边的生活例子巧妙地融汇，开启学生思维之门，自然天成，却不着痕迹。

智慧地"导"。 学生学习统计知识不是一个简单的观察过程，需要在了解信息的基础上整理有效数据，分析情况，解决问题，需要教师的精心点拨和指导。通过对文本的适度加工，教师为学生提供了一个个掌握统计知识的脚手架，用生活化、多样化、信息化的教材将枯燥抽象的统计知识变为生动形象的教学内容，使数学成为学生了解社会的一个窗口。同时，在学生众说纷纭，各抒己见处、学有疑虑处、思维断层处，教师有目的地加以指导，加以指点。于是，师生灵感的碰撞、智慧的交锋最终不断生成创新的火花和创造的萌芽。

智慧地"引"。 心理学家鲁宾斯坦曾指出，思维过程最初的时刻通常是问题情境。教学时，教师采用问题情境的方法，把学生的思维不断引向深入。由例题的初步观察，到练习的尝试应用，再有新知的拓展延伸，学生经历着矛盾冲突时的"心潮激荡"，更有问题解决时的"峰回路转"。学

① 陈惠芳，中学高级教师，苏州市教育科研学术带头人，张家港市数学学科教改带头人，张家港市名教师，现任职于张家港市教育局教学研究室。有 300 多篇文章在《人民教育》《中国教育报》等报刊发表。2004 年 7 月，成为《人民教育》杂志的封面人物。2005 年 8 月，出版教育教学专著《触摸教育的风景》。

生已有经验的激活、丰富与提升，新知的建构与熟练运用，认知策略与学习策略的精进，一切源于教师智慧的引领。于是，教学过程真正成了师生双方相互"敞开"、"接纳"的思维共享过程，学生的个性得到舒展和张扬，创造性灵感得到淋漓尽致的发挥，课堂浸漫着恒久的思维魅力，数学学习的内涵、折射出的统计思想也更深入人心。

周卫东——折线统计图

边教边悟　不断成长

周卫东

　　《折线统计图》是小学数学教材中的一个经典内容，许多教师就这一内容都进行了有益的探索。如何将这一经典内容上出新意，上出品位，有效地实现折线统计图的教学价值？我的思考是：简单统计图，催生智慧源。

　　在新课展开环节，我先让学生尝试练习，根据已知的统计表了解气温升降情况，初步得出"不能直接看出，必须通过计算方法"的结论。紧接着，有意制造矛盾冲突——"如果通过计算方法，有办法直接看出问题的答案吗？"，引发学生自主发现问题，探究实质。同时，大胆放手让学生借助书本学习新知，学生对新知的关注自然由情景图转向统计信息本身，随着适时辅导，唤醒学生已有的知识经验，让学生主动建构起有关折线统计图的新知识。在教学过程中，我十分注意对文本的拓展和延伸，借助"你有没有在其他地方见过类似这样的图"的问题，让学生思维的触角由课堂自然延伸到课外，开掘了教学资源。同时还利用多媒体课件的声、光、色等多种信息渠道，调动学生多种感官参与学习。在动态演示中，学生不仅对于"折线统计图和统计表，谁能更清楚地看出气温的变化情况"了然于胸，而且，这些相关图片丰富了折线统计图的含义，发展了学生思维。

　　新课巩固环节，我创新了练习形式，层层深入，内涵丰富，让学生自觉体会折线统计图的特征及功用，学会用数学的眼睛去观察世界，关注生活，解决问题。同时，为后续学习作了很好的铺垫。教学过程中，主要抓好了以下几个环节。

　　（1）操作应用——旨在让学生掌握折线统计图的特征、名称，了解完整的折线统计图的操作方法、步骤，重点抓技能教学。

　　（2）选择深化——彰显学以致用的设计理念。精心选择了三幅特征明显、贴近学生生活实际的教学素材，让学生在观察、比较中，更好领会统计与生活的密切联系。

小学数学名师名课·经典篇

（3）辨析升华——从学生的认知起点出发，先向学生完整呈现了"纵轴是 0～145cm"的统计图，让学生在真实的绘制过程中体验到这种统计图（经典课例图1）的缺陷所在，并在亲身体验、充分思考的基础上"省略"、"隐藏"……一切如学生所愿，折线统计图被电脑"缩小"（经典课例图2）了。但"行了"又"不行"，在似是而非时，学生的思维火花再度引燃，虽然统计图纵轴被缩短了，可同样看不清具体的变化情况，学生的思维再度高涨，"把它往下拉"、"让格子间隔变大"……当课本中现成的统计图被揭示其"神秘的面纱"时，学生收获的不仅是对一幅完整统计图的认识，更是其对知识本源问题洞察明了之后的一种释然，一种经历了由表及里、由浅入深等深度体验后内心的愉悦和视角的敞亮！

（4）沟通延展——将新知置身于生活大背景，让学生比较条形统计图、折线统计图各自的优势所在，潜藏着统计思想，激发了学生不断探究新知的内在需求，作为拓展延伸的新"契机"。这一潜心设计的"小细节"，源于我对教学本质的深刻领悟。

我认为，教学不应只是一次次终结，更应是一次次不断经历尝试、反思、解释、重构的过程。起初，我欣欣然地陶醉于教学的每一次"轻松顺畅"中，但渐渐地，我对这种"教师需要什么，学生就会说（表现）什么"的课堂教学产生了一丝警觉。我在想，这种"轻松顺畅"在带给我们愉悦的课堂享受的同时，是否潜藏着某种未曾察觉的危机呢？

比如，我的教学设计是否过于精致了？给学生留有的认知空间是否太过于狭小了？要不，怎么课堂上一次都没出现学生回答"跑题"的状况？学生何以总能做到"一步到位"呢？我有必要追问几句：学生在课堂上能够真正走得通的是否仅有教师铺设的这一条路线？学生自主建构的空间是否被我的"精心"设计给限制住了呢？如果教师的设计能再"粗放"一点，学生能跨越几道认知的"坎儿"，课堂教学不这么"一帆风顺"，或许，学生的收获会更加殷实而丰盈？

再比如，本节课的每个教学环节都是遵照"教师启动—学生回馈—教师点拨—学生跟进"这样的互动模式展开的。试问：为什么教师始终牢牢把握着教学活动的方向盘不放？有些教学环节，可否让学生先"主导"一下，教师后续相机跟进呢？尽管本节课的课堂气氛活跃，但生生之间的互动还是偏少了，这在一定程度上影响了学生思维活动的丰富性和独特性。

周卫东　折线统计图

刘　松—游戏中的数学（必胜的策略）

　　蜂蜜是蜜蜂自己酿的，养蜂人酿不出蜂蜜。教师要
学养蜂人，把学生带到鲜花盛开的地方即可。

刘　松，中学高级教师，小学数学特级教师，中小学骨干教师国家级培训第三期学员，北师大版课标教材培训首批聘任专家，杭州市江干区名师。曾任安徽省蚌埠实验学校副校长、首席教师，蚌埠市优秀教师，安徽省第二届"教坛新星"。1999年获蚌埠市"教坛新星"评比第一名，2001年3月获安徽省优质课评比第一名，同年4月获第五届全国小学数学优化课堂教学观摩交流评比第一名。先后应邀为浙江省"领雁工程"及全国20多个省、市、区讲学200余次。主编和参与编写了《资源型学案》《新课程理念下的创新教学设计》《小学数学常规课和创新课教学设计》等教师继续教育用书及《基础训练》等学生练习用书。《教育文摘周报》（2006年11月1日头版）、《小学教学》（2009年暑期全国名师专刊号封面人物）先后作过专题报道。

刘老师现任杭州市文海实验学校校长助理，但仍然坚持在教学一线。他的教学轻松、幽默，充满情趣活力，深受学生喜爱。近几年来，他主要在培养学生创新学习能力、开发学生数学智能和数学新课程实验等方面作相关探索，并致力于"情智课堂"的研究与实践。

让学生在游戏中愉快地学习

——刘松教《游戏中的数学（必胜的策略)》

　　《游戏中的数学（必胜的策略)》是人教版实验教材四年级上册第七单元《数学广角》例4后的"数学游戏"的改版内容。该单元主要是通过日常生活中的一些简单事例，让学生尝试在解决问题的多种方案中寻找最优的方案，初步体会统筹思想在实际生活中的应用，以及对策论方法在解决问题中的应用，培养学生善于分析、周密思考的思维品质。本节课中，刘老师将数学与游戏完美地结合在一起，没有为游戏而游戏，而是体现出浓浓的数学味，彰显着数学思维的无限魅力。学生既沉浸在游戏的快乐中，又充盈着紧张的数学思考。刘老师好像在带领学生去推开一扇门，去领略一个全新的数学世界——有快乐、有奥秘、有智慧、有成长。数学思考的魅力，数学的神奇与价值，数学的好玩与趣味，都在他诙谐、幽默、智慧的引领下如同优美画卷般——展现。

一、游戏引入

1. 说反话游戏

（1）师生共同玩游戏

师：同学们喜欢做游戏吗？

生：喜欢。

师：好，今天我们就来做个游戏。这个游戏的名称叫"说反话"，比如：我说"我看天"，你就回答"我看地"；我说"我朝左"，你就回答"我朝右"。明白吗？

生：明白。（学生觉得很简单，没什么难的。）

师：哪位同学愿意和老师来试试？（很多学生举手，教师故意找一个男学生。该学生自信地拿起话筒。）

师：可以开始吗？

生：可以。

师：我看天。

生：我看地。太简单了。

师：我朝左。

生：我朝右。

师：我张嘴。

生：我闭嘴。（很多学生在窃笑。）

师：我是男的。（教师故意提高声音，大声地说。全班学生立刻大笑，该男生憋了半天，很无奈地说了四个字。）

生：我是女的。（全场再次笑声四起。）

师：请坐，不能再说了，都变成女的了。（同时，与该男生亲切握手。）

师：（转向全体学生）谁愿意再来和老师比试比试？（气氛开始活跃，举手的学生更多了。这次教师有意找了个女生。）

师：可以开始吗？

生：没问题。

师：我朝右。

生：我朝左。（满不在乎地。）

师：我看地。

生：我看天。（窃喜，觉得很简单。）

师：我越活越年轻。（众生大笑，该女生很无奈，不好意思说。教师催学生快说。）

生：我越活越衰老。

师：还有一句呢。我越长越漂亮。（众生狂笑，该女生更不好意思说了，教师再次紧催。）

生：我越长越丑陋。（举手做投降状。教师立刻走上前去，握住她的手。）

师：那是不可能的，我们刚才仅仅是做游戏。刚才同学们都笑了，可不能只笑。笑过以后要有思考。你们有没有发现，刚才的游戏在玩的过程中有一个人始终占着便宜。是谁呀？

生：老师。

师：对，由于刚才都是老师先说，按照这样的游戏规则，就很容易把你们逼到不好回答的境地，想不想反一下？

生：想！

师：好！咱们刚才说过的不重复，谁来试试？（此时，一些聪明又调皮的学生有了鬼主意，开始举手。）

生：我来自天堂。（全场笑喷，教师只好笑答。）

师：你什么意思，想让我下地狱啊！（教师赶紧让该生坐下，继续请了一个看起来很老实的女生。）

生：我很温柔。（全场再次爆笑，教师只好苦笑着回答。）

师：看看你什么意思，我不就是长得表面粗鲁了点吗，有话就直说呗。（又一个男生要说。）

生：我长寿无疆。（这个"狠毒"。有听课教师眼泪都笑出来了。教师假装生气。）

师：你这个小鬼什么意思，想让我英年早逝啊！行了，不说了，我到徐州来上一节课连家都回不去了。（学生再次笑。）

（2）小结游戏

（学生已相当兴奋，完全没有了课前的紧张感觉，教师趁热打铁，取消了上课、起立、坐下等常套的礼仪，立刻转入正题。）

师：看来呀，在做游戏的时候，有时先说和后说结果会截然不同。我们再来玩个游戏，好吗？

生：好！

2. 数数游戏

师：（故意卖关子）这个游戏好难的。

生：我们不怕。

师：好，既然这样，我就不客气了。这个游戏的名字叫数数，规则是女同学先说 1，男同学接着说 2；女同学再接着说 3，男同学接着说 4……这样轮流下去，明白吗？（全体学生大笑，原来如此简单。在轻松的氛围中，教师指挥他们按照顺序轮流数数。）

生：明白。

师：女同学开始。

女生：1。

男生：2。

女生：3。

男生：4。

……

女生：17。

男生：18。

师：停，就到这。

二、活动探究

1. 出示问题

师：我们真正要做的游戏并不是这样的，但与 18 有关。（屏幕出示：游戏一，两人按自然数顺序轮流报数，每人每次只能报 1 或 2 个数。比如，第一个人可以报 1，第二个人可以报 2 或 2、3；第一个人也可以报 1、2，第二个人可以报 3 或 3、4，这样继续下去，谁先报到 18，谁就胜。请问谁有必胜的策略？）

2. 引导探究

师：谁愿意帮我们读读题目？（学生读题。）

师：明白游戏的意思吗？轮流是什么意思？策略是什么意思呀？

生：刚才男女生交替数 18 就是轮流，策略就是方法的意思。

师：对，怎样才能找到一定赢别人的方法呢？请先独立思考。（学生思考约 1 分钟。）

师：有方法了吗？（大部分学生很茫然。）

生：好像有了。

师：这样吧，你们同桌两人一组，过过招，试一试刚才自己想的办法管不管用？请开始。（学生纷纷开始过招，教师走到学生中间仔细聆听。同桌交流，约 3 分钟。）

师：可以交流了吗？（大部分学生说可以，但有个别小组还在过招。）我们等他们一会儿。比过的小组可以再比试比试。

师：都好了吧？老师作个统计，刚才赢了别人的同学请举手。（约有一半的学生举起了手。）

师：恭喜各位胜利者！你们当中有哪位同学可以很自信地说"我一定可以打败别人"？（有几个勇敢的学生积极地举着手，教师任意选择一位，请到讲台前。）

师：请问怎么称呼？（学生自我介绍。）

师：这个同学（以下简称"甲"）说，他可以打败你们所有的人，有没有不服气的？（此时，有很多不服气的学生举手。）

师：（对甲）你觉得你可以打败谁，就把谁请上来。（甲环视全班同学，找了个他估计能打败的选手，以下简称"乙"。）

师：（面对乙）他欺负你。请问有没有什么要求？

乙：没有任何要求。

甲：我要先报数。

师：开始。

甲：1。

乙：2、3。

甲：4、5。

乙：6、7。

甲：8、9。

乙：10。

甲：11、12。

乙：13、14。

甲：（面露喜色）15。

乙：16。

甲：17、18。（甲获胜，洋洋得意。教师与乙握手，鼓励他失败了没关系，回到座位上好好想想自己失败的原因。）

师：你真棒！先说的竟然还赢了。如果你能再赢一次，老师就佩服你是真正的高手。

师：有没有敢再来挑战的？我就不相信，打不败他？（一经鼓励，很多学生举手。这次教师挑了一个学生，以下简称"丙"。）

师：请问有什么要求没有？

丙：我也要先说。（可能是受了刚才甲的影响。）

师：开始报数。

丙：1、2。

甲：3。

丙：4。

甲：5、6。

丙：7、8。

甲：9、10。

丙：11。

甲：12。

丙：13。

甲：14、15。（再次面露喜色。）

丙：16、17。

甲：18。（甲又一次获胜，非常高兴。教师与丙握手，鼓励他失败了没关系，回到座位上也好好想想自己失败的原因。）

师：你真了不起，先说、后说都能打败别人，你真是天下无敌呀！掌

刘 松 —— 游戏中的数学（必胜的策略）

声欢送英雄上位休息！（听教师这么夸张地表扬他，很多学生又不服气地举起了手。）

师：各位不要着急，刚才甲同学赢得好像真有点诀窍。咱们先来分析分析。有没有人发现甲同学在报到某一个数的时候就声音很大，而且脸上乐得像开了花，那个数是多少？

生：是15。

师：为什么说到15甲同学就喜笑颜开了呢？甲同学不忙说，先听听别的同学怎么解释。

生：甲同学如果说到15，就一定能说到18。

师：什么意思？请你再说一遍。（学生重复。）

师：真的吗？我们来试一试。请甲同学与老师配合。

甲：15。

师：16。

甲：17、18。

师：再试一次。

甲：15。

师：16、17。

甲：18。

师：果真如此，都清楚了吗？

生：清楚了。

师：抢到15后，如果别人报1个数，咱就报几个数？

生：2个。

师：抢到15后，如果别人报2个数，咱就报几个数？

生：1个。

师：简单地说，就是与对手报数时要几个数组成一组？

生：3个数一组。

师：好！通过刚才的分析和讨论，我们已经清楚，要想抢到18，就必须抢到15。现在的问题就变成了怎样才能一定抢到15呢？（教师板书"18、15"。学生有了前面18到15的分析，很快就发现，要想抢到15，就必须抢到12。）

生：12。

师：真的吗？（任意选一个学生，与教师合作表演。）

生：12。

师：13。

生：14、15。

师：再试试。

生：12。

师：13、14。

生：15。

师：嗯，说到12后，只要与对手3个一组报数，果真能抢到15。

师：现在的问题又变成什么了？

生：怎样保证说到12？

师：对呀，怎样保证说到12呢？（有了前面的基础，学生很快发现了规律。）

生：必须先抢到9。

师：怎样保证说到9呢？

生：必须说到6。

师：怎样保证说到6呢？

生：必须说到3。

师：现在的问题就变成了怎样保证说到3呢？（教师完善板书"18、15、12、9、6、3"。）

师：是争取先说，还是后说？

生：必须想办法后说。

师：对，此种情况下，我们一定要发扬风格，想尽办法，争取后说。别人说1，咱们说啥？

生：我们说2、3。

师：别人要是说1、2呢？

生：我们就只说3。

师：非常好！我们就是要与对手始终保持3个一组报数。

3．小结规律

师：谁能总结一下，此种游戏规则下，必胜的策略是什么？

生：要争取后说。

师：仅仅后说就一定能赢吗？刚才不也有后说的人输了吗？谁还有补充？

生：别人要是报1个数，我们就要报2个数；别人要是报2个数，我们就要报1个数。

师：谁能更简洁地表达？

生：就是要和对手3个一组地报数。

师：很好！谁能把这两条策略完整地说一说？

生：必胜的策略有两条：第一，争取后说。第二，和对手 3 个一组报数。

师：（对着乙）你现在明白刚才输的原因了吗？甲自己要先说的，多好的赢他的机会呀，而你却输了，多亏呀！

师：（对着丙）你现在明白刚才输的原因了吗？你自己上来就要求先说，虽然你的对手也有点稀里糊涂，但你也是在铤而走险呀，输得太可惜了！

4. 体验成功

师：必胜的两条策略都掌握了吗？

生：都掌握了。

师：好！想不想体验一下打败老师的感觉？

生：想。

师：老师今天就牺牲一回。告诉我，要想赢我，谁先报？

生：老师，您请！

师：然后呢？

生：当然是 3 个一组。

师：好！那我就不客气了。

师：1。

生：2、3。

师：4、5。

生：6。

师：可以报两个数耶？

生：嗯，我们不说了，只说 1 个 6。

师：这帮小鬼蛮精灵，还真不上当。

师：7。

生：8、9。

师：这回怎么知道要说两个数了呢？

生：当然，3 个一组嘛。

师：10。

生：11、12。

师：13、14。

生：15。

师：16。

生：17、18。

师：16、17。（教师故意"挣扎"，换方案。）

生：18。你换也没有用。

5. 再次探究

师：看来同学们真的掌握了必胜的策略。如果该游戏规则不变，老师改一个字，变成谁说到18谁就输，必胜的策略又是什么？请想一想，然后与你的同桌再过过招。（学生尝试、讨论。教师走到学生中间，认真倾听约两三分钟。）

师：可以交流了吗？

生：可以。

师：好。刚才胜利的学生请举手。（举手的学生似乎比上次少了些。）

师：恭喜各位胜利者！还是老规矩，你们当中有哪位同学可以很自信地说"我一定可以打败别人"？（依然有几位勇敢的学生积极地举着手，教师选择一个学生A，请到讲台前，与其握手。）

师：他可以统统地打败你们，有没有不服气的？（此时，依然有很多不服气的学生举手。）

师：老规矩，你觉得你可以打败谁，或者平时最想赢谁，就把谁请上来。（A笑着环顾四周，找了个他估计能打败的选手B。）

师：他也欺负你。没关系，老师帮帮你，请问有没有什么要求？

B：我要后说。

师：有想法，很好！刚才我们就是后说赢得嘛。请开始！

A：1、2。

B：3、4。

A：5、6。

B：7。

A：8。

B：9、10。

A：11。

B：12、13。（全场也是鸦雀无声，都在静听两个学生报数。此时，A面露喜色，有点高兴。）

A：14。

B：15、16。

A：17。

B：18。（A获胜，很开心。教师与B握手，鼓励他回到座位上，好好想想自己失败的原因。）

师：你真棒！果真赢了。可以再来一次吗？（A正在兴头上，当然没有意见，教师又选上一位挑战者C。）

师：请问有什么要求没有？（教师有意偏袒C，C好像受了刚才胜利者的启发，直接要求自己先说。）

C：1。

A：2、3。

C：4。

A：5、6。

C：7。

A：8、9。

C：10。

A：11。（思考了一下，小心翼翼地报出。）

C：12、13。

A：14。（再次面露喜色，暗暗高兴。）

C：15。

A：16、17。

C：18。（A又一次获胜，非常高兴。教师与C握手，同样鼓励他回到座位上，也好好想想自己失败的原因。）

师：你真了不起，先说、后说也都能打败别人，你也是天下无敌呀！掌声欢送今天的另一位英雄上位休息！

师：刚才A同学赢得也好像真有点门道？谁发现了？

生：因为说到18就输，所以要想不输，就一定要抢到17。

师：说得好！说到18为输，其实与抢到17为赢是一个意思。怎样才能保证抢到17呢？

生：我发现了，刚才A同学说到14的时候就开始笑了。

师：说到14，A同学为什么就笑了呢？

生：按照3个一组排法，就一定可以抢到17。

师：怎样才能保证抢到14呢？（有了上面的基础，学生很快就发现了规律。教师板书"17、14、11、8、5、2"。）

师：现在的关键问题是如何保证抢到2呢？

生：先报。

师：先报什么？

生：先报1、2。

师：（面对C）你很聪明，意识到此时需要先报，但你只报了1，实在可惜。

师：（面向 B）你也很聪明，上个游戏必胜的策略掌握得很好，但我们的游戏规则改变了一点点，原来的方法可能就不管用了，以后要学会变通。

师：谁能总结一下现在的必胜策略是什么？

生：先报 1、2，然后与对手 3 个一组往前滚。

师：说得好！"滚"字尤其好！很形象地描述了 3 个一组向前轮转的意思。想不想再来体验一把打败别人的感觉？

生：想。

师：打败谁呢？

生：你。

师：好！我再牺牲一回。要想打败我，谁先开始？

生：我们。

师：请出招吧！（师生报数。）

6. 探求规律

师：刚才的游戏，不管是抢到 18 赢，还是抢到 17 赢。17 和 18 都是比较小的点数。如果游戏的规则不变，最终的点数变成谁先抢到 178 谁赢，难道说，我们还要像刚才一样，从 17 或 18 开始，3 个一组、3 个一组地往前倒推吗？有没有更简捷的办法让我们很快知道是应该抢哪些关键点数，是先报还是后报呢？可以独立思考，也可以与别人商量。（过了一会儿，个别学生开始举手。）

生：用 178 除以 3。

师：为什么呢？

生：因为从 178 往前倒推，不断地减 3，其实就是除以 3。（经他这么一说，很多学生马上恍然大悟。）

师：说得好！连续减去同一个数，其实就相当于除以这个数。请拿笔算一算，178 除以 3 的结果是多少？

生：商 59 余 1。

师：像这种有余数的该怎么办？请看黑板上的两种简单情况，第一种：18 除以 3，商几？有没有余数？

生：商 6，没有余数。

师：这种情况是先报还是后报有必胜的策略？

生：后报，始终保持与对手 3 个一组。

师：第二种：17 除以 3，商几？有没有余数？

生：商 5 余 2。

师：这种情况是先报还是后报有必胜的策略？

生：先报。

师：先报什么？

生：余数。

师：然后呢？

生：然后再与对手保持3个一组。

师：178 除以 3，商 59 余 1。这种情况下，是先报还是后报？

生：先报余数 1，然后再与对手每次保持 3 个一组。

师：商 59 表示什么意思？

生：3 个一组，要 59 个轮回。

师：除数 3，刚好和游戏规则中的什么有关？

生：除数 3，刚好等于游戏规则中报数最少为 1 个和最多 2 个的和，也就是 $1 + 2 = 3$。

师：发现得好！游戏的点数从 18 改到 17，又从 17 变到 178，还有没有变成别的数的可能？

生：当然可以。

师：能变多少？

生：应该很多吧。

师：是的，可以变成千千万万个数。但不管点数变成多少，我们都可以使用今天咱们自己发现的解题策略，用除法去解决。

三、实践应用

师：刚才的游戏，我们仅仅是在抢的点数上变化，规则和情境能否也变化呢？（大屏幕出示游戏二：甲乙两人玩棋子。棋子总共有 25 个，由两人轮流去拿，甲先取，乙后取。规定一次最多拿 3 个，最少拿 1 个，谁取得最后一个棋子就算赢。问谁能赢？如何赢法？）

师：先看看这个游戏和以前的游戏有什么异同，再思考如何解决。（学生试做，约 1 分钟后交流。）

生：两个游戏表面上不同，其实是一样的。用今天我们总结的方法解决：$25 \div （3 + 1） = 6……1$，甲只要先拿到 1 枚棋子，然后与对手保持 4 个一组就一定能赢。

师：游戏从"抢 18"，变成了"玩棋子"，规则也发生了相应的变化，照这样变下去，游戏可以变得无穷尽也，但我们解决问题的策略可以始终不变，这就叫智慧，这就是数学的魅力。

推开数学学习的三重门

刘自强[①]

好课像一扇门，打开它，可以呈现给学生一个全新的世界——有快乐、有奥秘、有智慧、有成长，撩动他们的心扉，鼓舞他们憧憬和向往。刘松老师《游戏中的数学（必胜的策略）》一课，仿佛引领学生推开了三重门。

一、推开快乐学习之门

学生的世界是游戏的世界。刘老师用游戏作为媒介，让学生在玩中求知，从这个意义上说，这节课是教材开发的一个成功尝试——通过循序渐进的游戏，把学生不知不觉地带进研究对策论的数学世界。

有人说："一个好演员，一举手、一投足，全都是戏。"一堂好课中的教师，又何尝不是这样呢？

首先，"说反话"游戏本属平常，然而，从常规的说法"我朝右——我朝左"，到刁难式的对话"我越长越漂亮——我越长越丑陋"，在刘老师的精心设计和课堂演绎下，好玩而又简单的游戏，不仅让学生驱除了紧张感，更在笑声中感受到游戏的内在规律，激发起策略的意识和进一步学习的兴趣，为后续的探究作了很好的铺垫。

其次，刘老师非常了解并有效把握了儿童的好胜心理，有意在课堂上营造一种竞赛、打擂的氛围，通过角色换位、同学之间互相打擂、学生与教师打擂等方式，让学生的精神处于高度集中和兴奋的状态。刘老师时而抛出问题让他们陷入沉思，时而稍加点拨让他们茅塞顿开，时而积极评价让他们信心百倍、跃跃欲试！就在这种愉悦的氛围中，学生不知不觉地被教师引着步步深入、不断探索。

[①] 刘自强，福州教育研究院教研员，福建省教育学会小学数学教学委员会副理事长，福州市优秀骨干教师讲师团顾问，省、市骨干教师培训班导师，省小学数学学科带头人培养对象导师。

在课的开头，我还想质疑：是否太多数学以外的活动占据了课堂？但随着课的深入，看到学生的兴奋与遐想，我的顾虑也随之打消——它为学生打开了一扇快乐的求知之门，让学生感受到数学原来并不"冰冷"！其实，人教版教材中《数学广角》内容设置的目的，除了向学生渗透数学思想方法、培养数学思维习惯外，还有引导学生形成学习数学知识、探索数学奥秘的兴趣与欲望。从这个角度来说，抓住学生心理，采用学生喜闻乐见的形式，包括有意的激将法、"装傻"和"卖关子"，都是教师有效的课堂教学策略。

二、推开增长智慧之门

调动学生学习的积极性只是促进学生更好地学习和发展的手段，任何学习最后都要经历学习者自主建构的过程。游戏只是铺垫，好玩不是数学课的最终目的。刘老师很成功地运用了多种教学手段，整节课都在激励学生自觉地主动参与，而且善于抓住关键，引导学生在玩中主动去探索数学的奥秘，建构数学知识，领悟数学思想方法。

例如，在"抢18"游戏开始阶段，甲在与乙、丙的两轮比赛中都赢了。刘老师及时捕捉关键现象"甲同学在报哪个数时声音特大且喜笑颜开"，引导学生分析并找出诀窍——要抢到18，就要先抢到15。进一步地，又把问题转化成了"怎样才能一定抢到15呢"等，引导学生层层递进，分析探索，从数据的分析中明白，始终与对手保持3个一组报数，最终发现并归纳出"必胜的策略"。这个知识发展的过程是全体学生共同参与的，得出的结论也是经自己探究并在"打败老师"的过程中得到检验的。

但是，课并未到此结束，精彩还在后头："如果该游戏规则不变，老师改一个字，变成谁说到18谁就输，必胜的策略又是什么？""如果游戏的规则不变，最终点数变成抢到178为赢……有没有更简捷的办法让我们很快知道是应该抢哪些关键点数，是先报还是后报呢？""规则和情境能否也变化呢？"随着这一系列问题的提出与游戏的展开，学生在思考、探索、游戏、交流中，进一步体验策略的妙用，感悟变通的必要，思路也随之逐步打开。

尤其值得一提的是，刘松老师不仅通过精心设计恰当的问题，给学生思考的空间，更舍得留给学生必要的思考时间。比如：

——初次探究时，"怎样才能找到一定赢别人的方法呢？请先独立思考。"（1~2分钟。）"你们同桌两人一组，过过招，试一试刚才自己想的办法管不管用？"（3~5分钟。）

——再次探究时，"老师改一个字，变成谁说到18谁就输，必胜的策略又是什么？请想一想，然后与你的同桌再过过招。"（2～3分钟。）

——探求规律时，"有没有更简捷的办法让我们很快知道是应该抢哪些关键点数，是先报还是后报呢？可以独立思考，也可以与别人商量。"

这种独立思考基础上的合作交流与实践检验，保证了教师引导学生自主探索、体验、建构的过程的有效性，保证了学生在此过程中不仅学到知识，更增长了智慧。

三、推开提升思维之门

小学数学教学的重要任务之一是依托于数学知识教学，来拓展、提升学生的思维能力，培养良好的思维品质。本单元《数学广角》所主要渗透的运筹思想和对策论方法，都是比较抽象的数学思想方法，对小学生来说尤其如此。怎样让学生对这些思想方法有初步的体验和体会？这是教学设计与实施中应注意把握好的。

数学需要冷静思考。在看似热闹的课堂，每当需要探寻解决问题策略的时候，刘老师都给予学生相对宽裕的时间，让学生静心思考。以下略举几例，看看刘老师是怎样步步深入引导学生体会思维方法、学会思考的。

在出示游戏一的规则后，刘老师抛出问题：怎样才能找到一定赢别人的方法？先请学生独立思考，然后同桌两人一组，过过招，试一试自己想的办法管不管用，再剖析获胜方的思路历程。在学生说"甲同学如果说到15，就一定能说到18"，刘老师马上引导学生试着验证，分两种情况呈列，从而发现与对手报数时只要抓住"3个数一组"就能获胜的规律，进而把问题转化成：怎样才能一定抢到15？怎样才能一定抢到12……这样在引导学生剖析获胜方的思路过程中，让学生感受到"抓住关键，层层归因"的思维方法，体验到有据、有序地进行分析思考的习惯，潜移默化地引导学生形成有序思维的良好品质。

再如，从"如果抢到18为输呢？""如果规则和情境也变化呢？"这一系列问题的设置和随之的教学处理，以及引导学生对"抢178"所获结论与前面的已知进行对比等，可以看到刘老师的匠心所在：引导学生开拓思路、学会变通，学会透过现象看本质，学会全面地思考问题，养成追根掘底、寻找最佳途径的习惯。未必所有学生最终都能很好地理解并把握本节课出现的所有结论——这些本来就不是教学的重点，但我相信这节课上学生思维的深刻性和灵活性都得到了有效提升。

四、由案例引发的其他话题

数学是思维的体操，思维是智力的核心。但每一个学生都是各具特色的个体，他们的思维固然有很多共性，却也有许多个性化的方面。对教师而言，是否也要注重学生思维方面的个性发展？

比如，在问题的设计上是否应尽量避免固定程式。在"抢18"与"抢17"的游戏上，刘老师用了一样的教学模式，让学生竞赛、打擂，然后引出一个相同的问题：为什么说到15或14就喜笑颜开了呢？这样的问题没有给学生提供展示自己独特个性思维的土壤，会让学生沿着一个相同的方向去思考问题，可能会抹杀了学生独特思维的火花。如果多设置一些能促进学生多向思维、个性思考的开放性问题，如引导孩子回忆，既然可以3个为一组去报数，那17与18这两个数之间的区别在哪里呢？也许会为学生驰骋思维、放飞思想、张扬个性提供更广阔的时空。

另外，在有了"抢18"过程归纳策略经验的基础上，后面的探讨交流过程问题空间可否更大些，以尽量减少一问一答式的对话，更好地培养学生完整、清楚、有条理地表达思考过程与结果的能力。

教是修行，思是觉悟。在愉快和谐的课堂里，我们感动着、思考着、感悟着。感谢刘老师，感谢他奉献给我们这一节快乐、精彩且有深度的课！

轻松参与　快乐思考

刘　松

一、为何要上

本节课的内容是人教版四年级上册第七单元《数学广角》例 4 后的"数学游戏"（两人轮流报数，每次只能报 1 或 2，把两人报的所有数加起来，谁报数后和是 10，谁就获胜。想一想：如果让你先报，为了确保获胜，你第一次应该报几？接下来应该怎么报？）的改版内容。该单元主要是通过日常生活中的一些简单事例，让学生尝试从优化的角度在解决问题的多种方案中寻找最优的方案，初步体会运筹思想在实际生活中的应用以及对策论方法在解决问题中的应用。《全日制义务教育数学课程标准（实验稿）》指出，当学生"面对实际问题时，能主动尝试着从数学的角度运用所学知识和方法寻找解决问题的策略"。在日常生活中，解决问题的方法学生很容易找到，而且会找到解决问题的不同策略，本单元的关键是让学生理解优化的思想，形成从多种方案中寻找最优方案的意识，提高学生解决问题的能力。

我国古人早就有了丰富的运筹思想，比如战国时期"田忌赛马"的故事，就是对策论的应用。对策论是运筹学的一个分支，对策论的方法也是运筹思想中常用的方法之一，在体育比赛中经常会用到。比如在乒乓球团体比赛中就要根据不同的对手来排兵布阵，这里就用到了对策论的方法。教材的例 4（最后一个例题，前三个例题主要是关于优化思想的）就呈现了"田忌赛马"的故事，让学生体会对策论的方法在实际中的应用。最后还安排了一个"数学游戏"，学生可以去思考在这个报数游戏中先报数的人采用怎样的对策就能保证一定获胜。

按照教材的编排意图及教学建议，此单元 3 课时结束。前两课时解决例 1 到例 3，重点研究运筹中的优化问题。有两课时充足的时间研究，学生的优化思想及意识能很好地建立。可到了运筹学的另一个分支——对策论的研究，时间就不那么充分，学生也显得意犹未尽。而且教材的选材把

"田忌赛马"单独作为一个例题出现，与语文教材有雷同之处，很多学生早已知道，并不新鲜。（我曾听过好几位语文教师上《田忌赛马》一课，其教学方法和数学教师基本相似。）纯数学的问题情境反而没有让学生充分体验。所以，上完例4后，我又增加了一课时专门让学生体悟对策论的方法。由于我曾有过长期辅导学生竞赛数学的经历，所以很自然地想到了"二人对策论"中的经典游戏"抢18"。

二、十年不忘

这节课我曾给三年级到六年级的学生上过，发现学生都非常喜欢，虽然它是教材中没有的内容。不知道为什么，我也非常喜欢本节课的内容。每上一次，都能给我带来一些惊喜和快乐，产生一种其他课难有的轻松和愉悦。

20世纪90年代初，校园里流行上一些活动课程，有些地方还经常举办一些数学活动课程观摩研讨课。记得有一次，学校要选人参加全市的数学活动课程专题研讨活动。我有幸参加了校级的选拔，选的课题就是《抢18游戏》。在课堂拓展部分，我甚至别出心裁地安排了剪纸带游戏，让学生自己的左手跟右手去比，遭到了当时来听课的市教研员及校长们的强烈反对，我自然也失去了参加展示的机会。领导和专家们的批评让我清醒了不少，课堂是讲究科学的，不能太随意。这次的失败使我10年不敢再上这节课，但我对这节课的喜爱却并没有丝毫减少。2004年，我当选了学校的"首席教师"，需要上一节展示课，我以《必胜的策略》为题，面向全市的数学教师，又一次上了这个内容，效果不错，但并非十分理想。然而些许的成功让我看到了希望——这节课一定可以开发成一节好课。此后，我借鉴了许多人的经验，反复研究，中间还有幸得到了黑龙江省教研员高枝国老师的指点，直至2007年，才基本形成了上面的教学思路，2007年4月7日，应邀到上海幸福路小学展示该课，取得了较好的效果，坚定了我探索此课的信心。

教学设计没有最好，只有更好。目前这样的设计当然不是完美的。但为什么十几年来，我对这节课念念不忘？我想自然是这节课本身的魅力使然。试想，通过这样的教学，学生能体验不到数学思考的魅力吗？能感受不到数学的神奇和价值吗？能不觉得数学好玩吗？有了这样的情感，学生能不喜爱学习数学吗？

三、若干期望

1. 期望轻松愉悦的课堂

让学生能在轻松愉悦的氛围中开始学习，一直是我多年教学努力的方向。为此，本节课开始，我安排了看似与本节课毫无关系的说反话游戏。好玩又简单的游戏，一下子就让学生兴趣盎然，笑声四起。

2. 期望关注本质的课堂

好玩又简单的游戏，如果仅仅是让学生兴趣盎然，哈哈一笑，显然是浅薄的。为此，我抛出"笑过后要有思考"的关键性提示，一下子把学生的思维引到关注游戏内在的规律，而这个规律，恰恰就是本节课要研究的核心问题。

3. 期望富有暗示的课堂

"教育需要暗示"、"教学要在学生最近发展区"等诸多理念都要求我们的教学要紧紧围绕学生已有的经验展开，为此，在说反话游戏中，我特意引导学生反过来先说，让教师同样也不好回答。在这样一先一后的游戏体验中，让学生初步感知了在做游戏的时候，有时先说和后说的结果会截然不同，从而为探究后面的"抢18"游戏必胜的策略作了很好的铺垫。

4. 期望充分活动的课堂

"抢18"的问题抛出后，如何引导探究，让学生经历思考的过程，是本节课的核心问题。为此，我遵循学生的认知规律，首先要求他们独立思考，而后再合作交流。因为独立思考是合作交流的前提，所以过招比赛之前的独立思考非常有必要。但此问题仅仅独立思考是远远不够的，一定要在和别人的比试中才能有所体验和发现，所以还安排了足够的交流时间让学生充分地参与和感悟。

5. 期望深度参与的课堂

在交流讨论、发现规律环节，为了引导学生深度参与课堂，我充分利用儿童的好胜心理，有意在教室里营造一种擂台赛的感觉，把学生的注意力都吸引到关注擂台上同学的输赢上来，通过连续的追问，引导学生一步步靠近问题的核心，从而为发现必胜的策略扫平了障碍。

6. 期望体验成功的课堂

如果仅仅引导学生发现了必胜的策略，而不让学生去充分地享受策略，学生的学习之旅是缺乏快乐的。为此，我安排了打败老师环节。打败老师，学生平时难得有这样的机会，甚至有的学生想都没想过，但今天不但有机会，而且还真把老师打败了，不仅让学生体验到了成功，更重要的是让学生充分地感受到了策略的价值或者说数学思考的魅力。

7. 期望自然流露的课堂

好的课堂教学，应当是自然流露的。抢到18为赢的必胜策略探究完后，如何自然有效地引导学生继续深入学习，我的办法是改了一个字，谁

331

抢到 18 谁就输。一字之差，题目就变成了另外一道题，但抢 18 输与抢 17 赢的道理是一样的。不仅让学生很自然地体会到了转化思想的妙用，更重要的是，如此自然的变化，学生们自然就很自觉地去探究必胜策略的第二种情况。

8. 期望拓展提升的课堂

本节课如果仅仅探究了抢 18 输赢的必胜策略而不去作最后的拓展，对部分学生而言，掌握了这些，自然也是不错的。但就课本身而言，是缺乏广度和深度的。为此，我进行了适当的提升。虽然，可能不一定人人都懂，但也是需要的。

……

我期望我能营造轻松参与的课堂，我期望我的学生能在快乐思考中成长。

刘 松 —— 找次品

蜂蜜是蜜蜂自己酿的，养蜂人酿不出蜂蜜。教师要学养蜂人，把学生带到鲜花盛开的地方即可。

刘　松，详见第 312 页介绍。

让学生在探究中感悟数学

——刘松教《找次品》

《找次品》是人教版实验教材五年级下册《数学广角》的内容。此前的"沏茶""田忌赛马""打电话"等问题中已渗透简单的统筹优化思想方法，学生已经具有初步的逻辑推理能力和综合运用所学知识解决问题的能力。在此基础上，以"找次品"这一实践活动为载体，让学生通过观察、比较、猜测、验证等方式感受解决问题策略的多样性，通过分析、归纳、推理的方法体会运用优化策略解决问题的有效性。课中，从新课的引入到问题的探究，再到总结规律，最后运用规律解决问题，学生的认识从具体到抽象，由感性认识到理性认识，由具体方法层次到策略思想水平，完成了认识上的一次质的飞跃，体验了化归、优化等数学思想的价值与魅力。刘老师将深刻的思想寓于轻松幽默的互动中，达成了数学与儿童的一种深度和谐。

一、谈话引入

1. 实话实说——请吃糖

师：同学们仔细看看老师，能用几句简短的话描述一下老师的特点吗？

生：老师中等身材，头发很平。

生：老师脸很方，眼睛很小。（教师用鼓励的目光激励学生发言，随便学生怎么说，说得越奇怪越好。不管学生说什么，教师都大肆表扬同时表示感谢，以激起其他学生想说话的欲望。待三四个学生发言后，教师话锋一转，提出第二个问题。）

师：同学们非常善于观察，这么短的时间就发现了老师这么多的特点。既然如此聪明，请允许我请教第二个问题，你们必须实话实说，说实话的，老师奖励吃糖。（拿出一瓶真的木糖醇，此时学生都好奇地等着老师出问题，或者看着老师手里的木糖醇，老师故意矜持一会儿才说出问题。）

师：你觉得我和你们原来的数学老师相比，谁更像一位优秀的数学老师？（听课教师有的发出了笑声。学生也都面面相觑，微笑着不知如何作答。）

生：老师您更优秀。

师：（笑着说）瞎说！你还没听过老师上课呢。

生：两个都像。

师：不许都选，只能选一个。

生：那就选我们原来的老师吧。

师：说得对！你们今天表现得如此优秀，一定是原来老师的功劳。请吃糖！（从木糖醇瓶中倒出一粒放入该学生手中，继续面向其他学生）谁还想吃糖，请实话实说。

生：是我们原来的老师，因为他辛辛苦苦教了我们好几年。

师：真是一个懂得感恩的孩子，说得对，请吃糖！（从木糖醇瓶中再倒出一粒放入该学生手中。）

师：同学们不用说了，老师已经知道结果了，应该是你们原来的老师更优秀。（话锋一转）当某个人或某项事物不足够好时，我们可以称之为——

生：次品。

师：对，次品。（随机板书。）

师：今天在座的这么多优秀教师中找出我这样的"次品老师"是很容易的，可有些时候，找次品就不那么容易了。刚才谁吃我糖了，请给我站起来！（假装生气。吃糖的学生刚才还美滋滋的呢，现在被迫站起来。）

师：（继续假装生气）谁让你们吃糖的？（学生苦笑。）瞧瞧你们惹麻烦了吧。老师刚刚买了3瓶一样的木糖醇，其中一瓶就被你们"偷吃了"两粒（老师出示3瓶一样的木糖醇），吃掉两粒的那一瓶重量自然就变得轻一些。重量变轻了我们就可以称之为——

生：次品。

师：对。怎样很快地知道哪一瓶是次品呢？（示意吃糖的学生坐下。）如果用天平称来称，至少几次才能保证找到呢？请独立思考。（学生独立思考约30秒钟。）

2. 初步建立基本思维模型

师：谁来说说至少要几次才能保证找到？（此时学生基本有两种意见，

大部分人认为需要 2 次，部分思维好的同学会认为需要 1 次。老师请认为 1 次的同学上台展示。）

师：你见过天平吗？

生：见过。

师：天平长什么样子？（学生茫然。教师走过去示意学生把双手向左右两边伸平，笑着说："这就是一架美丽的天平。"该生不自然地笑了，全体同学则会心地一笑。）

师：别人都认为要 2 次，你说 1 次就行了。别瞎说！怎么称的？称给我们瞧瞧！（该生演示：任意拿两瓶放在天平左右两边，两手伸平。）

生：如果是这种情况，剩下的那一瓶就是次品。

师：如果天平左右两边不平呢？（该生再演示：天平左高右低的情况。）

生：如果是这种情况，左边高的那一瓶就是次品。

师：还有一种情况呢？（该生马上反应过来，立刻演示：天平左低右高的情况。）

生：如果是这种情况，右边高的那一瓶就是次品。

师：大家看明白了吗？刚才这位同学任意从 3 瓶中拿出 2 瓶放在天平的左右两边，如果平衡了，次品在哪？

生：剩下的那一瓶。

师：如果天平有一边翘起呢？

生：翘起的那一瓶。

师：不管是哪一种情况，几次就可以找到次品了呀？

生：1 次。

师：1 次果然就可以找到次品是哪一瓶了，表扬给我们带来这样思考的同学。（掌声响起。）谁还能像刚才这位同学一样给我们演示一下怎么 1 次就能找到次品了呢？（学生再次演示，教师适时强调。）

师：开始认为需要 2 次的同学，现在清楚了吗？3 瓶当中有 1 瓶次品，用天平称称，至少几次就可以保证找到？

生：1 次。

3. 拓展延伸，引导猜想

师：3 瓶当中有 1 瓶次品，用天平称称，至少 1 次就可以保证找到。如果不是 3 瓶，假如今天来听课的老师每人 1 瓶，大概有两千多瓶吧。我们暂且估计有 2187 瓶。（随机板书）如果 2187 瓶中也有 1 瓶次品，用天平称称，至少几次才能保证找到呢？请你们猜一猜！（停顿约 20 秒，找两三个学生回答。）

生：2186 次。

生：2185 次。

生：一千多次。

生：729 次。

师：2187 瓶中有 1 瓶次品，用天平称称，怎么也要两千多次、一千多次或好几百次，都是这么认为吗？

生：是。

师：如果你们都是这么认为，今天这节课就非常有研究的必要。我们今天这节课就来研究，如果真有 2187 瓶木糖醇，其中 1 瓶是次品，用天平称称，究竟至少几次才能保证找到，好吗？

生：好！

二、组织探究

1. 体会化繁为简

师：要解决这个问题，大家觉得 2187 这个数据是不是有点大呀？

生：是。

师：解决问题时，面对一些比较庞大的数据，我们往往可以采取一种策略，谁知道是什么？

生：简化。

生：化简。

师：对！解决问题时，面对一些比较庞大的数据，我们往往可以采取一种策略——化繁为简（随机板书），也就是把数据转化得小一些，就是两位同学说的化简。化简到什么程度呢？3 瓶刚才我们研究过了，现在我们研究几瓶好呢？

生：4 瓶。

生：5 瓶。

师：5 瓶和我们书上的例 1 刚好一模一样，我们就先来研究如果 5 瓶当中有 1 瓶次品，用天平称称，至少几次保证找到？好吗？

生：好！

2. 第一次探究

师：请先独立思考。可以拿出 5 枚硬币动手试一试。（约 1 分钟后）同桌可以小声交流交流。（约 1 分钟后）谁来说一说至少几次保证能找到？

生：1 次。

生：2 次。

生：3 次。

······

师：你是怎么称的？请描述称的过程？

生：我在天平左右两边各放 1 瓶，如果有翘起，就找到了。

师：这种情况是有可能的，但能保证吗？如果天平平衡了怎么办？你先请坐！（该生意识到自己考虑问题的不足，带着思考坐下。）

生：我也在天平左右两边各放 1 瓶，如果平衡了，说明这两瓶中没有次品；就从剩下的 3 瓶中再任意选两瓶放在天平的左右两边，如果平衡了，剩下的那瓶就是次品，如果有一边翘起，翘起的那端就是次品。一共称了 2 次。

师：他的方法可行吗？

生：可行。

师：刚才这位同学的称法，开始时，把 5 瓶分成了怎样的 3 份呀？

生：（1、1、3）。

师：真聪明！1 和 1 要称一次，剩下的 3 瓶中再找 1 瓶次品，就像我们课刚刚开始的问题一样，当然也要 1 次，一共就是 2 次。这种称法如果用数学符号简单地记录下来，可以写成这样（板书"5→（1、1、3）→（1、1、1）■2 次"），其中"＿＿"表示称一次。这样表示可以吗？

生：可以。

师：有没有也是 2 次，但称法不一样的？

生：我在天平左右两边各放 2 瓶，如果平衡了，说明这四瓶中没有次品，剩下的那瓶就是次品，但这不能保证。如果有一边翘起，说明次品在翘起的那一端里，然后再把翘起那一端的 2 个放在天平左右两边，再称一次，一定可以找到。一共称了 2 次。

师：真了不起！同样也是称 2 次，称法还真的不同。这位同学的称法如果也用数学符号简单地记录下来，可以写成这样（板书"5→（2、2、1）→（1、1）■2 次"）。

师：比较两位同学的称法，过程不同，但结果一致！除了结果相同外，还有没有发现别的共同点？（学生略作思考，老师随机点出）老师发现刚才的两种称法，不管开始时如何分组，在每一次称的时候，天平左右两边始终保持瓶数一样，这是为什么呀？为什么不天平一边放 2 瓶，一边放 3 瓶呢？

生：瓶数不一样，比较不出来。

师：由于正品和次品的差距往往很小，所以当瓶数不等时，用天平称量时是无法判断的。找次品自然要追求次数越少越好，所以这种"浪费"

的称法我们当然不提倡。

师：（笑着对说要 3 次的同学说） 3 次当然能称得出来，但并不是至少的方案，明白了吗？（该生点头示意明白。）

3. 第二次探究

师：5 瓶我们研究过了，离 2187 瓶还差得远呢。再靠近点，接下来我们研究多少瓶呢？

生：8 瓶。

生：9 瓶。

生：10 瓶。

师：同学们说的都可以，但我们上课时间有限，在一位数中 9 最大，我们来研究 9 瓶好不好？（其实例 2 就是 9 瓶。）

生：好！

师：谁再来明确一下问题？

生：9 瓶木糖醇中有 1 瓶是次品，用天平称称，至少几次保证找到？

师：问题已经很明确，请先独立思考。可以拿 9 枚硬币分组试一试，也可以像老师一样用数学符号画一画。（教师静静地巡视约 1 分钟。）

师：请前后桌 4 位同学一组，讨论交流你们认为至少几次才能找到次品。（教师参与讨论约 2 分钟。）

师：老师刚才在下面听到有的同学说要 4 次，有的说要 3 次，还有的说 2 次就行。到底至少要几次呢？看来需要交流交流。先从多的来，谁刚才说要 4 次的？请说说你是怎样称的。

生：我在天平左右两边各放 1 个，每次称 2 个，这样 4 次就一定可以找到。（教师随着学生的表述相机板书 "9→（1、1、1、1、1、1、1、1、1）━ 4 次"。）

师：他的称法可行吗？

生：可行但不是次数最少的。

师：好！让我们一起来听听次数再少一些的称法。3 次该怎样称？

生：我把 9 分成 4、4、1 三组，先称两个 4，如果天平平衡了，剩下的 1 瓶就是次品，但这是很幸运的。如果不平，把翘起的那 4 瓶再 2 个对 2 个称，如果平——（老师礼貌地打断学生的话。）

师：这时会出现平衡吗？（提醒 "次品就在这 4 瓶里，天平左右两边各放 2 瓶"。）

生：一定会有一边翘起，然后再把翘起的 2 瓶天平两边各放 1 个，再称 1 次，共 3 次就可以找到次品是哪一瓶。（教师随着学生的表述相机板书"9→（4、4、1）→（2、2）→（1、1）■3 次"。）

师：他的称法可行吗？

生：可行。我也是 3 次，但称法与他不一样。

师：真的吗？同样是 3 次，称法还可以不一样？赶快说给我们听听。

生：我把 9 分成 2、2、2、2、1 五组，先称两个 2，如果有一边翘起，再称 1 次就可以了，但这是幸运的；如果天平平衡了，再称剩下的两个 2，如果天平还是平衡了，剩下的 1 瓶就是次品，但这也是很幸运的。如果不平衡，再把翘起的 2 个分开，天平左右两边各 1 个，再称 1 次就一定找到次品了。这样也是 3 次保证找到了次品。（教师随着学生的表述相机板书"9→（2、2、2、2、1）→（2、2、2、2、1）→（1、1）■3 次"。）

师：还真不错！同样是 3 次保证找到，称法还真不一样。刚才好像还有人说 2 次就够了，不太可能吧？是谁说的？（说 2 次的学生起立。）

师：别人都是 4 次、3 次的，你说 2 次就行，还坚持吗？（学生坚持。）

师：好！我们大家刚才辛苦了老半天才弄明白至少要 3 次才能保证找到次品，他竟然坚持说 2 次就够了。请认真听听他是怎么称的！如果他说错了，我们要罚他唱首歌。（故意这样说，引起学生都来关注他的 2 次是怎样称的。）

生：我把 9 分成三组，每组 3 个。先称两个 3，如果天平有一边翘起，次品就在翘起的那 3 瓶里；如果天平平衡了，次品就在剩下的 3 瓶里。不管怎样，接下来就只要研究 3 瓶就可以了。前面刚学过，从 3 瓶里找 1 瓶次品，称 1 次就够了。这样 2 次就保证找到了次品。（教师随着学生的表述相机板书"9→（3、3、3）→（1、1、1）■2 次"。）

师：现在都听懂了吧！这个同学的称法完全可行，称 2 次就解决了问题。为什么我们别的称法次数就比他多呢？我们的问题出在哪儿？这个同学的高明又在哪呢？请仔细观察黑板上的四种称法，看谁能最快发现其中的奥秘？（此时，黑板上的板书如下。）

9→（1、1、1、1、1、1、1、1、1）■4 次
9→（4、4、1）→（2、2）→（1、1）■3 次
9→（2、2、2、2、1）→（2、2、2、2、1）→（1、1）■3 次
9→（3、3、3）→（1、1、1）■2 次

生：2 次的称法一开始把 9 瓶分成了 3 组，每组 3 个。这样称 1 次，就可以断定次品在哪一组里。

师：说得好！把 9 瓶分成了 3 组，每组 3 个，也就是把物品总数均分 3 份，这样称 1 次，就可以淘汰 2 份 6 瓶，从而让剩下的瓶数变得最少，

自然总的次数就会少下来。而4次的称法，称1次后，最多只能淘汰2瓶；3次的两种称法，称第一次后，也最多只能淘汰4瓶，所以最终的次数就会相对多起来。

4. 第三次探究

师： 刚才9瓶中找1瓶次品，那位同学一开始把9瓶平均分成3份来称，最后的次数最少。是不是所有的可以均分成3份的物品总数，一开始都平均分成3份来称，最后的次数也是最少呢？刚才那位同学是否偶然呢？我们还需要怎么办？

生： 继续验证。

师： 说得好！仅仅一个例子不足以推广，我们还需要进一步验证。验证多少呢？比9大一些，可以均分3份的？（有学生立刻回答。）

生： 12。

师： 好的！我们就来研究12。如果12瓶中有1瓶是次品，用天平称称，至少几次保证找到？请先用刚才那位同学的思路，均分3份来操作。看看至少要几次？（学生说，教师板书"12→（4、4、4）→（2、2）→（1、1）▇ 3次"。）

师： 按照刚才那位同学的思维模式推理，至少要3次才能保证找到。3次是否真的就是最少的次数呢？有没有比3次还少的呢？如果有，说明刚才的那位同学纯属偶然。请2人一小组，拼凑12枚硬币操作操作，或者用笔画一画，看看有没有更少的可能？（学生思考讨论，教师巡视参与，约1~2分钟后交流。）

生： 我是均分2份做的，也是3次。（教师随着学生的表述相机板书"12→（6、6）→（3、3）→（1、1）▇ 3次"。）

师： 有没有比刚才的3次少？

生： 没有。

师： 谁找到比3次还少的称法了？

生： 我没找到，但我一开始均分4分来做的，最后也是3次。（教师随着学生的表述相机板书"12→（3、3、3、3）→（3、3、3、3）→（1、1、1）▇ 3次"。）

师： 两位同学真不错，再次给我们展示了最终结果一样时，中间过程丰富多彩。但我们都没有找到比3次还少的方案。如果再研究下去，我们会发现次数只会越来越多，比如，"12→（2、2、2、2、2、2）→（2、2、2、2）→（2、2、2、2、2）→（1、1）▇ 4次"。其实刚才那位同学的思维模式并非偶然，真的具有一定的规律性。时间关系，我们不再继续验证。刚才那位同学的思维模式是什么？

生：物品总数如果能均分3份，就把物品尽量平均分成3份来操作。

师：为什么呢？

生：把物品总数平均分成3份来操作，这样称1次就可以断定次品在哪一份里，每一次都最大限度地淘汰，最后的次数自然就会少下来。

三、强化训练

师：通过刚才的探究，我们已经找到了内在的思维规律，现在老师想考验一下咱们班同学的数学感觉如何，看看谁的反应快？如果不是12瓶，而是27瓶中有1瓶次品，用天平称称，至少几次保证找到？（提醒运用刚才发现的思维模式，马上有学生举手。）

生：3次。

师：别乱说，不可能吧？27瓶蛮多的，3次怎么可以保证找到？

生：我把27瓶平均分成3份，每份9瓶；称1次就可以推断次品在哪个9瓶里。然后9瓶就像刚才那位同学那样再均分3份来称，2次就够了。我这里只增加了1次，所以3次就找到了。（教师随着学生的表述相机板书"27 → （9、9、9）→ （3、3、3）→ （1、1、1）■3次"。）

师：真聪明！把27瓶平均分成3份，每份的9瓶，也可以假设看成一个超大瓶。这样，27瓶就转化为了3个超大瓶，称1次，自然就可以断定次品在哪个超大瓶里，也就是哪个9里。然后把9再平均分成3份，以此类推，每称1次，都淘汰两份，剩下一份。最后的次数一定就是最少的。如果不是27瓶，而是81瓶呢？（有学生脱口说要9次，可能是想到了九九八十一。）

师：嗯！有可能。是至少吗？（马上有学生反应过来。）

生：4次就够了。

师：请问怎么称？

生：把81瓶平均分成3份，每份27瓶，称1次就可以知道次品在哪个超大大瓶27里。27瓶刚才是3次，所以81瓶中有1瓶次品，用天平称称，4次就够了。

师：真了不起！他也学会转化了。如果不是81瓶，而是243瓶呢？

生：5次。跟上面一样，把243均分3份，只比81瓶多称了1次。所以是5次。

师：反应真快！有没有哪位同学猜到老师接下来会出哪个数？

生：729。

师：真是英雄所见略同！老师真的要出729，如果真有729瓶，其中1

343

瓶是次品，用天平称称，至少几次保证找到？

生：6次。

师：接下来就到哪个数了？

生：2187。

师：现在大声地告诉老师，如果真有2187瓶，其中1瓶是次品，用天平称称，至少几次保证找到？

生：7次。

师：开始时猜需要2186次的是哪位同学，请问此时此刻有什么想说的吗？（该生起立，笑着无言以对。）

师：是什么让这位同学无言以对？从两千多瓶中找一瓶次品，起初我们本能地感觉怎么也要两千多、一千多或好几百次，其实7次足矣。前后相差之大，远远超出了我们的想象。这就是数学思考的魅力。也正是这种无穷的魅力，才让我们这位同学感觉无言以对。其实不只是这位同学，刚开始时，我们都没有想到啊！（轻轻摸摸该生的头，示意他坐下。）

四、全课总结

1. 全课小结

师：（指着板书上的"次品"）请问我们今天上的什么课？

生：次品课。

师：（故作生气状）瞎说！你才上次品课呢。（顺手在"次品"前写上一个大大的"找"字，全体听课教师则会心地哈哈大笑。）

2. 提出问题

师：今天我们找次品的物品总数不管是9、12，还是27、81、243……都是3的倍数，也就是可以直接均分三份来操作，如果物品总数不是3的倍数，又该怎样操作呢？这个问题，需要我们下节课来继续研究。

从目标的"可能性"到实践的"可行性"

林　瑜[①]

　　人教版五年级下册《数学广角》的内容是"找次品"，本课以"找次品"这一探索性操作活动为载体，让学生通过观察、猜测、试验等方式感受解决问题策略的多样性，渗透优化思想，并在此基础上，通过归纳、推理的方法体会运用优化策略解决问题的有效性，让学生充分感受到数学与日常生活的密切联系，感受数学的魅力，培养学生观察、分析、推理以及解决问题的能力。

　　《找次品》这样的教学内容与传统小学数学内容有很大的不同。出于对"找次品"这个新内容的好奇，许多教师都在教学中作了尝试，但总觉得学生学起来费力，教师教起来费劲，普遍感到困难。正是因为这样，所以很少有小学数学课会像《找次品》那样在"教什么"、"教到什么程度"和"怎么教"上有多种不同的看法。基于此，刘老师教学的《找次品》一课，正是从这几个方面对教材进行解答的。

1. "找次品"的教学给学生什么?

　　《全日制义务教育数学课程标准（实验稿)》指出："通过义务教育阶段的数学学习，使学生能够获得适应未来社会生活和进一步发展所必需的重要数学知识以及基本的数学思想方法与必要的应用技能"，因此本节课除了让学生掌握"保证找次品的次数"外，让学生初步感受一些基本的数学思想方法，也是作为《数学广角》内容之一的"找次品"的主要教学目标之一。

　　（1）化归的思想

　　化归法是最普遍使用的一种数学思想。其基本思想就是：把甲问题的求解，化归为简单的、熟悉的、已经解决的乙问题求解，然后通过乙问题

---

　　①　林瑜，福建省特级教师，中学高级教师，福州市鼓楼区教师进修学校副校长，福建省小学数学教育研究会副理事长。

的解反向去获得甲问题的解。其基本方法是：在考察待解决的问题时，能意识到与对象有内在联系的诸多对象，将原对象化归为一个较为熟悉的另一个对象，最终达到对原问题的解答。刘老师在让学生从 3 瓶中找 1 瓶次品，初步建立了基本的思维模型后，提出问题："假如今天来听课的老师每人 1 瓶，大概有两千多瓶吧。我们暂且估计有 2187 瓶。如果 2187 瓶中也有 1 瓶次品，用天平称称，至少几次才能保证找到呢？请你们猜一猜！"通过化繁为简，转化为探究"从 5 瓶中找出 1 瓶次品"的问题，再通过多次探究从 27 瓶、81 瓶、243 瓶中找 1 瓶次品，最后解决"从 2187 瓶中找出 1 瓶次品"的问题，这里蕴涵了一个重要的思想，即在多个、复杂的情况下，要努力将它们化归为最初的、最基本的状态，而这种状态的结论是学生已知的。这个思想正是应该让学生掌握的。

（2）数学化的思维

数学化体现在由具体到抽象，由一般到特殊的数学分析模式，引导学生逐步脱离具体的实物操作，转而采用列表、图示等方式进行较为抽象的分析，从而实现从具体到抽象的过渡。刘老师比较重视引导学生经历一个数学化的过程。在从 3 瓶中找 1 瓶次品，教师引导学生借助手势进行描述。到从 5 瓶、9 瓶、12 瓶、27 瓶中找出 1 瓶次品时，刘老师说：这种称法如果用数学符号简单地记录下来，可以写成这样，用"＿＿＿"表示称一次，并板书如下：

5→（1、1、3）→（1、1、1）■ 2 次，

5→（2、2、1）→（1、1）■ 2 次

9→（1、1、1、1、1、1、1、1、1）■ 4 次

9→（4、4、1）→（2、2）→（1、1）■ 3 次

9→（2、2、2、2、1）→（2、2、2、2、1）→（1、1）■ 3 次

9→（3、3、3）→（1、1、1）■ 2 次

……

借助这样简明易懂、容易操作的示意图，学生可以将自己的思考过程符号化、显性化，为表达提供一种支撑。其实示意图的形成过程也就是学生的分析推理过程，示意图的完善过程也就是学生思维条理化、周密化的发展过程。虽然这个过程在教学中，主要还是凭借教师介绍对待测物品不同分组的符号化表示，但毕竟为学生搭建了形象化思考的平台。

（3）优化的策略

在"找次品"中，对于产品数 n（$n \geqslant 2$），如果有一个自然数 k，并且 $3^{k-1} < n \leqslant 3^k$（$k \geqslant 1$），那么这个 k 就是能找出次品的最少称量次数（当 n

等于 2、3 的产品组，叫做"一次称量组"），这个底数 3 就是产品的最优分组数。就是一种找出次品的最少称量次数的问题。

"称量几次才能保证找到次品"有多种方法，刘老师在教学中关注的是：学生在探求这些方法的过程中是否体验到了解决问题策略的多样性与策略的优化。

"找次品"的最优策略主要基于以下两点：一是把待测物品分成 3 份；二是要分得尽量平均，能够均分的就平均分成 3 份，不能平均分的，也应该使多的一份与少的一份只相差 1。而保证找到次品的最少称量次数的最优策略是：天平两边要放相等的物品，称量一次使次品所在的范围尽可能地小。所以要分成 3 份，并尽可能均分。

然而为什么要将待测的物品分成 3 份？同样是 3 份为什么要尽量平均分？如果学生不能明白为什么将待测物品分成 3 份是最好的策略，就无法让学生真正懂得其中的道理，从而发现规律。刘老师在教学中，充分考虑到学生可能存在的困惑，在"9 瓶、12 瓶中找出 1 瓶次品"后，非常注意引导学生思考："请仔细观察黑板上的四种称法，看谁能最快发现其中的奥秘？"并总结："把 9 瓶分成了 3 组，每组 3 个，也就是把物品总数均分 3 份，这样称 1 次，就可以淘汰 2 份 6 瓶，从而让剩下的瓶数变得最少，自然总的次数就会少下来。而 4 次的称法，称 1 次后，最多只能淘汰 2 瓶；3 次的两种称法，称第一次后，也最多只能淘汰 4 瓶，所以最终的次数就会相对多起来。"这样学生就自然而然地理解了："把物品总数平均分成 3 份来操作，这样称 1 次就可以断定次品在哪一份里，每一次都最大限度地淘汰，最后的次数自然就会少下来。"进而得出结论：在天平的两边放的物品同样多的情况下，称一次使得次品所在的范围变得尽可能地小，也就是要分 3 份，尽可能平均分，就水到渠成了。

但还需要注意的是："把待测物品分成 3 份，要分得尽量平均"只是最佳称量方法的充要条件而不是必要条件，因为还有很多称法同样属于最佳。"不都是分三组的"，比如：12 瓶分成（4、4、4）三组和分成（6、6）两组以及分成（3、3、3、3）四组的，都是只需要称 3 次；"没有尽量平均分的"，比如：5 瓶分成（2、2、1）三组和分成（1、1、3）三组都是只要称 2 次。

2. 为什么从"3 瓶木糖醇"开始"找次品"？

教材的编排中，通过例 1 分析从 5 个物品中找一个次品的方法和次数，初步认识找次品的基本方法。通过例 2 分析从 9 个物品中找一个次品的方法和次数，同时进行优化，并延伸到 12 瓶、27 瓶等其他瓶数应该怎样称

的问题。但如果按例题 1 从"5 件物品中找出 1 件物品",将遇到"怎么称""第一次怎么分"等问题。由于学生总是习惯于将物品平均分,怎么分,是本节课的一个难点。如果让学生随意称、随意分组称,可能要经过一个漫长而无序的过程,在教学容量大、思维难度高的情况下,就容易遭遇到不能完成预期的教学任务的尴尬。

刘松老师《找次品》的教学,改为"从 3 瓶木糖醇里找一瓶次品",降低了此类问题的难度,较好地解决了"怎么分"和"怎么称"的问题。"从 3 瓶木糖醇里找一瓶次品",虽然简单,但却是一个非常重要的环节。通过"从 3 瓶木糖醇中找 1 瓶次品"的活动,首先让学生讨论并明确了解决此类问题的基本方法,即 3 瓶木糖醇只有 2 瓶放到"天平"上,第 3 瓶根本没有称,怎么知道哪瓶是次品?(根据天平的平衡或者不平衡两种情况来判断。)为后面"将待测的物品分成 3 份"这一方法,在学生头脑中建构了最基本的模式,理解了推理的基本思路。其次是对更多物品称量次数的判断最终都可以化归为 3 个物品称量的问题。例如 9 瓶木糖醇,平均分成 3 份,称一次即可知道次品在哪一堆,再按"从 3 瓶中找出 1 瓶次品"的方法进行称量,一次就可以找到次品。同样从 9 瓶的探究到 27 瓶、81 瓶的探究,能使学生更好地借助于 9 瓶探究中感悟到的分法和结果,得到把 27 瓶分成 3 个 9 瓶,把 81 瓶分成 3 个 27 瓶等,就能感悟到应把总量分成三份的规律。

3. 怎样才能既动手操作又动脑思辨?

本节课的活动性和操作性比较强,刘老师在教学中采用学生动手实践、探究的方式教学,给学生较多的时间充分地操作、试验、讨论、研究,找到解决问题的多种策略。重视小组合作交流,安排了多次小组合作学习的活动,学生通过小组活动探究解决问题的方法,在活动中逐步养成合作、交流的习惯。

组织学生进行操作活动,仅仅是本单元教学内容的基础,但本节课如果存在大量的操作活动,学生将可能迷失在操作之中,学生的操作对发现规律、解决问题的意义不大。教学的重点应在于活动后的猜测、归纳、推理过程。操作活动时,学生会得出不同的解题策略,刘老师能注意引导学生从这些繁杂的方法中,从简化解题过程的角度,找出最优的解决策略,这样学生的思维经历了由多样化过渡到优化的过程,经历了一个从矛盾冲突到求得统一的过程。在此基础上,让学生进行猜测:这种方法在待测物品的数量更大时是否也成立呢?从而引发学生进一步进行思考、归纳、推理、验证等活动。

在探究"从 5 瓶中找出 1 瓶次品"的过程中，有学生这样描述称的过程："我在天平的左右两边各放 1 瓶，如果有翘起，就能 1 次找到。"刘老师当即指出"这种情况是有可能的，但能保证吗？如果天平平衡了怎么办？"这样有思考价值的问题，就是使学生明白：当我们选用一种方法来分析和研究问题时，应注意把可能出现的结果考虑全面，才能得出正确的结论。从 9 瓶开始，对 27 瓶、81 瓶、243 瓶、729 瓶、2187 瓶找次品的次数，学生离开操作，也不动笔，作出迅速的回答，思维越来越深刻抽象，学习的要求也越来越高，学习的能力逐步增强。

总之，刘老师的《找次品》教学，从新课的引入到问题的探究，再到总结找次品的规律，最后运用规律解决问题，通过学生的一系列活动，体会解决问题策略的多样化和优化策略，学生的认识从具体到抽象，由感性认识到理性认识形成了一个质的飞跃。整节课科学严谨、一气呵成，符合学生的认知规律，有利于学生掌握知识与方法，是一节高水平的课。

刘松——找次品

349

让学生在"找次品"中学会用数学思考

刘 松

一、内容简析

本节课是人教版五年级下册《数学广角》的内容，以"找次品"这一操作活动为载体，让学生通过观察、猜测、试验等方式感受解决问题策略的多样性，在此基础上，通过归纳、推理的方法体会运用优化策略解决问题的有效性，感受数学的魅力。例1通过利用天平找出5件物品中的1件次品，让学生初步认识"找次品"这类问题及其基本的解决手段和方法。编排时，教材一方面注意让学生进行合作学习、小组交流，经历找次品的过程；另一方面注意引导学生体会解决问题策略的多样性。例2通过让学生探索和比较找次品的多种方法，体会解决问题策略的多样性及运用优化策略解决问题的有效性。通过总结、猜测、归纳出优化方法的过程，进而培养学生的推理、抽象能力。

二、课前困惑

优化作为一种重要的数学思想方法，可有效地分析和解决问题。但如何让学生在数学活动中有充分的体验和感悟并逐渐形成一种自觉意识，仅按照教材的编排执行是否能有效地达成？我们可否对教材有适当的扩充？怎样扩充……

三、几点尝试

1. 降低了问题坡度

找次品的基本思考模型跟3的次幂相关，而教材问题情境首先从5瓶开始研究。虽然学生探究体验策略的多样化及感受优化没有什么困难，但恰恰忽视了3瓶的基本思考模型，所以课的引入首先从3瓶开始。

2. 增加了问题难度

为了让学生更加充分地感受到数学思考的魅力，体验到数学的应用价值，从而培养学生喜欢学习数学的情感。课伊始，增设了如果2187瓶中也有 1 瓶次品，用天平称称，至少几次才能保证找到的问题。而此时，学生凭借已有的经验或者说思维定势的影响，感觉肯定要很多次，甚至有人会认为需要 2186 次。而随着研究的深入，最终在课的结尾处发现，竟然仅仅 7 次就够了。前后三百多倍的强烈反差，让学生不由得产生一种惊讶、一种感叹、一种心灵的震撼，而在这种惊讶、感叹和震撼中学生会深深地感受到数学的价值，喜爱数学的情感便会油然而生。

3. 强化了策略意识

日本数学教育家米山国藏曾说过："作为知识的数学出校门不到两年可能就忘了，唯有深深铭记在头脑中的数学的精神、数学的思路、研究方法和着眼点等，这些随时随地发生作用，使学生终身受益。"国内有专家总结，小学六年，数学教学要留给学生三大基本能力：一是逻辑推理能力，二是透过现象看本质的能力，三是化繁为简的能力。化繁为简要成为一种能力，必须要有习惯的化繁为简的意识和熟练的化繁为简的方法，所以，在增加的问题和课本例题之间有意强化了化繁为简的策略意识。

4. 注重了教学的情趣性

本节课的思维含量和难度都比较大，相对又比较枯燥，属于比较纯数学的内容。对小学生而言，怎样吸引他们的兴趣？怎样能让他们长时间饶有兴致地投入研究和思考？于是我从教学的情趣性入手，戏称自己是"次品老师"、步步诱导学生展开问题的思考。

……

我的这些努力也许是无用的，老师们或许对课的引入及结尾的方式等嗤之以鼻，认为是哗众取宠。自己静心想想，的确也有些许花哨。但我想，通过这样的教学，如果学生在复杂而繁重的思维活动中建立了数学模型，掌握了优化的策略，做回"次品老师"又何妨！

刘松—找次品

朱乐平——用了多少钱

　　当有人再提供一条新的（通向目标的）路后，人们才有了比较的机会。你可以不喜欢这条新的路，但对提供新路的人应该永远心怀感激。

朱乐平

朱乐平，详见第 102 页介绍。

综合运用教学新视野

——朱乐平教《用了多少钱》

　　《用了多少钱》是朱老师自己创编的一节六年级的数学实践活动课。平平淡淡的一个开放性的话题，在朱老师的适度引领下，在学生的深度参与下，在师生的共同演绎下，既成为一个综合运用知识解决问题的过程，一个数学思想方法碰撞的过程，同时又成为一个感性与理性完美结合的过程，一个深沉情感体验的过程，它承载了知识、能力与感情的如水融合。载体是如此的简洁，内涵却是如此的丰富、深刻与感人！朱老师宽广大气的教育视野和深厚细腻的驾驭课堂的能力，造就了一节拥有多维互动、具有多元价值、充满浓郁人文色彩的开放课堂。本课是朱老师对小学数学实践与综合应用领域进行的一次富有激情的、富有创造性的实践探索。

第一课时

一、谈话引入新课

　　师：我与同学们是第一次见面，今天我们在一起要研究一个关于钱的问题，请每个同学都想一想，在我们的学习和生活中，哪些地方需要用钱？（话音一落，全班有许多学生举手。）

　　生：买一些文具、买一些衣服都需要用钱。

　　生：买一些宠物要钱。

　　师：哪一些宠物？

　　生：就是那些小狗呀。

　　师：小狗？活的那种？

　　生：是的。

生：炒股票也需要用钱。

师：对，炒股票也需要用钱。

师：我们主要来说一说，同学们哪些地方要用到钱？

生：我觉得生活中处处需要钱，如果没有钱什么也做不成。

师：如果没有钱，我们的确会有很多事情很难办。

生：我们上学要交钱。

师：是的，我们要缴书费和杂费。有谁还记得这个学期缴了多少学费？

生：230 元。

师：要 230 元。对，它由不同的项目组成。

生：钱能使银行照常营业。

师：对，钱能使银行照常营业。

生：吃饭的时候要用钱，买房子也要用钱，没房子就没地方住了。

师：就是说吃饭要用钱，无论是在家里还是在外边都需要花钱，睡觉的床要花钱买；住的房子也要用钱。

生：坐电车回家也需要用钱。

师：对，利用交通工具我们也需要用钱。

生：如果有了钱，大小工厂的工人也不至于罢工。

师：对，如果工厂好，就不会有下岗工人。

生：还有就是我们身上穿的衣服也需要用钱。

师：衣服要用钱，有人配眼镜也要用钱，我们平时在许多地方都需要用到钱。

二、问题导向新课

师：如果想比较准确地估计出一个小学生一个学期用了多少钱，需要哪些资料？这些资料到哪些地方去找？（教师用电脑幻灯片出示上述问题，学生默读后，回答问题。）

生：如果想比较准确地估计出一个同学一个学期用了多少钱，我觉得首先要知道各个项目需要缴纳多少费用，这些费用应该去问教育局或者去问学校领导，去向他们要资料。

师：是的，教育方面的费用我们可以去问教育局的工作人员或学校的老师。

生：我认为一年起码要 4 千块钱。因为，买食物、买衣服呀，还有学费、杂费等都需要钱。

生：我觉得我们还要买一些东西，其中还包括消费税，这些税还要向税务部门问一下，这些税到底是多少钱。

生：还有我们日常吃、喝、住、行，还要向家长要资料，因为这些钱都是他们为我们花的。

师：对，要问我们的家长，他们为我们花了钱，比如你刚才说的衣服，衣服要多少钱，我们怎么估计一下，到哪里去查呢？

生：一般买衣服都有发票，我们可以看一下发票有多少钱。

师：是的，还有什么方法可以知道？

生：去问商店里的人，这件衣服需要多少钱。

生：衣服上应该有商标，商标上应该会印出价钱数。

师：是的，有些商场有广告牌，在广告上我们也可以查出来一件衣服要多少钱。

生：还有一个是学生用的衣服上有商品牌，商品牌上也可以看出来要多少钱。

生：我觉得可以查账本，准备一个账本，记下来每天用了多少钱。我记过两个月，结果要三千多元。

师：你自己如果有记录，查一查就比较方便。同学们刚才说得很好，我们可以去各个部门问，去问大人或者去商场作调查，我们就会获得一些信息，然后我们就可以进一步估计用了多少钱，这样的估计就会准确一些。

三、问题展开新课

师：请估计，你从出生到现在一共用了家里多少钱？（出示幻灯片）要求每一位同学都独立完成。（1）想一想，写一写，你准备分哪几个部分来估计？（2）写出估算的过程和结果。（学生根据问题开始独立解决，约10分钟。）

师：好，停一下，我发现许多同学都逐项地列出来了，这样很好。你如果能够比较好地分类估计，结果就可能更为准确。下面我们要小组交流，在交流以前，老师有一个要求：请每一个同学安静地检查并整理自己的思路，准备小组交流，想一想，你打算在小组里讲哪几句话？（学生整理，约3分钟。）

师：准备好了吗？

生：准备好了。

师：我想请同学们先想一想，如果你们小组开始交流，你在听同学发言时，应该注意听什么？谁能结合我们要解决的问题，来说一说。

生：我认为最应该听的是同学列举了哪些我没有列出的项目。

357

师：听懂他说的了吗？

生：听懂了。

生：他是怎么估算出来的。

师：对，听一听发言的同学是怎样分类的，是如何估计的，这两个方面我们都要特别关注。下面请同学们以四人小组为单位进行交流。（学生讨论交流，教师参与，用时约10分钟。）

四、合作解决问题

师：你们小组平均每人从出生到六年级毕业，大约要用多少钱？如果从出生到18岁又需要多少钱？要求：（1）小组内的同学先确定分成几个部分进行估计；（2）组内同学分工，每位同学承担一部分或几部分的计算任务；（3）汇总结果；（4）讨论研究成果，并确定一个同学作为代表，向全班同学汇报你们组的估算结果和过程。（学生根据上述要求，进行小组合作解决问题，教师发给每个组一些从超市拿来的各类广告纸，如有食品类的、电器类的、服装类的等。学生根据自己所承担的任务，不断地翻阅广告纸，进行估计。）

第二课时

（学生继续以小组为单位活动，解决问题。7分钟。）

五、全班交流评价

师：请小组代表发言，要求：（1）汇报你们分成哪几个部分进行估计的？（2）你们组估计的过程和结果。

组1：我们组一共分了八个部分来计算到12岁会花多少钱。第一个是读书的费用，我们估计一个人12年的读书费用是10万块钱。饭费可能要花8万块钱。一些玩具等物品要4万块钱。给朋友买礼物的话会花3000块钱，买衣服会花5万块钱，这样估计起来的话会花26万块钱左右。然后我们用比较偷懒的方法，26除以12再乘18就是活到18岁大约需要多少钱。是39万。

生：（这个小组的另一生补充）我觉得上初中、高中的学费都比较贵，我觉得应该再加一点，至少要40万元。

组2：我们组分有学费、饭费等，还有分成1岁、2岁……18岁，我们有一个表列在这里，（实物投影边指边讲）分成学费、杂费、小提琴费……然后，我们看这些用品分别在1岁、2岁……12岁各用了多少钱，然后把吃的、穿的、用的都加起来一共大约就是18万。我们想从12岁到18岁的话就会增加六年，上高中大学需要的费用很高，所以我们算的是到

18 岁大约需要 35 万元。

师：他们组列了一个表格，用表格的方法比较清楚，容易自己估算，也容易让其他人看懂。他们分类后，一年一年的考虑，这个方法也很好。

组 3：我们组是按照生活用品、住房、学费、电器和衣着来分的。我们组还考虑了当一个人生下来时，生活不能自理，需要父母照顾来算的。我们算的这笔费用就是 38 万元。还有，住房的钱，我们是按照租房的钱来算的。从一生下来就开始租房和房子装修、清洁，算到 18 岁就是 33 万元。学费大约是 14400 元。还有其他的算在一起，一共大约是 81.1 万元。（学生哗然，有学生说："这么多啊！"）

师：他们组算得很好。特别是假设：住房一出生就要租，要付租金。生出来后，不是父母照顾我们，而是请人照顾我们，那么每一个地方我们都要付钱。我去了解过保姆市场的情况，一般去照看小孩每月也要付一千多元。大家想一想，是最亲的妈妈来抚养我们，这种抚养又怎么可以与保姆的照看去比呢？（停顿）我们每一个组的同学，由于分类、计算方法、家里条件的不同，算出的结果可能会有较大的差距，但我刚才看了，算出来最少的也有 30 多万元。其实，我们现在还有一些家庭比较贫苦，我们来看一段录像。（录像内容：贫困户生活情况以及他们子女的生活、读书情况。）

六、计算渗透思品教育

师：如果你的父亲和母亲每人一个月的工资是 3000 元的话，那么根据刚才你们估算出的结果，你的父母不吃不喝，什么都不用，他们要多少个月的工资才能把你养到十八岁？（学生计算用时 7 分钟左右。）

师：安静地、好好地想一想平时长辈对你的爱，通过上面估算你有什么感受，请你把它写下来。（教师发给学生一些资料，主要是一些城市的人均年收入，一些地区的城镇居民最低生活保障金。）

师：大家好好想一想，长辈对我们的爱，有一部分或许可以用钱计算出来，但会有很大的一部分是没有办法用钱算出来的。通过上面的计算你一定会有所感受，请你把这种感受写下来。（学生写感受，用时 20 分钟左右。）

师：好，同学们，停一停，因为时间的关系，可能个别同学还没有写完你的感受，有谁愿意把你的感受读给大家听？（有一些学生举手。）

生：我是一个普普通通的孩子，我今天想再次对您说："我爱您，爸爸妈妈。"当我来到这个世界，就有了一个幸福的家，清晨妈妈送我上学，傍晚妈妈接我回家，多少叮咛，多少牵挂，在呵护着我天天长大。千言万语汇成一句话："感谢您，亲爱的爸爸妈妈！"如果世间的万物都是星星的化身，那么爸爸妈妈就是最亮的两颗。妈妈是一片湖，她给了我们温柔无私的爱。爸爸是一座挺拔的山，他给了我们坚定慷慨的情。世间的父母都是一样的，让我们天下的孩子都携起手来，共同回报亲爱的爸爸、妈妈吧！父母为我们贡献出了一切，他们可以不管自己的生死安危，只要儿女幸福，他们也就幸福、快乐。如果你问我，世间什么爱最无私最慷慨，我一定会告诉你："是爸爸妈妈的爱。""谁言寸草心，报得三春晖。"虽然我不能像父母那样回报他们，但我一定会努力学习，不辜负他们对我的期望。（全班鼓掌。）

生：我们每一个人的父母都是有高有低，是有限度的，可是我们的父母对我们的爱，却是只有最低限度没有最高限度的。父母对我们的爱，刚才被我们用金钱来衡量，数字大得惊人，然而这只是其中的一小部分，有多少爱是无法用金钱来买的，甚至是无法用金钱来衡量的呢？我们常常说自己想要一些东西，如果父母不给买，他们就是小气，那么我们何时才会想到自己，对父母的关心和理解是更小气而自私的呢？父母总是把爱无私地给我们，而我们不是更应该把理解、关心和无私送给父母吗？（全班鼓掌。）

生：通过这节课，我们才知道我们欠了父母多少情多少爱多少钱！可怜天下父母心，他们给予我们的爱，我们是永远还不完，也还不了的。他们就像上天派来的使者，在成长的道路上扶持着我们；他们就像一场及时雨，滋润着我们干涸的心灵；他们就像无私奉献、不求回报的红烛，散发着灿烂的光芒。母亲的爱是温柔的，父亲的爱是严厉的，这两种不同的爱在我们身边相依相伴。不要在父亲母亲节过后才想起送一枝康乃馨，不要在父母生日过后才想起应该做些什么，抓紧时间快做点什么吧！在父母的温暖关怀下，我们在成长的道路上加足油门，争取给他们一个好的回报吧！（全班鼓掌。）

师：同学们都提到了要回报父母的爱，他们说过或者要求我们回报了吗？他们需要我们去回报吗？

生：不需要。

师：是啊，父母的爱是天底下最无私、最伟大的爱，我们要好好地去感受这种爱。用我们的行动去感谢所有关心、帮助、理解我们的人，感谢所有富有爱心的人。让我们去帮助那些我们能够帮助他们的人。好，这节课我们就上到这里，下课！（学生起立）同学们再见！

课如其人

王建良[①]

我认识朱老师已经18年了。在与这位良师益友共同走过的日子里，经常被朱老师的课所震撼，也时常被他言谈中所流露的教育观、人生观所感动。如果记得没错，《用了多少钱》应该是朱老师在前几年推出的一节示范课，尽管时过境迁，但这节课依然弥久常新，着实让人深思。记得第一次朱老师跟我说起要上《用了多少钱》这样一节课时，我大吃了一惊，一下子冒出了很多问题。怎么想到要上这节课？这是一节什么课？这样"大"的课怎么上得下来……非常幸运的是，随后与朱老师一同去山西拍摄他的个人专辑，不仅现场听了，也与朱老师聊了很多关于这节课的话题。

一、他是怎样想到要上这节课的

其实现在想来，这已经不是问题。这是由朱老师的思维方式，或者说是他的性格所决定的。他爱学习，总是在汲取他人的营养，但他不拘泥于固定的程序与模式，热衷于走别人没有走过的路，他期望教育能真正实现百花齐放。朱老师的每一节课都是对现有教材内容或教学设计的挑战，每上过一节课都会引起热议，或赞赏、或质疑，他已经习惯了。开拓创新已经成为他的特质。2001年《全日制义务教育数学课程标准（实验稿）》的颁布，对于"实践与综合应用"这一领域，大家感到新鲜，同时也感到茫然。关于这一领域的教学实践，国内几乎没有可以参照的蓝本。正因为如此，他有意要在这块未被开垦过的疆土上留下自己的一个脚印，供后来者借鉴。事实上，直至十年后的今天，"实践与综合应用"依然是数学课程建设的薄弱环节，无论是理论研究还是实践探索。

---

① 王建良，中学高级教师，浙江省特级教师，嘉兴南湖国际实验学校副校长，嘉兴市级学科带头人。

这节课，对他而言，只是他上过的众多节课中普通的一节。他曾把上海音乐厅平移的录像引进了课堂，他在汶川发生地震后上了一节感人的《折线统计图》……这些在他看来很平常的课，很多时候我压根儿没有想到，只是我自身教育视野的狭隘罢了。

二、这是一节什么课

《用了多少钱》是一节数学课吗？在我们传统的意识中，数学是理科，重在培养学生的理性思考。可《用了多少钱》分明是一个感恩的教育活动，更让人不可思议的是，在一节数学课上，用了 20 分钟让学生去写作文。这节课，既像数学课，又像作文课，还像思想品德课，这到底是什么课？之所以有这样的疑惑，与我国长期实行的分科教学不无关系。我国教师的学科本位意识非常强，相比而言，在实施全科教学的国度里，学科之间的整合则是教学的一种常态。2008 年我去德国考察学习，在一所小学听了一节关于水循环的常识课，第一个环节是让学生用图画出水是怎样循环变化的，第二环节是教师在修正学生图画的过程中，进一步介绍水的循环过程，第三个环节则是把水循环的常识编成一首歌曲，教师弹吉他，全体学生敲敲打打各自的乐器，随教师的领唱一起学这首歌。这是一节什么课，美术、科学还是音乐？没有一个标准可以来界定。但从学生的角度而言，这是一节什么课并不重要，重要的是对他的生命成长起到了怎样的影响。朱老师自己的认识是"这是节实践与综合应用的课，综合了数学、语文、思品的教育功能"。正因为朱老师摒弃了单纯的学科教学本位，更加关注教育的整体功能，才使得这节数学课焕发出了更多的人文色彩。我在百度里搜索一下，发现这节课还有一个好听的名字——情感数学课。我也觉得这个说法非常贴切，顾名思义，这是一节强调情感教育力的数学课，它是对小学数学"实践与综合应用"富有激情的一次实践探索。

三、这么"大"的课怎么上得下来

朱老师的课很大气，放得很开，这几乎是听课老师的共感。的确，在课堂上朱老师经常会问一些非常大的问题，一时半会儿连听课老师都不知道该怎么回答。但每次经过一个或长或短的探索与交流活动，学生总能获得相应的数学知识，并形成独特的体验与感悟。以至于很多老师都认为朱老师的课太有个性了，无法模仿。我也曾多次模仿朱老师的课，确实少了朱老师那一份深厚底蕴以及熟练驾驭课堂的能力，很难把课上出彩。但我所缺失的不仅仅是对于课堂生成的把握能力。细读朱老师的课，表象的背后是朱老师对于教学设计的潜心钻研、反复琢磨。

就本课而言，《用了多少钱》这样一个让人无从下手的大问题，朱老师把它细化为了三个层次让学生分步来研究，第一层次是估计一个小学生一个学期用了多少钱，第二层次是估计从出生到现在用了多少钱，第三层次是估计从出生到 18 岁需要多少钱。虽然从课堂实施看，绝大部分时间都是学生在独立探索或合作交流，但事实上如此有效的探索与合作，依赖于教师及时与必要的指导。

在"估计一个小学生一学期用了多少钱？"时，教师组织学生一起交流"需要哪些资料？""这些资料到哪些地方去找？"这两个问题，培养了学生获取资料的意识和能力，也为学生独立尝试解决第二层次的问题提供了方向。

在"估计从出生到十八岁又需要多少钱？"时，教师通过无声的 PPT 语言给学生提示："（1）想一想，写一写，你准备分哪几个部分来估计？（2）写出估算的过程和结果。"这两点提示，对于本课的教学，具有举足轻重的作用。如果直接将问题放下去让学生去尝试解决，可能有学生无从下手，也有学生想到什么写什么，后续的交流将很难开展，这一段学习时间会变得非常低效。作为教师，要充分考虑学生的学习力，遵照"最近发展区"的基本原理，给学生恰到好处的帮助，履行自己作为课堂教学引导者的作用。有了这两个问题指引，学生解决"从出生到 18 岁又需要多少钱？"就有了必需的思想方法基础。更值得我们关注的是，在对这两个问题反馈交流时，教师首先要求学生"先想一想，如果你们小组开始交流，你在听同学发言时，应该注意听什么？"，并要求学生结合要解决的问题来说一说。正因为有了如此明确的学习要求，四人小组的交流才能达到预期的目的，而不至于流于形式。

因为有了第二层次问题研究的结果与经验，在小组合作解决第三层次问题时，学生有了更多的自信。即便如此，教师依然通过 PPT 出示了以下四点要求："（1）小组内的同学先确定分成哪几个部分进行估计；（2）组内同学分工，每位同学承担一部分或几部分的计算任务；（3）汇总结果；（4）讨论研究成果，并确定一个同学作为代表，向全班同学汇报你们组的估算结果和过程。"以上四点要求是针对该研究问题而提出的，但也体现了合作学习的一般要求，只有长期按这样的程序来要求学生，才能培养起学生合作与交往的能力。

细读朱老师的课，我们可以剖析其严谨的课堂结构，同时也能感受他对细节处理的那一份细腻。例如在要求学生写感受时，朱老师饱含深情地说："大家好好想一想，长辈对我们的爱，有一部分或许可以用钱计算出来，但会有很大的一部分是没有办法用钱算出来的。通过上面的计算你一定会有所感受，请你把这种感受写下来。"如果这一节课处理不当，会让学生形成一种用金钱来量化爱的印象。朱老师此处恰如其分的引导，提升了学生的认识，使学生体会到金钱的付出只是爱的一种表达，爱是无法真正用金钱来衡量的。紧接着，朱老师对于接下来学生的写，提出了"通过上面的算"这一前提，避免了学生在写感受过程中脱离今天的学习信口开河。又如，在学生写完感受之后，朱老师缓缓地说："好，同学们，停一停，因为时间的关系，可能个别同学还没有写完你的感受，有谁愿意把你的感受读给大家听?""谁愿意"这三个字，充分地体现了教师对学生情感的尊重，虽然有一些学生写得很好，但是学生没有举手，他也没有叫他们。因为他不愿意"打扰"他们。通过这些细节我们看到了教师骨髓里流淌的教育观念，看到了支配教育行为的内隐理论。在朱老师的课堂里，能感到一股浓郁的人文气息，一是来源于他本人深厚的人文素养，二是来源于他对培养学生人文素养的关注。真乃课如其人!

走点 "弯路" 拾就 "深刻"

朱乐平

大家知道，《全日制义务教育数学课程标准（实验稿)》把教学内容分成四个领域，其中 "实践与综合应用" 是四个领域之一。这一领域内容的教学将帮助学生综合运用已有的知识和经验，经过自主探索和合作交流，解决与生活经验密切联系的、具有一定挑战性和综合性的问题，以发展他们解决问题的能力。在这些理念的支配下，笔者引导六年级的学生围绕 "用了多少钱" 这一主题，花了两节课的时间，作了课堂教学探索。

课的开头我设计了一个谈话的主题是："在我们的学习和生活中，哪些地方需要用钱?" 这样做的意图是：由于是借班上课，师生第一次见面，相互之间会有一定的 "距离"，为了缩小这种 "距离" 并为下面的教学过程作准备，设计了这一环节，这样的问题比较大，比较宽泛，学生容易回答。我比较喜欢教学起点低一点，因为教学起点低会有利于学生参与，有利于师生展开谈话，拉近 "距离"。从上面的实录中大家可以看到：基本达到了预设的教学目标，学生积极地参与活动，积极发言，师生之间的距离拉近。但有的学生没有围绕自己的生活与学习来谈，这是因为一开始我的引导不够到位，需要让学生明确：谈话的主题是 "我们" 哪些地方要用钱。当一出示问题，就有许多学生举手，我就开始让学生回答问题。一个学生只回答某一个方面需要用钱。而事实上，对于六年级的学生来说，他们有足够的经验和能力，说出几个方面要用钱。所以，当老师提出问题后，可以让学生安静地想一想，然后再回答。在回答时，要求学生把自己认为需要用钱的地方都说出来。这样就没有必要让 10 个学生来回答问题，既可节约教学的时间，又能达到预设的目标。

我设计的第二个环节是让学生思考尝试解决问题："如果想比较准确地估计出一个小学生一个学期用了多少钱，需要哪些资料? 这些资料到哪些地方去找?" 这一环节主要是想初步培养学生的资料意识和获取资料的能力。要估计出一个学期用的钱数，不能只靠想象，而是需要有一些资料

365

作参考。解决一些综合性的问题常常要考虑：需要哪些资料和如何获得这些资料。实践与综合应用这一领域的教学，对于培养学生获取资料的意识和能力有着特别的作用。

第三个环节是一个比较大的环节，核心要解决的问题是："请估计，你从出生到现在一共用了家里多少钱？要求：请每一位同学都独立完成。(1) 想一想，写一写，你准备分哪几个部分来估计？(2) 写出估算的过程和结果。"这个环节主要的设计意图是：由于学生之间的生活水平会有一定的差异，所以，在这个环节中，让学生独立思考，估计自己从出生到现在一共用了家里多少钱。通过这样的学习过程，一方面培养学生分类的能力。面对这个相对比较复杂的问题，如果能够把问题进行分解，分成若干部分来估算（如吃大约用了多少钱），那么就可以使估计出的结果更为准确。另一方面培养学生的估算能力。当我们要估计一个比较模糊的数量时，不能盲目地猜，胡乱地估，而必须借助一定的策略完成。比如，在估计从一出生到现在花了多少钱很难一步到位，此时学生分别从衣食住行、学习等方面进行分项估计；在估计 18 年的花费时，有学生"用比较偷懒的方法，26 除以 12 再乘 18 就是活到 18 岁大约需要多少钱"，采用了抽样进行估计的思想。在解决问题的过程中，学生调用已有生活经验，获得了关于估计的感性经验，在此经验上，他们的估算能力逐步提高。

要提高学生合作与交往的技能，需要对这种技能进行适度的分解，然后结合教学的内容进行培养。在上面的环节中，要求学生在独立思考的基础上进行小组交流前的准备，主要是希望学生能够对自己前一段独立思考的学习过程进行回顾、反思和整理，为小组交流奠定良好的基础，以提高小组交流的质量。另外，在小组交流中，如何倾听同学的发言，也十分重要。所以，在上面的教学中，我要求学生结合这个问题，说一说如何倾听，主要是想培养学生良好的倾听习惯。从实际交流的情况看，六年级学生要比较有条理地来表达自己解决这个问题的过程，还比较困难。在学生小组交流时，我也去参与了其中的几个小组，听他们交流，发现多数学生的表达方式是：先说一类的名称，然后就开始说计算的式子，最后说出这一类的总数。如先说吃大约要多少钱，然后就说：早、中、晚三餐各用的钱数相加，再乘一年，再乘上自己的年龄。这样的表达并非十分理想。如何培养学生数学交流的能力需要更进一步的研究。另外，上述小组交流的过程中，时间比较长，交流中还应该要求学生讨论如何分类比较好，怎样的分类既有利于计算，又能使结果更准确。这样可以为下一步的教学奠定更好的基础。

第四个环节是小组同学合作解决问题："你们小组平均每人从出生到六年级毕业，大约要用多少钱？如果从出生到 18 岁又需要多少钱？要求：（1）小组内的同学先确定分成几个部分进行估计；（2）组内同学分工，每位同学承担一部分或几部分的计算任务；（3）汇总结果；（4）讨论研究成果，并确定一个同学作为代表，向全班同学汇报你们组的估算结果和过程。"这是在上面每个学生独立解决问题的基础上，进一步小组合作解决既与上面解决的问题有联系，又有适度拓展的问题，主要是想让学生在解决这样的综合性问题的过程中，进一步提升自己的能力。进一步强化分类能力的培养，进一步培养估计、推断、预测的能力，进一步培养合作与交往的能力。在实际上课时，我感觉这一教学过程，学生的兴趣不如前面这个阶段浓，可能是因为现在要解决的问题与上面的问题是类似的。学生在小组中的分类没有更进一步的讨论，而对于广告纸很感兴趣，很多学生不断地在翻阅，但没有参考广告纸上一些东西的价格，估算一个同学在某一方面要用的钱数。以后在教学中，或许可以把广告纸在上课以前就发给学生，这样可能学生在下课时就会去翻阅。到这里真正要用的时候，就不会较长时间翻阅，就会有目的地去寻找自己要用的信息。另外，合作解决问题的要求还需要强化，需要每一个学生都知道自己的角色定位，如可以让一个小组在分工后，向全班作一次汇报，以启发其他小组更为合理地分工和合作。

第二课时开始的三个环节主要包括三个方面：（1）通过观看录像，形象直观地感受困难家庭的生活情况，体会自己的生活。（2）通过假设父母的月工资，再进行计算，再一次感受父爱母爱的无私与伟大。（3）通过写感受，培养学生的书面表达能力。

从总体上说，这节实践与综合应用的课，综合了数学、语文、思品的教育功能。主要的教学目标是：（1）通过数学计算，感受体会长辈的爱，体会感受父母爱的无私与伟大，唤起学生的孝心，培养学生心怀感激之情。（2）通过学生面对复杂的事物，解决一个相对复杂的问题，让学生去感受和经历分类处理、分工、合作逐步解决问题的过程，培养学生的分类能力、合作与交往的能力。（3）进一步培养学生的估算意识和能力，巩固熟练四则计算。（4）通过把自己的感受表达出来，提高书面表达的能力。全课设计了六个大的环节，每一个环节的教学，都是以学生活动为主，学生的活动包括独立思考、独立计算，也包括小组的交流与合作以及全班的交流。从整节课完成的情况看，学生的活动充分，达到了预设的教学目标。课中，教师的作用只是作适当的引导和提供一些有价值的资料。由于

朱乐平 —— 用了多少钱

学生经历了充分的计算与感知，所以，当最后写感受时，有一部分学生是含着眼泪在写，这些学生是被长辈的爱感动了。课例中学生写出的文章也很有水平。我还看了全班学生写的感受，多数学生都写得比较好，许多学生都写道：是第一次感受到已经用了父母这么多钱，以后一定要好好学习，长大了要好好报答父母的恩情。这是我希望达到的目标，希望学生能够通过数学的计算，达到教育的功能。

附录一│本书编者简介

唐少雄，1972 年生，中学高级教师，福建省莆田市秀屿区教师进修学校数学教研员。省小学数学学科教学带头人，指导的教师多次在省、市教学观摩比赛中获奖。主持并参加多项省、市级课题研究，深入探索课堂教学改革，同时积极探究教育教学规律，不断更新教育教学理念，并提升到理论水平，所撰写的二十多篇论文在《福建教育》《小学教学设计》《小学数学教育》等刊物发表。

余　辉，1963 年生，福建省南平市教师进修学校小学教研室主任。全国中小学教育技术骨干教师，"英特尔未来教育"福建省省级主讲教师，福建省小学数学研究会常务理事，南平市小学数学研究会副理事长，南平市小学数学学科带头人。课程改革以来，潜心于读懂教材、读懂学生、读懂课堂的研究，指导的教师多次获得全国、省级观摩研讨课一等奖，多篇文章在《福建教育》《小学教学》等刊物发表。曾获得教育部课程研究中心"全国优秀教研员"和南平市先进教师的表彰。

蔡福山，1969 年生，"小中高"，福建省晋江市教师进修学校数学教研员。泉州市优秀教研员、泉州市优秀青年教师、晋江市优秀教师、晋江市课改小学数学学科指导组组长。主持省级课题"小学数学活动有效性的研究"，成果获全国"十一五"教育科研优秀成果一等奖、泉州市凯辉教育科研奖。指导的教师多次获得国家、省、市各级各类教育教学评比一等奖。撰写的多篇论文在《福建教育》《中小学数学》《小学数学教育》等刊物发表，多篇获省市一等奖。

吴伟华，1973 年生，厦门市思明区教师进修学校数学教研员。厦门市首批小学数学专家型教师，思明区吴伟华名师发展工作室主持人。近几年来，有十几篇文章分别发表在《福建教育》《基础教育研究》等刊物，曾获福建省现场优质课评比一等奖。

肖炳义，1962 年生，福建省平潭县教师进修学校教研室副主任。福建省教育学会小学数学教学委员会理事，福建省小学数学教育研究会理事，福州市小学数学校际中心组成员，平潭县青年骨干教师（数学）工作室领衔人，有十几篇论文在《福建教育》《黑龙江教育》等刊物发表，多次被评为县、市先进教育工作者。

王小怀，1978 年生，教育学硕士，讲师，福建体育职业技术学院教师。曾任《福建教育》编辑六年，其间策划选题并组约编发的多篇稿件被人大复印资料《中小学管理》等列入检索目录或全文转载，论文《与时俱进：地区综合性教育期刊的可持续发展之路》获福建省第二届期刊出版理论研讨会论文评选二等奖，先后发表论文近十篇。

王　芳，1971 年生，小学高级教师，福建省福州市钱塘小学数学教师。福建省学科带头人培养对象，福州市首届骨干教师，福州市优秀青年教师，鼓楼区首届名教师、先进教育工作者、优秀青年教师、十佳青年教师。曾被福州市聘为首届优秀骨干教师讲学团成员，赴五区八县做课。曾在全国"创新杯"课堂教学比武、华东六省一市课堂教学比武、福建省课堂教学比武中多次获奖，多篇论文发表在《福建教育》等刊物上。

附录二 | 丛书课例索引（按课例拼音字母排序）

课例名称	执教名师	所在书目及页码
B		
《8 的乘法口诀》	戴曙光	珍珠篇（274）
《8 和 9 的认识》	毕宏辉	珍珠篇（79）
《百分数的认识》	钱守旺	经典篇（83） 异构篇（121）
	许贻亮	珍珠篇（340）
《倍的认识》	张冬梅	珍珠篇（282）
《比较数的大小》	黄爱华	珍珠篇（8）
《笔算乘法》	郝 峰	珍珠篇（131）
C		
《长方形、正方形面积的计算》	王建林	珍珠篇（121）
《尝试与猜测》	林文权	珍珠篇（44）
《乘法分配律》	李培芳	珍珠篇（309）
《抽屉原理》	温晓燕	珍珠篇（360）
D		
《点阵中的规律》	李培芳	异构篇（99）
E		
《24 时记时法》	蔡宏圣	经典篇（227） 异构篇（228）
	黄爱华	异构篇（221）
F		
《分数比大小》	王宏伟	珍珠篇（115）
《分数的初步认识》	丁杭缨	成名篇（115） 异构篇（206）
	朱乐平	异构篇（141） 珍珠篇（24）
	吴正宪	异构篇（197）
	毕宏辉	珍珠篇（287）
《分数的基本性质》	许贻亮	珍珠篇（209）
《分数的简单计算》	储冬生	珍珠篇（293）

课例名称	执教名师	所在书目及页码
《分数的意义》	夏青峰	经典篇（49）
	张齐华	珍珠篇（57）
《复式条形统计图》	郑娟娟	珍珠篇（141）
G		
《工作效率·工作时间·工作量》	叶　柱	珍珠篇（153）
《估算》	吴正宪	经典篇（245）
《归一结构的应用问题》	唐彩斌	异构篇（21）
H		
《毫米、分米的认识》	杨凯明	珍珠篇（110）
J		
《鸡兔同笼》	徐　斌	异构篇（417）
	施银燕	异构篇（422）
《加、减法估算》	陈珊芬	珍珠篇（268）
《简单的数据整理》	涂如豹	珍珠篇（304）
《简单推理》	刘延革	经典篇（265）
《角的大小比较》（亦称《角的度量》）	朱乐平	经典篇（101）
《角的度量》	强震球	成名篇（279）
		异构篇（307）
	华应龙	经典篇（133）
		异构篇（297）
《解决问题》	吴秋菊	珍珠篇（352）
《解决问题的策略（倒推）》	徐　斌	异构篇（397）
	蔡宏圣	异构篇（404）
	阮志强	珍珠篇（234）
《解决问题的策略（画图）》	罗鸣亮	成名篇（261）
《解决问题的策略（替换）》	王海峰	珍珠篇（248）
《9＋几》	方爱斌	珍珠篇（255）
K		
《可能性》	邱　燕	珍珠篇（98）
《克与千克》	郭艳珊	珍珠篇（105）
L		
《厘米的认识》	俞正强	成名篇（173）
	刘德武	珍珠篇（3）
《李白喝酒》	许卫兵	珍珠篇（64）

小学数学名师名课·经典篇

课例名称	执教名师	所在书目及页码
M		
《面积意义和面积单位》	钱金铎	经典篇 （ 3 ）
《秒的认识》	余庆燕	珍珠篇 （278）
N		
《年、月、日》	钱守旺	成名篇 （207）
		异构篇 （ 39 ）
	朱乐平	异构篇 （ 53 ）
P		
《平均数》	张齐华	经典篇 （ 23 ）
		异构篇 （250）
	吴正宪	异构篇 （241）
《平面图形的面积（总复习)》	贲友林	成名篇 （ 95 ）
《平面图形的周长和面积的关系》	王 俊	珍珠篇 （ 71 ）
《平行四边形的面积》	朱国荣	经典篇 （ 65 ）
		珍珠篇 （ 39 ）
	付培兵	珍珠篇 （195）
《平行四边形和梯形》	姜 泽	珍珠篇 （135）
《平行与相交》	何仲秋	珍珠篇 （158）
Q		
《7 的乘法口诀》	贲友林	经典篇 （213）
《确定起跑线》	蔡凤梅	珍珠篇 （356）
《确定位置》	张齐华	异构篇 （273）
	周卫东	异构篇 （282）
	罗建华	珍珠篇 （189）
R		
《认识乘法》	徐 斌	经典篇 （197）
《认识分数》	张齐华	珍珠篇 （ 11 ）
《认识人民币》	余 仙	珍珠篇 （259）
《认识时、分》	刘 松	成名篇 （ 69 ）
		异构篇 （169）
	贲友林	异构篇 （183）
	杨慧娟	珍珠篇 （ 94 ）

课例名称	执教名师	所在书目及页码
《认识小数》	许卫兵	珍珠篇（18）
	曾素云	珍珠篇（127）
S		
《三角形的认识》	朱国荣	珍珠篇（30）
	丁杭缨	经典篇（117）
		异构篇（352）
		珍珠篇（36）
《三角形的三边关系》	潘小明	异构篇（345）
	李培芳	珍珠篇（182）
	吴 静	珍珠篇（169）
	吴汝萍	珍珠篇（318）
《三角形的特性》	张 景	珍珠篇（163）
《什么是周长》	慈 艳	珍珠篇（299）
《生活中的负数》	赵 震	成名篇（223）
《数的整除概念复习》	钱金铎	成名篇（19）
《数独》	刘胜峰	珍珠篇（330）
T		
《体积和体积单位》	陈淑娟	珍珠篇（336）
《统计》	冯 倩	珍珠篇（90）
	葛建梅	珍珠篇（264）
《图形的拼组》	李文静	珍珠篇（324）
《图形的旋转》	吴恢銮	珍珠篇（228）
W		
《万以内数的读法》	徐 斌	成名篇（1）
《位置与方向》	张德强	珍珠篇（314）
X		
《小数的大小比较》	郭广成	珍珠篇（174）
《小数的加法和减法》	钱金铎	异构篇（83）
《小数的意义》	朱国荣	成名篇（245）
		异构篇（332）
	丁杭缨	异构篇（323）
Y		
《用分数表示可能性》	张德强	珍珠篇（199）

小学数学名师名课·经典篇

课例名称	执教名师	所在书目及页码
《用了多少钱》	朱乐平	经典篇（353）
《用数对确定位置》	吴锦娜	珍珠篇（222）
《用字母表示数》	蔡宏圣	成名篇（189）
		异构篇（375）
	俞正强	异构篇（365）
	林良富	异构篇（384）
《游戏中的数学（必胜的策略）》	刘 松	经典篇（311）
《有趣的算式》	刘胜峰	珍珠篇（146）
《有余数的除法》	丁杭缨	异构篇（ 3 ）
《圆的认识》	王延安	成名篇（ 55 ）
	张齐华	成名篇（151）
	丁杭缨	异构篇（437）
	贲友林	异构篇（445）
《圆的认识》（朴素版）	张齐华	经典篇（157）
《圆的周长》	夏青峰	成名篇（ 41 ）
	席争光	珍珠篇（240）
《圆与正多边形》	唐彩斌	经典篇（183）
《圆柱的认识》	林良富	成名篇（133）
Z		
《找次品》	刘 松	经典篇（333）
《找规律》	周卫东	经典篇（281）
		珍珠篇（ 50 ）
	胡爱民	珍珠篇（216）
	蔡文平	珍珠篇（348）
《照镜子》	杨志敏	珍珠篇（ 84 ）
《折线统计图》	周卫东	经典篇（295）
《植树问题》	钱希有	异构篇（ 65 ）
《中位数》	石贵荣	珍珠篇（204）
《最小公倍数》	陈炳建	珍珠篇（344）

出 版 人　所广一
项目统筹　郑　莉
责任编辑　杨　巍
版式设计　宗沅雅轩　杨玲玲
责任校对　曲凤玲
责任印制　叶小峰

图书在版编目（CIP）数据

小学数学名师名课. 经典篇 / 钟建林主编；吴正宪，
钟建林分册主编. —北京：教育科学出版社，2011. 11（2021. 5重印）
　ISBN 978-7-5041-6060-7

　Ⅰ. ①小…　Ⅱ. ①钟…②吴…　Ⅲ. ①小学数学课—
教学研究　Ⅳ. ①G623. 502

　中国版本图书馆CIP数据核字（2011）第201732号

小学数学名师名课·经典篇
XIAOXUE SHUXUE MINGSHI MINGKE·JINGDIAN PIAN

出版发行	**教育科学出版社**			
社　　址	北京·朝阳区安慧北里安园甲9号	**市场部电话**	010-64989009	
邮　　编	100101	**编辑部电话**	010-64981265	
传　　真	010-64891796	**网　　址**	http://www.esph.com.cn	
经　　销	各地新华书店			
制　　作	北京金奥都图文制作中心			
印　　刷	唐山玺诚印务有限公司			
开　　本	720毫米×1020毫米 1/16	版　　次	2011 年 11 月第 1 版	
印　　张	24.5	印　　次	2021 年 5 月第 11 次印刷	
字　　数	415千	定　　价	59.80 元	

如有印装质量问题，请到所购图书销售部门联系调换。